새로 본 高麗政治制度 研究

새로 본 高麗政治制度 研究

최정환

경북대학교출판부

최정환(崔貞煥)

1944년 6월 24일 경북 경산시 하양 출생
1963~1967년 경북대학교 문리과대학 사학과 문학사
1976~1978년 계명대학교 대학원 문학석사
1984~1990년 부산대학교 대학원 문학박사
1991~1992년 京都大學 文學部 史學科 招聘外國人學者
1981~2009년 경북대학교 인문대학 사학과 교수
2008~2009년 경북대학교 박물관장

研究業績

『高麗·朝鮮時代 祿俸制 硏究』, 경북대학교출판부, 1991(著書)
『고려 정치제도와 녹봉제』, 신서원, 2002(著書)
『譯註『高麗史』百官志』, 景仁文化史, 2006(著書)
『새로 본 高麗政治制度 硏究』, 경북대학교출판부, 2009(著書)
『日本近世史의 自立』, 경북대학교출판부, 1993(譯書)
『韓國史基礎史料講讀選集』, 청솔, 2002(編著)
『고려시대사 강의』, 늘함께, 1997(共著)
『朝鮮의 政治와 社會』, 집문당, 2002(共著)
『慶山市誌』, 邱一出版社, 1997(共著)
『경북문화재대관』, 경상북도, 1998(共著)
『대구향토사 조사연구』, 대구광역시, 2004(共著)
『영남을 알면 한국사가 보인다』, 푸른역사, 2005(共著)
『역사 속 경북의 혁신인물』, 경상북도, 2006(共著)
『낙동강 유역의 사람들과 문화』, 경북대학교 영남문화연구원, 2007(共著)
『잃어버린 기억』, 경산코발트광산유족회 편, 2008(共著)
『高麗 中央政治制度史의 新硏究』, 도서출판 혜안, 2009(共著)
「權務官祿を通じてみた高麗時代の權務職」 외 다수의 論文

새로 본 高麗政治制度 硏究

찍은날 2009년 6월 19일 | **펴낸날** 2009년 6월 23일
지은이 최정환
펴낸이 노동일 | **펴낸곳** 경북대학교출판부
출판등록 1973년 10월 10일 ㉣97호 | **주소** 대구광역시 북구 산격동 1370번지
전화 053-950-6741~3 | **팩스** 053-953-4692 | **E-mail** press@knu.ac.kr
Homepage http://knupress.com
정가 20,000원

ISBN 978-89-7180-268-7 93910

간행의 말

이 책은 고려시대의 정치제도에 대한 筆者의 여러 연구 가운데에서, 학계에서 논란이 되고 있는 2省制說을 비롯한 기존 학설의 오류를 바로잡아 고려의 정치제도와 행정체계를 올바로 조명해 보기 위해서 출간한 것이다. 오늘날 우리 학계에서는 中書門下省을 단일기구로 보아, 고려의 중앙관제는 3省 6部가 아니라 2省 6部라고 하였고 이것이 정설로 되어 있다. 2省 6部가 정설로 통용되게 된 근본적인 원인은 『고려사』 撰者들이 백관지 門下府條에 중서성과 문하성의 연혁을 잘못 기록하였기 때문으로 많은 학자들이 그로 인해 오류를 범하고 혼란을 빚게 된 것이다. 『고려사』 찬자의 기록에 잘못도 있지만, 찬자의 의도가 무엇이며, 기록을 어떻게 해석해야 할 것인가 하는 것도 중요한 문제가 아닐 수 없다. 중서문하성이 단일기구가 아니라 중서성과 문하성으로 분리된 기구라는 것을 唐·宋의 제도와 비교 검토하고, 『고려사』 백관지 및 식화지, 여복지, 선거지, 『고려도경』과 『역옹패설』 등 관계기록과 관직에 임명된 사례, 그리고 성립과 변천과정을 다각적인 각도에서 검토하여, 중서성과 문하성이 단일기구가 아니었음을 입증할 수 있는 논거를 제시하고자 한다. 그것이 이 책을 출간하게 된 가장 중요한 목적이다.

제1장에서는 고려초기의 재상제도가 성종 원년에 당제를 참작하여 발족한 3省體制下에서의 재상제도와 어떤 연관을 가지고 있는 것인가를 살펴보고, 다음으로 고려의 재상제도와 唐·宋制를 비교 검토하여 그 차이점과 공통점을 고찰하고자 하였다. 성종 원년에 3省이 처음 발족하기 이전 고려초기의

관제에서 나타나는 재상직은 당시에 실재하지 않았던 관직이었음을 밝혀 고려 재상제도의 성립을 올바로 이해하고, 궁극적으로는 중서문하성이 단일기구가 아님을 입증하여 고려의 중앙관제가 2省 6部가 아니라 3省 6部制였음을 밝히고자 하였다.

제2장은 성종 원년에 발족한 내사성 · 문하성 · 어사도성의 3省이 그 이전 국초의 정치기구와 어떤 연관을 지니고 성립된 것인가를 6典制의 성립과 함께 고찰한 것이다. 이러한 考究作業으로 고려의 중앙관제가 2省 6部가 아니라 3省 6部임을 더욱 분명히 할 수 있고, 국초의 관제와 비교하여 고려 中央政治制度와 行政體系를 새로운 視覺으로 照明하고자 하였다.

제3장은 우리 학계에서 크게 논란이 되고 있는 2省制說과 3省制說에 대한 문제점을 먼저 검토하고, 3省制를 입증할 수 있는 논거를 더 찾아내고자 한 것이다. 그리고 고려사 연구자들에게 많은 논란을 야기시키고 있는 『고려사』 백관지 문하부조의 문제점과 그 오류를 더욱 자세히 검토하고자 하였다. 이러한 오류를 바로잡음으로써, 고려의 중앙관제가 2省 6部가 아니라 3省 6部라는 것을 확인하고자 하였다.

제4장에서는 3省制의 바탕 위에서, 고려 宰相制度가 어떻게 운영된 것인지를 政事堂과 관련하여 고찰하고자 하였다. 이를 위해 고려 宰相制度의 성립과정을 唐 · 宋制와 비교 검토하여 中書省과 政事堂의 실체를 밝히고자 하였다.

고려전기에 政事를 처리하는 중심기관은 中書省이었다. 중서성 회의에는 중서성과 문하성의 소속의 宰臣과 省郎, 그리고 이에 속하지 않은 樞臣과 承宣들도 참석할 수 있었고, 정사당에는 宰臣들만 참석하는 政事의 중심 기관이었다. 고려의 5宰는 門下侍中, 平章事, 參知政事, 政堂文學, 知門下省事였다. 이들 5宰로 宰府를 구성하였고, 이들이 政事를 의논하고 처리하는 곳을 政事堂이라 하였다. 그러나 고려후기 충렬왕 원년에 3省을 통합 혁파하여

僉議府로 개편하면서부터 宰相職의 운영에 새로운 변화가 일어났다. 이러한 考究作業을 통해서 중서문하성이 단일기구가 아니었음을 밝힐 수가 있으리라 여긴다.

제5장에서는 筆者가 『高麗史』 백관지를 譯註하는 과정에서 그 先行作業으로 歷代의 中國史書인 『舊唐書』, 『新唐書』, 『宋史』 및 『元史』를 비교·검토하여 『고려사』 백관지의 체제와 구성에 대해서 살펴본 것을 바탕으로 『고려사』 백관지 門下府의 구성과 문제점에 대해서 밝혀보고자 하였다.

『고려사』 백관지 문하부조의 기록은 최후로 개편된 관부와 관직의 칭호를 기준으로 判門下(중서령)로부터 門下錄事·門下注書에 이르기까지 품계의 순서에 따라 여러 관직을 나열해 놓았다. 성종 원년의 내사문하성이 여러 차례 개편을 거쳐 최후로 門下府로 개편되었는데, 이 門下府를 기준하여 각 관직의 품계 순서에 따라 중서성과 문하성을 단일기구로 보아 일괄적으로 정리해 놓았다. 이것은 撰者의 잘못이었다. 宋制에 "左屬門下 右屬中書"라고 한 바와 같이 고려에서도 左職은 문하성, 右職은 중서성으로 구별하여 문하성과 중서성이 분리된 기구였음을 분명히 알 수 있다. 『고려사』 찬자는 성종 원년에 내사문하성이 설치될 당시에 내사성과 문하성이 분리된 기구라는 사실을 고려하지 않고 門下府條에서 일괄적으로 정리해 놓았다. 후대에 최종적으로 통합된 문하부를 기준으로 전기의 사실을 반영하다 보니 내사성과 문하성을 내사문하성에 통합하여 정리할 수밖에 없었던 것이다.

제6장에서는 都兵馬使와 中書省 및 政事堂을 비교 검토하여 살펴보았다. 都兵馬使는 兵馬使 및 行營兵馬使와 더불어 북변 양계의 兵馬와 밀접한 관련을 가진 기구로, 변방의 군사문제나 國家重事를 판관 이상이 협의하여 왕에게 上奏하여 制可를 얻거나 兩府에 보고하는 변방의 군사문제에 대한 자문기구였다. 都兵馬使의 구성조직과 기능은 兵馬使 및 行營兵馬使와는 다르고, 그

지휘계통도 달랐다. 이러한 도병마사에 대하여 종래의 학설에서는 양계 병마사를 중앙에서 統領하기 위하여 설치되었고 변방의 군사문제를 회의하는 회의기관이었다고 하여, 이것이 정설로 되어 있다. 이 학설은 고려 정치제도의 운영과 外職 연구에서 반드시 재검토되어야 할 문제이다.

都兵馬使에는 중앙의 도병마사와 양계 및 각 도에 파견되는 도병마사가 있었다. 오늘날 우리 학계에서는 이러한 구분을 고려하지 않은 채 도병마사에 대한 연구를 진행해 왔다. 이와 더불어 도병마사의 기원을 외직인 양계의 兵馬判事制나 行營兵馬使制에 연관을 가진 것으로 파악하였고, 도병마사는 양계의 兵馬判事制에서 기원하였다는 것이 정설로 되어 있다. 이것 역시 재검토되어야 할 문제이다.

그동안 우리 학계에서는 도병마사에 대한 연구가 많이 진척되어 왔다. 하지만 기구로서의 도병마사와 구성원으로서의 도병마사에 대한 구분을 분명하게 하지 않아 적지 않은 혼란을 빚어 왔다. 이에 대한 구분도 분명히 할 필요가 있다.

문종 때 정비된 도병마사 제도는 宰臣이 判事가 되고 樞臣이 使가 되는 것을 원칙으로 하여 判事와 使 이하 副使, 判官, 錄事, 吏屬에 이르기까지 그 제도가 정비되었다. 宰樞가 都兵馬使의 判事 및 使가 되어 국방과 군사문제를 의논하는 기구였다면, 일반 재추와 중서성 및 정사당의 역할과 기능은 무엇인가에 대한 해명이 또한 필요하다.

고려전기 國政의 중심기관은 중서성이었다. 충렬왕 원년(1275)에 3省이 僉議府로 개편된 이후 첨의부가 국정의 중심기관이 되었고, 충렬왕 5년에 도병마사가 도평의사사로 개편됨으로써 고려후기 국정운영에 새로운 변화가 일어났다. 고려전기의 도병마사는 충렬왕 5년에 都評議使司로 개편되기 이전까지는 宰樞들로 구성되는 합좌회의 기구가 아니었다. 이에 대한 해명도 필요하다.

필자가 고려사에 관심을 가지고 연구를 시작한 지도 40여 星霜이 흘러갔다. 그동안 切磋琢磨하는 마음으로 외로운 길을 걸어온 것 같다. 좁고 답답한 연구실에서 한때는 고려와 조선의 祿俸制 연구에 대해서 관심을 가졌으나, 주로 고려 정치제도사 연구에 몰두하여 왔다. 물론 필자의 연구에 대해서 의견을 달리하는 견해도 많이 있으리라 생각한다. 그동안 고려사에 대해서 많은 연구가 진척되어 왔다. 그러나 오늘날 우리 학계에서는 정설에 대한 논란이 많이 제기되어 고려 정치제도와 행정체계를 정확하게 그려 낼 수 없는 실정이다. 고려시대 정치제도를 바르게 이해하고 새로운 정설을 확립하는 데 조그마한 보탬이라도 되었으면 하는 마음에서 이 책을 쓰게 되었다.

2009년 5월

최정환

目 次

제3장 고려전기 3省 6部制에 대한 재고찰

제4장 高麗 宰相制度와 政事堂

제5장 『高麗史』 百官志 門下府의 構成과 問題點

제6장 都兵馬使와 中書省 및 政事堂에 대한 새로운 考察

本書에 收錄된 論文의 揭載誌 및 年月

章 및 論文題目	揭載誌	發表年月	비고
제1장 高麗 宰相制度와 唐·宋制	『한국중세사연구』 제26호	2009. 4.	부분 수정
제2장 고려초기의 政治制度와 3省 6部의 成立 및 變遷	『歷史學報』 제192호	2006. 12.	부분 수정
제3장 고려전기 3省 6部制에 대한 재고찰	『한국중세사연구』 제24호	2008. 4.	부분 수정
제4장 高麗 宰相制度와 政事堂	『한국중세사연구』 제25호	2008. 10.	
제5장 『高麗史』 百官志 門下府의 構成과 問題點	『한국중세사연구』 제20호	2006. 4.	부분 수정
제6장 都兵馬使와 中書省 및 政事堂에 대한 새 考察		2009. 6.	新稿

제1장 | 高麗前期 宰相制度와 唐·宋制

Ⅰ. 머리말

宰相은 天子를 보좌하고 백관을 총괄하며 萬事를 다스리고, 庶政을 평정한다고 하였다.[1] 이와 같은 宰相職은 고려 건국 이전부터 나타나고 있다. 삼국시대부터 나타나고 있는 재상직 가운데 우리 고유의 제도가 아닌 唐制의 명분을 빌어 제수된 사례는 당시에 실재했던 관직과 재상직이 아니었다.

고려초기에 신라와 태봉의 제도를 참용하여 설치한 정치기구는 광종 대의 개편을 거쳐 성종 원년에 정비되기 시작하였다. 성종 원년에 성립된 고려의 3省은 내사성, 문하성, 어사도성이다. 내사성과 문하성은 성종 원년에 唐制를 수용하여 발족한 이후 문종 15년(1061)에 내사성을 중서성으로 고쳐 중서성과 문하성의 제도가 정비되었다. 그러나 상서성의 경우는 성종 원년(982)에 발족한 御事都省과 御事 6官이라는 과도기 체제를 거쳐 성종 14년에 唐制와 같은 형식의 尙書都省과 尙書 6部로 개편되었다가 문종 때 唐制를 바탕으로 宋制를 참작하여 독자적으로 정비되었다.

고려의 3省 6部制가 처음으로 성립된 것은 성종 원년에 발족한 내사성, 문하성, 어사도성과 御事 6官이다. 오늘날 우리 학계에서는 中書門下省을

---

1) 『新唐書』 卷46, 百官1 宰相之職 및 『宋史』 卷161, 職官1 宰相之職

단일기구로 보아 고려전기의 중앙관제는 3省 6部가 아니라 2省 6部라고 하고 이것이 정설로 되어 있다. 2省制가 정설로 통용되게 된 근본적인 원인은 『고려사』 撰者들이 門下府와 상서성條에 3省에 관한 연혁을 잘못 기록하였거나 오인하였기 때문으로, 이로써 많은 학자들이 혼란과 오류를 범하게 된 것이다. 중서문하성은 단일기구가 아니라 중서성과 문하성이 분리된 기구라는 것을 입증할 수 있는 논거를 여러 각도에서 검토하여 제시한 바 있다.[2)]

필자는 中書門下省이 단일기구인 것같이 기록된 것은 『고려사』 撰者의 잘못이라고 한때 파악하였다. 지금 다시 생각하여 만약에 『고려사』 撰者가 '中書門下省'을 단일기구로 보지 않고, 중서성과 문하성의 합성어인 '中書省과 門下省'으로 분리된 기구로 보아 중서문하성이라고 정리하였다면 그것은 撰者의 오류가 아니었음을 새로이 깨닫게 되었다.

제1장에서는 먼저 고려초기의 재상제도가 성종 원년(982)에 발족한 3省體制下에서의 재상제도와 어떤 연관을 가지고 있는 것인가를 살펴보고, 다음으로 고려의 재상제도와 唐·宋制를 비교 검토하여 그 차이점과 공통점을 고찰해 보고자 하였다. 이러한 考究作業은 재상제도를 통해서 고려의 중앙관제가 2省 6部가 아니라 3省 6部임을 더욱 분명히 할 수 있고, 국초의 관제와 비교하여 고려 중앙정치제도와 행정체계를 새로운 시각으로 연구하는 데 도움을 줄 수 있으리라고 여겨진다. 성종 원년에 3省이 처음 발족하기 이전 고려초기의 관제에서 나타나는 재상직은 당시에 실재하지 않았던 관직이었음을 밝혀 재상제도의 성립을 올바로 이해하고, 궁극적으로는 중서문하성이 단일기구가 아님을 입증하여, 고려의 중앙관제가 2省 6部가 아니라 3省 6部制였음을 밝히는 데 이 연구가 조그마한 보탬이 되었으면 한다.

---

2) 崔貞煥, 『譯註 『高麗史』 百官志 - 『高麗史』 百官志의 研究 - 』, 京仁文化社, 2006.

Ⅱ. 고려초기 宰相 硏究에 대한 학설 검토

고려초기에 신라와 태봉의 제도를 참용하여 설치한 정치기구는 성종 원년(982)에 정비되기 시작하였다. 성종 원년에 성립된 고려의 3省은 내사성, 문하성, 어사도성이다. 3省體制下에서 唐制를 수용하여 고려의 재상제도가 성립되기 이전에 국초부터 재상과 재상관부로 유추할 수 있는 기록이 보이며, 이에 대한 연구가 다각적으로 진행되어 왔다.

기존의 연구에 따르면 ① 고려초기의 주요 관부로 廣評省, 內奉省, 內議省을 宰府로 보아 그 장관을 宰臣으로 추정하고, 성종 때 內史門下省과 御事都省으로 변천되었다는 견해가 있다.[3] ② 고려초기의 광평성, 내봉성, 순군부, 병부가 경종 즉위년 金傅告身에 그대로 나오고 있어 이 4개 관부를 주요 관부로 보고, 성종 원년과 2년에 3省 6官제도가 성립되었다고 하는 견해가 있다.[4] ③ 고려초기에 廣評省, 內議省, 內奉省, 徇軍部 兵部 등 다섯 개의 宰府가 정치권력의 중심을 이루고 그 장관과 차관을 재신으로 본 견해가 있다.[5] ④ 고려초기 재부는 태봉의 제도를 계승한 독자적인 관부로 광평성, 내봉성, 내의성은 당의 3省과는 관련이 없고, 성종 원년(982)에 내사문하성과 어사도성으로 바뀌었다고 한다.[6] ⑤ 고려초기 재신에 관한 법제가 남아 있지는 않지만 광평시중, 내의령, 내봉령을 재신으로 추정하고, 성종이 즉위하자 중국 제도를 전면적으로 도입하여 내사문하성을 설치하고 내사령을 수상에 두는

---

3) 李泰鎭, 「고려 宰府의 成立 - 그 制度史的 考察 -」, 『歷史學報』 56, 1972, 12쪽 및 27~31쪽.
4) 李基白, 「貴族的 統治機構의 成立」, 『한국사』 5, 국사편찬위원회, 1975, 18~19쪽 및 34쪽. 성종 원년과 2년 사이에 이루어진 고려의 정치기구는 내사문하성과 어사도성이라 하면서 3省 6官 제도가 성립되었다고 한 것은 논리적으로 맞지 않다.
5) 邊太燮, 「고려초기의 政治制度」, 『韓沽劤博士停年紀念 史學論叢』, 知識産業社, 1981, 169~175쪽.
6) 邊太燮, 「중앙의 정치조직」, 『한국사』 13, 국사편찬위원회, 1993, 24~25쪽.

방식을 채택하였다고 한다.[7] ⑥ 태봉의 제도를 계승한 고려초기 주요 관부로 광평성, 내봉성, 내의성을 재상관부로 보고, 당의 3省과 명칭이 다르지만 유사한 것이 있어 고려초기(태조)부터 당의 제도를 수용하여 성종 대에 내사문하성과 상서도성 체제로 변화되었다고 하였다.[8] ⑦ 태조 대의 광평성, 내봉성, 내의성이 광종 대의 내의성, 내봉성, 광평성으로 서열이 변화한 것도 단순히 관부의 서열 변화만을 의미하는 것이 아니라 그 내부의 기능에서도 이후 성종 대(성종 2년)에 3省 6部制를 도입하게 한 기반이 되었다고 하였다.[9]

필자는 국초의 여러 관부 가운데 이후 3省制의 성립과 연관을 가지는 것은 廣評省, 內議省, 內奉省이고, 성종 원년(982)에 발족한 3省은 문하성, 내사성, 어사도성임을 밝힌 바 있다.[10] 광평성은 국초 백관을 총령하던 서열 제1위의 광평시중이 광종의 개혁정치로 지위가 格下되면서 서열 3位로 밀린 적이 있었으나, 그 기능은 이후 과도기의 諸軍事 → 執政制로 이어지면서 경종 원년의 左·右執政兼內史令制로 개편되었다가, 성종 원년에 唐制를 수용하여 문하성의 시중과 내사령으로 그 기능이 흡수되면서 문하성과 내사성으로 제도화되었다고 여겨진다.

내사성은 국초 내의성을 개편하여 내사성이 된 것이 아니라, 그 기능을 이어 唐制를 수용하여 제도화된 것이다. 태조 13년 이전의 어느 시기에 설립된 內議省이 광종의 개혁정치에서 서열 제1위로 올랐고, 內史·諸軍事·內議令 → 左·右執政兼內史令制로 이어지면서 내의령은 혁파되고, 성종 원년에 唐制를 수용한 내사성으로 개편하여 제도적으로 성립이 되었다.

---

7) 박재우, 「고려초기 재신의 성격과 운영」, 『역사와 현실』 43, 2002, 197쪽 및 217쪽.
8) 신수정, 「고려초기 재상관부(宰相官府)의 성립과 변화」, 『역사와 현실』 68, 2008, 74~75쪽 및 87쪽.
9) 김대식, 「고려초기 중앙관제의 성립과 변화」, 『역사와 현실』 68, 2008, 45쪽.
10) 崔貞煥, 「고려초기의 政治制度와 3省 6部의 成立 및 變遷」, 『歷史學報』 192, 2006.
崔貞煥, 「고려전기 3省 6部制에 대한 재고찰」, 『한국중세사연구』 24, 2008.

국초의 행정과 인사 및 司正을 담당한 중요한 관부인 內奉省은 인사에 관한 업무는 御事 6官의 選官에 넘기고, 兵部, 倉部 등의 令·卿·郎中·員外郎을 통폐합하여 성종 원년에 御事都省과 御事 6官으로 발족하였다. 성종 원년에 발족한 御事都省과 6官은 그 형식적 체제와 조직 면에서는 唐制를 따른 것이라 할 수 있으나, 그 관서명과 관원 구성에는 唐制와는 차이가 있었다. 그러한 점에서 이 제도는 당제를 수용하기 위한 과도기의 임시직제라 할 수 있다.

성종 원년에 발족한 內史省, 門下省, 御事都省의 3省은 이후 성종 14년(995)에 內史省, 門下省, 尙書都省으로 개편되었다. 성종 14년에 唐制와 같은 형태로 개편한 尙書都省과 尙書 6部는 이후 현종 대에 또 다른 새로운 개편이 이루어졌다. 문종 15년에 정비된 고려의 3省 6部는 唐制를 바탕으로 宋制를 참작하여 고려의 실정에 맞게끔 독자적으로 정비되었다. 문종 15년에 정비된 3省은 中書省, 門下省, 尙書省이다.

이상을 요약해 보면, 고려초기의 주요 관부로 광평성, 내봉성, 내의성을 宰府로 보는 견해와 광평성, 내의성, 내봉성, 순군부, 병부 등 5관부를 宰府로 보는 견해로 대별하여 정리할 수 있다. 그리고 당제를 수용한 3省의 성립을 고려 초로 보는 견해와 성종 원년 또는 성종 2년으로 보는 견해로 나눌 수 있고, 성종 대에 내사문하성과 어사도성의 2省體制로 변화되었다는 견해와 원년에 발족한 3省은 문하성, 내사성, 어사도성의 3省體制라는 견해로 구별해 볼 수 있다.

Ⅲ. 고려초기의 宰相

1. 國初 이전의 宰相

국초의 광평성 내봉성 내의성을 宰府로 보는 견해나 광평성, 내의성, 내봉성, 순군부, 병부 등 다섯 관부를 宰府로 보는 견해는 당제를 받아들여 고려에서 제도화된 宰相職에서는 찾아볼 수 없는 것이다. 宰相이란 말은 고려 이전 삼국시대부터 있어 왔다.

신라 법흥왕 18년(531)에 伊飡 哲夫를 上大等으로 임명하여 국사를 총괄하도록 하였다. 상대등 관직은 이에서 시작이 되었는데 지금의 재상과 같다[11]고 하여 『三國史記』 찬자는 신라의 상대등을 고려의 재상과 연관시켜 파악하였다.

백제는 腆支王 4년(408)에 餘信을 上佐平으로 임명하여 軍國政事를 맡겼다. 상좌평의 職이 이에서 시작하였는데 지금의 冢宰와 같다[12]고 하여 상좌평을 고려의 冢宰에 비정하고 있다. 고려에서는 문하시중을 冢宰, 평장사를 亞相이라 하고, 참지정사, 정당문학, 지문하성사를 더하여 5宰를 省宰, 宰臣, 宰相이라 하였다.

고구려 新大王 2년(166)에 (明臨)答夫를 임명하여 國相으로 삼고, 爵을 올려 沛者로 삼아, 내외의 병마를 맡게 하고 겸하여 梁貊部落을 다스리게

11) 夏四月, 拜伊飡哲夫爲上大等, 摠知國事, 上大等官始於此, 如今之宰相(『三國史記』 권4, 신라본기 제4, 법흥왕 18년 4월).
『三國史記』 직관지에 상대등을 혹은 上臣이라고도 하고, 법흥왕 18년에 처음으로 두었다고 한 것은 상대등의 설치시기가 법흥왕 18년이었다고 하는 위의 본기의 기록과 일치하고 있다. (『三國史記』 권38, 잡지 제7 직관 상).

12) 四年 春正月 拜餘信爲上佐平 委以軍國政事 上佐平之職始於此, 若今之冢宰(『三國史記』 권25, 백제본기 제3 腆支王 4년 정월)

하였다. 左右輔를 고쳐 國相이라 한 것은 이로부터 시작되었다고 한다.[13] 여기서 左右輔를 國相이라 한 것 역시 軍國의 政事를 총괄하는 宰相을 國相이라 표현한 것으로 이해된다.

이와 더불어, 永徽 5년(645)에 眞德王이 돌아가고 후사가 없었으므로 金庾信이 宰相인 閼川(伊飡)과 의논하여 金春秋(伊飡)를 맞아 태종으로 즉위케 하였다.[14] 여기서 伊飡 閼川을 宰相이라 하였다. 元聖王 6년에(790) 波珍飡을 宰相으로 삼았다고 하며,[15] 백제의 政事嵓 회의에서 宰相을 선출한 사례[16]에서도 宰相이 보인다. 앞서 법흥왕 18년(531)에 伊飡 哲夫를 上大等으로 임명하여 지금의 재상과 같다고 하였으나, 실제로 당시에 伊飡 알천을 宰相이라 하고, 波珍飡도 재상이라 하였다. 이와 같이 고려 이전 삼국시대부터 재상제도가 존재했음을 알 수 있다.[17]

재상의 존재와 더불어 재상들이 정사를 의논하고 처리하는 群臣會議 장소가 宮室에서 정사당으로, 정사당에서 南堂으로 변화되어 가면서 군신회의

---

13) 拜荅夫爲國相 加爵爲沛者 令知內外兵馬兼領梁貊部落 改左右輔爲國相始於此(『三國史記』 권16, 고구려본기 제4 新大王 2년 정월).

14) 永徽五年 眞德大王薨 無嗣 庾信與宰相閼川伊飡謀 迎春秋伊飡卽位 是爲太宗大王(『三國史記』 권42, 열전 제2 김유신 중).

15) (元聖王) 六年 波珍飡爲宰相(『三國史記』 권10, 신라본기 제10 소성왕).

16) 又虎嵓寺有政事嵓 國家將議宰相 則書當選者名或三四 函封置嵓上 須臾取看 名上有印跡者爲相 故名之(『삼국유사』 권2, 기이 제2 남부여, 전백제, 북부여).

17) 이에 대해서는 다음과 같은 논고가 있다.

李基白, 「大等考」, 『歷史學報』 17·18, 1962. ; 「上大等考」, 『歷史學報』 19, 1974. ; 『新羅政治社會史研究』, 1974.

木村誠, 「新羅の宰相制度」, 『人文學報』 118, 1977.

田鳳德, 「新羅最高官職 上大等論」, 『法曹協會雜誌』 5, 1956. ; 『韓國法制史研究』, 서울대학교 출판부, 1968.

井上秀雄, 「『三國史記』にあらわれた新羅の中央官制について」, 『조선학보』 51, 1969. ; 『新羅史基礎研究』, 東出版, 1974.

李仁哲, 「新羅의 群臣會議와 宰相制度」, 『韓國學報』 65, 1991.

趙仁成, 「『三國史記』 凡例의 摸索 - 本紀 記事의 選定 基準을 中心으로 -」, 『한국고대사연구』 40, 2005.

구성원도 증가된 것으로 본 견해가 있다.[18] 하지만 정사당이 일성왕 5년(138)에 설치되었는데 신라 하대 헌덕왕 14년(822) 기사에 정사당이 있고, 또한 南堂의 기사와 함께 나타나고 있어, 군신회의 장소가 정사당에서 남당으로 변화되어 갔다고 하는 견해에 대해서는 다소 의문이 간다.

㉮ ① (逸聖尼師今) 5년(138)년에 금성에 政事堂을 설치하였다.[19]

② (憲德王) 14년(822)에 忠恭 角干이 上大等이 되어 政事堂에 앉아 내외의 관원을 전형했다.[20]

㉮ ①에서 일성왕 5년(138)년에 금성에 정사당을 설치하였다고 하고, ㉮ ②에서 헌덕왕 14년(822)에 上大等이 정사당에서 政事를 처리했다고 한다. 이 기록만 가지고 정사당의 실체를 파악하기에는 어려움이 많다. 하지만 이것이 모두 사실이라면 신라에서도 政事를 처리하는 정사당이 있었고, 상대등이 정사를 처리하는 재상의 역할을 담당한 것으로 이해할 수 있게 된다.[21] 그리고 정사당과 더불어 정사를 처리하기 위해 群臣들이 會議하는 곳으로 南堂이 있었다고 한다.

㉯ ① (沾解尼師今 3年) 가을 7월 南堂을 궁궐 남쪽에 지었다. [남당을 도당이라고도 한다][22]

---

18) 李仁哲, 앞의 논문, 45쪽.
19) (逸聖尼師今) 五年 春二月 置政事堂於金城(『三國史記』 권1, 신라본기 제1).
20) 十四年 … 忠恭角干爲上大等 坐政事堂 注擬內外官(『三國史記』 권45, 열전 제5 祿眞).
21) 이인철, 앞의 논문, 59~62쪽에서 상대등은 중앙 행정관부를 통솔하는 수상직이었다고 하고, 또한 신라에는 7세기 중엽에서 8세기 말까지 3명 정도의 재상이 있었고, 8세기 말 이후에는 大宰相 1인과 次宰相 2인, 第三宰相 3인으로 6명 정도의 재상이 있었다고 하였다.
22) 秋七月 作南堂於宮南[南堂或云都堂](『三國史記』 권2, 신라본기 제2 첨해이사금 3년).

② (沾解尼師今) 5年 봄 정월에 처음으로 남당에서 聽政하였다.[23]

③ (味鄒尼師今) 7년 봄과 여름에 비가 내리지 않았다. 群臣들을 남당에 모아 왕이 직접 정사와 형벌의 잘잘못을 물었다.[24]

④ (訥祇痲立干) 7년 여름 4월 남당에서 노인들을 봉양함에 왕이 직접 음식을 집어 주고, 곡식과 비단을 차등 있게 하사하였다.[25]

⑤ (眞平王) 7년 봄 3월에 가물어 왕이 正殿을 피하고 常膳을 줄이며 남당에 나아가 친히 죄수를 살폈다.[26]

㉯ ①에서 沾解王 3年(249)에 궁궐 남쪽에 南堂을 지었다고 하고, 남당을 혹은 都堂이라 하였다. 고려시대의 都堂은 宰臣과 樞臣이 회의하는 기관으로 처음에 都兵馬使라 하였다가 충렬왕 5년에 都評議使司로 고쳤다. 첨해왕 3년 기사에 남당을 도당이라 한 것은 고려에서와 같이 宰樞로 구성되는 都堂과는 구별하여야 할 것이며, ㉯ ③에서 보여 주는 群臣會議와 관련된 것이라 여겨진다. 신라의 백제의 군신회의는 ㉯ ③, ④, ⑤와 ㉰ ①, ②에서 보여 주는 바와 같이 왕이 직접 주관하였다. 이 군신회의는 앞서 ㉮ ②에서 헌덕왕 14년(822)에 忠恭 角干이 上大等이 되어 政事堂에 앉아 정사를 처리한 것과는 구별하여 파악해야 할 것이다. 그러나 정사당에 관한 자료가 너무 부족하여 그 실체를 바르게 파악하기가 어렵다. 위에서 나타나는 사료적인 해석으로 본다면 군신회의의 주재자는 국왕이고, 정사당에서 정사를 처리하는 주재자는 상대등으로 보아야 할 것 같다. 신라의 군신회의는 국왕이 참가할 경우는 국왕이 그 의장이 되고, 국왕이 참가하지 않을 경우는 상대등이 그 의장이

23) 五年 春正月 始聽政於南堂(『三國史記』 권2, 신라본기 제2 첨해이사금 5년).
24) 七年 春夏不雨 會群臣於南堂 親問政刑得失(『三國史記』 권2, 신라본기 제2 미추이사금 7년).
25) 七年 夏四月 養老於南堂 王親執食 賜穀帛有差(『三國史記』 권3, 신라본기 제3 눌지마립간).
26) 七年 春三月 旱 王避正殿 減常膳 御南堂親錄囚(『三國史記』 권4, 신라본기 제4 진평왕).

되었으며, 국왕이 주재하는 군신회의에서 상대등은 부의장이 되었다고 하는 견해가 있다.[27] 고려시대 중서성 회의나 도당회의에는 재신과 추신 및 여타의 관원들도 참석할 수 있었으나, 정사당에서는 5宰의 宰臣들만 政事에 참여할 수 있었다.[28] 신라에서는 고려의 都堂이나 政事堂 회의와 같은 그러한 관원 구성과 관직체계로 운영된 것이 아니었다.

신라에서는 고려에서와 같이 唐·宋制를 수용하여 독자적으로 체계화된 재상제도는 역시 찾아볼 수 없다. 그렇다면 신라 고유의 독자적인 재상제도가 마련되어 있었고, 정사를 처리하는 기관인 정사당과 군신회의 기관인 南堂이 있었다고 보아야 할 것이다. 그런데 남당을 신라 고유의 群臣會議 기구라고 할 수는 있겠으나, 정사당은 신라 고유의 제도가 아니라 唐制에서 유래된 것이다. 정사당과 더불어 平章事란 재상직이 보이고 있는데 이것 또한 당제와 관련된 것이라 여겨진다.

黃龍寺九層木塔刹柱本記에 金魏弘이 平章事 伊干으로 나타나 있다.[29] 『三國史記』에 의하면 헌강왕 즉위년에 伊湌 위홍을 상대등에 임명하였다고 한다.[30] 위홍은 당시 상대등으로 수상이었다. 이로 보면 黃龍寺九層木塔刹柱本記에 나타나는 '平章事 金魏弘'은, 당시 수상인 상대등을 당제의 명분을 빌려 宰相을 의미하는 平章事로 기록함으로써 나타난 현상이라 여겨진다. 위 목탑기에는 평장사로 기록되어 있지만 실제로 당시에 신라에서는 平章事란 관직은 없었다. 그런 점에서 본다면 앞서 지적한 정사당에 관한 기록도 의문이 간다. 국왕이나 상대등이 주재하는 군신회의(남당회의)의 사례는 다수 찾아볼 수 있어도, 정사당에 관한 두 사례 가운데 상대등이 정사를 처리한 기록은

27) 이인철, 앞의 논문, 37~45쪽.
28) 崔貞煥, 「高麗宰相制度와 政事堂」, 『한국중세사연구』 제25호, 2008, 328~335쪽.
29) 監修成塔事守兵部令平章事伊干臣金魏弘(黃壽永 編, 『韓國金石遺文』, 일지사, 1976, 158~164쪽).
30) (憲康王) 卽位 拜伊湌魏弘爲上大等 大阿湌乂謙爲侍中(『三國史記』 권11, 신라본기 제11 헌강왕).

하나뿐이다. 한 가지만 가지고 정사당의 실체를 단정하기는 어렵다. 고려시대의 평장사는 5宰 가운데 하나인 재상으로서 정사당에서 실제로 정사를 처리하였다. 그러나 평장사 김위홍의 한 가지만 가지고 신라에서 평장사 제도가 제도적으로 일반화되어 있었다고 단정할 수는 없는 것이다. 그렇다면 상대등 김위홍은 당의 평장사에서 명분을 빌려 그렇게 표기한 것으로 볼 수 있게 된다.[31]

정사당과 평장사의 사례가 등장하는 그 자체로 신라에서 당제에 대한 인식이 깊었음을 알 수는 있다. 그러나 그것을 제도적으로 수용한 것은 아니었다. 실제로 신라에서는 唐制를 수용하여 신라 고유의 제도와 혼용하여 사용한 사례가 보이고 있다. 『三國史記』 직관지에 신라의 벼슬 칭호(官稱)가 때에 따라 연혁이 변천하여 그 명칭이 같지 아니하고, 중국(唐)과 동방(夷)의 것이 서로 섞여 있어 그 중에 侍中·郞中이라고 하는 것은 모두 중국(唐)의 관명이어서 그 뜻을 대략 고찰할 수 있으나, 伊伐飡·伊飡이라고 하는 것은 신라의 방언(夷言)으로 그 말의 뜻을 알 수가 없다(『三國史記』 권38, 잡지 제7 직관상)고 한 바와 같이 侍中, 侍郞이라는 당의 관제가 이미 신라에 수용되어 伊伐飡·伊飡 등 신라의 관제와 혼용하여 사용되었다. 즉 唐制가 신라에 수용되었음을 알 수 있는 것이다. 경덕왕 4년(745)에 伊湌 金思仁을 임명하여 上大等으로 삼았다 하고, 경덕왕 6년(747) 집사부의 장관인 中侍를 고쳐 侍中이라 하고[32] 官等을 大阿飡에서 伊飡까지로 하였으며, 典大等을 侍郞으로 고

---

31) 이인철, 앞의 논문, 59쪽에서 金魏弘이 平章事로 나타나는 사례로 보아 신라에서는 평장사라고 칭하는 재상이 여러 명이 있어서 그들에 의해 재상회의가 운영되었다고 하였다. 그리고 고려의 재상제도는 고려가 당의 제도를 직접 받아들인 것이 아니라, 신라에서 받아들여 시행하다가 고려에 이르러 적극적으로 당의 재상제도를 받아들여 시행된 것으로 이해하였다.

32) (景德王) 四年 春正月 拜伊湌金思仁爲上大等(『三國史記』 권9, 신라본기 제9 경덕왕).
(景德王) 六年 春正月 改中侍爲侍中 置國學諸業博士助教 遣使入唐賀正 並獻方物(위의 책).

쳐 관등을 柰麻에서 阿飡까지로 하였다고 한다.[33] 이것 역시 당제가 신라에 수용이 되어 신라의 관제와 혼용되고 있었음을 말해 주는 것이다. 그러한 현상은 고려 초에도 나타나고 있다.

2. 고려초기의 宰相과 唐制

『고려사』 백관지 서문에서, 고려 태조가 나라를 처음 세우고 신라와 태봉의 제도를 참용하여 관청을 설치하고 職을 나누어 모든 사무를 처리하였다고 한다. 하지만 국초에 신라와 태봉의 제도뿐만 아니라 당제와 관련된 직제가 있는 것이 보인다. 성종 원년에 唐制를 받아들여 3省制도가 발족하기 이전의 국초에 내사령, 평장사, 참지정사 등 당제와 관련된 宰相職에 임명된 사례가 보이고 있다.

㉣ ① 신명순성왕태후 劉氏는 忠州人으로 太師 內史令을 추증받은 (劉)兢達의 딸이다.[34)]

② 대명주원부인 王氏는 溟州人으로 內史令 (王)乂의 딸이다.[35)]

③ (崔彦撝) 관직이 대상 원봉대학사 한림원령 平章事에 이르렀고, 혜종 원년에 卒하였다.[36)]

④ 崔沆 字는 內融이고, 平章事 언휘의 孫이다.[37)]

⑤ 혜목산 고달선원 국사 원종대사의 비 … 광록대부 태승 한림학사 내봉령

---

33) 『三國史記』 권38, 잡지 제7 직관 상 집사성.

34) 神明順成王太后劉氏 忠州人贈太師內史令兢達之女 生太子泰定宗光宗文元大王貞證通國師樂浪興芳二公主 薨諡神明順聖太后(『고려사』 권88, 열전 후비1 신명순성왕태후 유씨).

35) 大溟州院夫人王氏溟州人內史令乂之女(『高麗史』 권88, 열전 후비1 대명주원부인 왕씨).

36) 官至大相元鳳大學士翰林院令平章事 惠宗元年卒 年七十七(『高麗史』 권92, 열전 최언휘).

37) 崔沆 字內融 平章事彦撝之孫(『高麗史』 권93, 열전 최항).

전예부사 參知政事 감수국사 신하 金廷彦 받들어 制撰한다.[38]

㉣에서 고려초기에 내사령, 평장사, 참지정사 등 당제와 관련된 재상의 관직명이 있는 것이 보이고 있다. ㉣ ①, ②에서 태조의 셋째 后妃 신명순성왕태후 劉氏는 太師 內史令을 추증받은 劉兢達의 딸이고, 14妃 대명주원부인 王氏는 內史令 王乂의 딸이라 한다. 하지만 국초 태조 당시의 관제에서 내사성은 찾아볼 수 없다. 내사성의 관제가 정비되어 있지 않은 상태에서 내사령에 임명된 사례가 나타나고 있다. 이것은 논리적으로 맞지 않는 내용이다. ㉣ ③, ④에서, 崔彦撝를 平章事라 하였는데, 이것 역시 태조 당시의 관제에 없었던 관직이며, ㉣ ⑤의 참지정사 역시 국초 광종 26년 당시의 관제에 없었던 관직이다. 국초에 제도적으로 관제가 정비되어 있지 않은 상태에서 이러한 임명 사례가 나타나는 것은 의문이 아닐 수 없다.

㉣ ③의 『고려사』 열전에 崔彦撝는 大相 元鳳大學士 翰林院令 平章事로 기록되어 있다. 그러나 태조 22년(939)에 건립된 普賢寺朗圓大師悟眞塔碑에[39] 그는 太相檢校尙書前守執事侍郞左僕射兼御史大夫上柱國知元鳳省事로 기록되어 있고, 菩提寺大鏡大師玄機塔碑에는 太相檢校尙書左僕射兼御史大夫上柱國으로, 淨土寺法鏡大師慈燈塔碑에는 太相檢校尙書左僕射前守兵部侍郞知翰林院事로[40] 각각 다르게 나타나 있다. 崔彦撝 열전에는 평장사로 기록되어 있지만 그가 奉教撰한 여러 탑비에는 平章事라는 기록이 보이지 않는다.

38) 慧目山高達禪院國師元宗大師之碑光 … 祿大夫 太丞 翰林學士 內奉令 前禮部事 參知政事 監修國史 臣 金廷彦 奉制撰(高達院元宗大師慧眞塔碑, 『譯註 羅末麗初金石文』(上), 한국역사연구회 편, 1996, 285~286쪽에 이 碑石은 광종 26년(975)에 세운 것으로 되어 있다).

39) 太相檢校尙書前守執事侍郞左僕射兼御史大夫上柱國知元鳳省事賜紫金魚袋臣崔彦撝奉教撰(『普賢寺朗圓大師悟眞塔碑』, 江陵市金石文資料, 2003, 관동대학교 영동문화연구소 발행).

40) 菩提寺大鏡大師玄機塔碑, "太相檢校尙書左僕射兼御史大夫上柱國 臣崔彦撝奉教撰"(『譯註 羅末麗初金石文』(上), 한국역사연구회, 1996).
淨土寺法鏡大師慈燈塔碑, "太相檢校尙書左僕射前守兵部侍郞知翰林院事"(위의 책).

태조 당시의 관제에 평장사란 관직이 없었는데 열전에 平章事로 나타나고 있는 것이다. 탑비에 보이는 여러 관직도 태조 당시에는 없었던 관직이다. 太相은 국초의 官階였지만 尙書左僕射, 御史大夫, 兵部侍郎 등은 태조 당시에 없었던 관직으로 당제와 관계가 있는 것이다. 平章事 최언휘는 앞서 신라 때 평장사 김위홍의 사례에서와 같이, 관제가 정비되어 있지 않은 상태에서 임명 사례가 나타나고 있다. 당제의 명분을 빌려 그 지위가 재상을 의미하는 평장사라고 표현하고 있는 것이고 당시에 실재한 관직이 아니었던 것이다.

그러한 반면에 고려 초에 중국에 사신으로 가서 실제로 당제에 의거한 관직을 제수받은 사례가 있다. 이것 역시 당시 고려인의 唐制에 대한 인식의 깊이를 짐작케 해 주는 것이다. 後唐 淸泰 3년(936)에 사신으로 간 太相 王規를 檢校尙書左僕射로 삼았다고 한다.[41] 王規가 받은 檢校尙書左僕射는 후당의 관제로 태조 당시 고려에는 그러한 관직이 없었다. 그 당시에 광평성, 내봉성, 내의성은 있었지만 상서성은 없었고 상서좌복야도 없었다. 상서성은 국초 내봉성의 기능을 이어 성종 원년에 御事都省이 발족되고, 성종 14년에 상서도성으로 개편되었다. 이로 보면, 고려초기 중국에 使行하여 실제로 당제에 의거하여 받은 관직은 唐制이지 당시 고려에 실재한 관직이 아니었던 것이다.

㉣ ⑤에서 광종 26년(975)에 高達院元宗大師慧眞塔碑를 制撰한 金廷彦의 관직인 參知政事 또한 당시 고려에 없었던 관직이다. 그의 벼슬이 光祿大夫 太丞 翰林學士 內奉令 前禮部事 參知政事 監修國史로 나타나 있는데, 그 가운데 太丞과 內奉令은 국초의 官階와 관직이었지만 光祿大夫, 前禮部事, 參知政事 등은 당시 고려에 없었던 官階와 관직이다. 당제와 고려의 제도를 혼용하여 사용한 것이다. 광록대부를 비롯한 문산계는 성종 14년에 당제를 받아들여 처음으로 제정되었고, 그 이전에는 大匡, 正匡, 大丞, 大相 등 국초의 문산계

41) 太相王規等來貢方物 以太相王規爲檢校尙書左僕射(『五代會要』 권30, 後唐廢帝 淸泰 3년).

를 사용하였다.[42] 경종 원년(976) 11월에 송나라에서 사신을 보내 왕(경종)을 광록대부로 책봉하고, 고려에서도 송나라에 사절을 파견하여 송 태종의 즉위를 축하하였다.[43] 이와 같이 국초 광종 당시에는 광록대부 등의 문산계가 없었고, 또한 그 당시에 예부사는 물론 참지정사도 없었다. 백관지에 參知政事는 穆宗 때 처음 설치된 것으로 나타나 있다. 그러나 이에 앞서 참지정사에 취임한 최초의 인물은 성종 때 崔亮이다. 崔亮은 성종 때 左散騎常侍·參知政事兼司衛卿을 역임하여 성종대에 신설된 3省制하에서 參知政事에 취임한 최초의 인물이다.[44]

崔亮은 左散騎常侍로서 參知政事의 재신이 되어 司衛卿을 겸하였다. 이것은 唐 太宗 때 杜淹을 吏部尚書參議朝政으로, 魏徵을 祕書監參預朝政으로[45] 삼아 이부상서, 비서감 등 他官으로 하여금 參議朝政(참지정사)에 임명하여 宰相이라 한 것과 같은 운영방법이다. 성종 때 최량의 예는 당의 참지정사라는 재상제도가 고려에 제도적으로 수용되고 있음을 말해 주는 것이다.

이상에서, 국초에 각종의 여러 기록에서 당제와 관련된 관직이 나타난 사례와 宰相職에 임명된 사례를 살펴보았다. 이들은 성종 대에 唐制를 받아들여 3省制度가 체계화되기 이전의 관제에서는 모두 없었던 관직들이다. 그들의 지위를 실재하지 않았던 당제의 명분을 빌려 각종의 기록에 반영하였을 따름이다. 이러한 사실과 더불어, 고려초기에 국초의 고려관제에 근거하여 재상에 보임된 사례가 보이고 있다.

---

42) 『고려사』 권77, 백관2 문산계.

43) 冬十一月 宋遣左司禦副率于延超司農寺丞徐昭文冊王爲光祿大夫檢校太傅使持節玄菟州諸軍事玄菟州都督大順軍事食邑三千戶 遣使如宋賀卽位(『고려사』 권2, 세가 경종 원년 11월).

44) 崔亮 … 成宗在潛邸 引爲師友 及卽位遂加擢用 甚恊人望 累授左散騎常侍參知政事兼司衛卿 以疾解官(『고려사』 권93, 열전 최량).

45) 自太宗時 杜淹以吏部尚書參議朝政 魏徵以祕書監參預朝政 其後或曰參議得失參知政事之類 其名非一 皆宰相職也(『신당서』 권46, 백관1 宰相之職).

㉲ ① 신라왕이 王鐵 등과 함께 개경에 들어오니 왕은 의장을 갖추고 교외에 나가 맞이하여 위로하고 동궁과 여러 宰臣(諸宰)에게 명하여 호위하고 柳花宮에 들어가 머무르게 하였다(『고려사』 권2, 세가 태조 18년 11월).

② 왕이 천덕전에 나아가서 재신과 백료(宰臣百寮)를 모아 이르기를 … 김부를 제수하여 관광순화위국공신 상주국 낙랑왕 政丞으로 삼고 … 위를 태자 위에 있게 하였다. 왕규가 나아가 유명을 선포하기를 … (『고려사절요』 권1, 태조 18년 12월).

③ 재신 廉相, 王規, 朴守文 등이 왕을 시종하고 있었는데, 왕이 말하기를 … 태자 제왕 종실 근신들이 모두 땅을 치며 애통하고, 백관들이 내의성 문 밖에 줄지어 있었다(『고려사절요』 권1, 태조 26년 5월).

④ 徐弼 … 대광 내의령에 이르렀다. 광종이 재신 王咸敏, 皇甫光謙, 徐弼에게 金酒器를 하사하니 서필이 홀로 받지 않고 말하기를 "신이 잘못 宰輔에 있어 이미 총은을 입었는데 다시 金器를 하사하니 더욱 황송하고 분에 넘치는 일입니다"(『고려사』권93, 열전 서필).

⑤ 徐神逸이 나이 80이 되어 徐弼을 낳았고, 서필, 서희, 서눌이 대를 이어 재상이 되었다(『고려사』 권93, 열전 서필, 서눌).

㉲에서 고려초기에 宰臣, 諸宰, 宰輔, 宰相을 지칭하는 사례가 보이고 있다. ㉲ ①, ②는 태조 18년(935)에 신라왕 김부가 고려에 귀순한 역사적인 사실과 관련해서 당시 재신들이 담당한 역할에 관한 기록이다. 김부를 政丞으로 삼아 태자 위에 위치하게 한 사례에서, 정승은 재상이라기보다 특수한 대우 방법이라 여겨진다. ㉲ ③은 태조 26년에 그가 임종할 때 廉相, 王規, 朴守文 등 재신이 왕을 시종한 기록인데, 백관들이 內議省 문 밖에 줄지어 있었다고 한다. 이로써 재신과 내의성의 존재를 알 수 있다. ㉲ ④는 광종이

王咸敏, 皇甫光謙, 徐弼 등 재신에게 金酒器를 하사하였는데, 대광 내의령 서필이 홀로 받지 않은 사례로, 자신을 일컬어 재상의 다른 표현인 宰輔라 하였다. 이로써 당시의 내의령을 재상이라 하였음을 알 수 있다. ㉲ ⑤에서는 서필의 아버지 徐神逸이 나이 80이 되어 徐弼을 낳았고, 서필의 아들 徐熙, 서희의 아들 徐訥이 3대를 이어 재상이 되었다고 하였다. 이러한 사실은 고려초기에 宰臣, 諸宰, 宰輔로 지칭되는 재상제도가 존재했음을 말해 주는 것이다.

㉲ ①, ②에서, 신라왕 金傅가 고려에 귀순을 요청할 때 왕명을 받들고 김부를 맞이하기 위해 파견된 사람은 攝侍中 王鐵과 시랑 韓憲邕이었다.[46] 여기서 섭시중 왕철은 광평성의 섭시중이라 여겨진다. ㉲ ③에서는 태조 26년에 왕이 임종할 때 백관들이 내의성 문 밖에 줄지어 있었다고 하는데, 이 기록에서 내의성이 나타나고 있다. 즉, 광평성과 내의성에 내봉성을 더하면 국초의 중요한 관부인 3省을 열거할 수 있다.

Ⅳ. 고려초기 宰相官府의 서열 변화와 執政制

광평성, 내봉성, 내의성을 국초의 핵심적인 주요 관부로 열거할 수 있으나, 이를 재상의 관부라고 단정할 수 있는 근거를 찾을 수는 없다. 그 근거를 찾을 수 있는 것은 내의성뿐이다. 그러므로 광평성, 내봉성, 내의성을 宰府로 보는 견해와, 여기에 순군부, 병부를 더한 5관부를 宰府로 보는 견해 등 다양한 견해가 나올 수 있다. 태조 원년(918) 6월에 단행된 인사에서는 광평성, 내봉성, 순군부, 병부 순으로 나타나고,[47] 태조 13년에 內議舍人을 임명한

46)『고려사』권2, 세가 태조 18년 10월.

47) 遂以韓粲金行濤爲廣評侍中 韓粲黔剛爲內奉令 韓粲林明弼爲徇軍部令 波珍粲林曦爲兵部令 …(『고려사』권1, 세가 태조 원년 6월).

사례[48]가 있어 여기에 내의성을 더하면 5관부를 열거할 수 있다. 그러나 이 5관부를 宰府로 보기보다는 광평성, 내봉성, 내의성의 3관부를 宰府로 보는 것으로 학계의 의견이 모이고 있다.

국초 태조 때 주요 관부인 3省의 서열은 광평성, 내봉성, 내의성 순서였으나, 광종의 정치개혁으로 새로운 변화가 일어났다. 서열 제1位였던 廣評省의 지위가 3위로 전락되고, 內議省이 최고의 官府로 부상하였다.[49] 광종 11년 3월 이전에 건립된 覺淵寺 統一大師碑文에[50] 內儀(議)省令 匡謙, 內奉省令 俊弘, [廣評] 侍中 仁奉의 순서로 나타나는 것도 내의성, 내봉성, 광평성의 서열을 반영하는 것이다. 내의성이 재상의 관부가 분명하다면, 국초 태조 당시에 내의성보다 서열이 앞섰던 제1위의 廣評省과 제2위의 내봉성을 당연히 그 당시 재상의 관부로 볼 수 있게 된다. 태조 당시 廣評省은 백관을 총령하는 시중이 있었던 제1위 관부이므로 당연히 재상의 관부였다고 할 수 있겠고, 내봉성 역시 당시에 제2위의 관부였으므로 재상의 관부로 보아야 할 것 같다.

그런데 상서성에 대해, 『고려사』 찬자들은 상서성의 전신으로 광평성을 지목하면서도 또한 『三國史記』에서 內奉省은 지금의 都省이라고 한 것에 근

---

48) 以白書省郞中行順·英式 並爲內議舍人(『고려사』 권1, 세가 태조 13년 3월).

49) 李泰鎭, 앞 논문, 13쪽에서, 광종 23년에 宋에 파견된 使行 구성의 서열이 內議侍郞(正使), 內奉卿(副使), 廣評侍郞(判官)의 순서인 것으로 보아 광평성의 지위가 格下된 것으로 보았다. 邊太燮, 「고려초기의 政治制度」, 178쪽에서는 광종 23년에 宋에 파견된 使行 구성원의 서열과 광종 초기(광종 11년 3월 이전)에 세워진 覺淵寺 統一大師碑文에 나타나는 內儀(議)省令, 內奉省令, [廣評] 侍中의 순서로 보아, 광종 이래 景宗 代에 걸쳐 內議令의 대두가 눈에 띄지만 金傅誥書에 나타난 서열은 여전히 廣評省이 最高官府임을 표시하고 있다고 하였다. 崔圭成, 「廣評省考 - 高麗 太祖代 廣評省의 性格을 중심으로 - 」, 『金昌洙華甲紀念史學論叢』, 범우사, 1992, 117쪽에서는 廣評省이 광종 대 후기에 가서 內議省과 內奉省 아래의 제3위로 격하된 것으로 보았다. 金大植, 앞의 논문, 32~34쪽에서는 앞서 지적한 두 사료를 세밀히 더 분석하여 광종 11년 이전에 고려 最高官府 장관의 서열이 ① 內議省令, ② 內奉省令, ③ 廣評侍中 순으로 바뀐 것으로 보았다.

50) 內儀(議)省令匡謙 內奉省令俊弘 侍中仁奉 侍郞昕讓·尹謙 石匠仍尸依 鐵匠富烏(趙東元, 『韓國金石文大系』 卷2, 覺淵寺 統一大師碑文 陰記46, 320쪽). 이 碑는 광종 11년 3월 이전에 건립된 것으로 보았다.

거하여 상서성의 전신을 내봉성에 연결시켜[51] 혼란을 빚고 있다. 상서성의 전신을 『三國史記』의 기록대로 내봉성에 연결시켜 보려는 견해는 학계에서 널리 인정되고 있다.[52] 상서성의 전신을 광평성에 연결시킨 것은 찬자의 잘못이라 할 수 있으나, 광평성이 '摠領百官'하였다는 그 기능은 사실로 인정해야 할 것 같다. 태조 당시 광평성은 실제로 백관을 총령하는 최고 관부라 여겨지기 때문이다.

국초의 태조 당시 광평성, 내봉성, 내의성이었던 서열이 광종대에 이르러 내의성, 내봉성, 광평성으로 바뀌면서 주목되는 것은, 광종 16년(965)에 아들 伷를 正胤(王太子)으로 책봉하고 그에게 '內史·諸軍事·內議令'의 직함을 내린 기록이다.[53] 이것은 당시의 실직이 아니라 태자의 지위를 상징하는 명예직이라 할 수 있겠다. 하지만 그 직함에 함축된 광종의 의도는 중요한 의미를 갖는다. '內史'는 내사령으로 실직이 아니며, 당시 고려에 없었던 관직이다. 당제의 명분을 빌려 태자의 지위를 내사령이라 한 것이다. 唐의 최고직인 內史令과, 諸軍事의 軍權과, 광종 당시에 서열 제1위의 최고직인 內議令을 왕태자에게 내린 사실은 태자의 지위가 그 어떤 臣下보다도 優位라는 것을 明示한 것이라 하겠지만, 정치와 軍事에 관한 모든 권한을 王權에 집중시키려는 광종의 개혁정치와 관련된 것이라 여겨진다. 광종 11년에는 徇軍府를 軍部로, 內軍을 掌衛部로 개편하고 物藏省을 寶泉으로 고치는 등 태조 이래의 중앙관부에 여러 가지 개편이 이루어졌다. 순군부에 대한 兵權 박탈과 광평성의 권한과 지위를 格下시키고 兵權을 왕권에 집중시키려는 의도가 반영된 것이라 할 수 있다. 국초에 백관을 摠領하던 廣評侍中의 기능을 약화시켜 3위로 전락시키고, 諸軍事와 內議令의 기능뿐만 아니라 새로이 당의 內史令

51) 『고려사』 권76, 백관1 상서성.
52) 崔貞煥, 「고려전기 3省 6部制에 대한 재고찰」, 51~52쪽.
53) 『고려사』 권2, 세가 광종 16년 2월. ; 『고려사절요』 권2, 광종 16년 2월.

制를 도입하여 軍事와 정치를 摠領할 수 있는 새로운 제도로 개편하기 위한 모색작업의 시작이라 여겨진다.

광종 16년(965)에 正胤에게 내린 직함의 '內史 · 諸軍事 · 內議令' 가운데 '諸軍事'는 당시 兵權의 장악과 밀접한 관련을 가진 직함이라 여겨진다. 국초에 백관을 총령하던 광평성의 기능이 광종 대에 이르러 약화되면서 병권에 관한 기능은 '諸軍事'에게 넘어가고, 경종 대에는 새로이 執政制가 등장하고 있다. 경종 원년에 王銑이 執政이 되었으나 추방당하고, 그를 대신하여 景宗 원년(976) 11월에 荀質과 申質을 각각 左 · 右執政에 임명하고 모두 內史令을 겸하도록 하였다.[54] '左 · 右執政兼內史令'은 이전의 '諸軍事'에 관한 권한을 '左 · 右執政'에 귀속시키고, 內議令을 폐지하는 대신에 唐制에 의거한 內史令制를 새로이 도입하여 제도화시키려고 한 것을 의미한다. 執政은 당시에 政事를 집행하는(執政) 실질적인 수상의 역할을 맡았을 것이고, 그 執政은 백관을 총령하던 국초의 광평시중의 기능을 대신하였던 것으로 여겨진다. 그러나 이러한 職制는 성종 원년(982)에 唐制를 수용하여 내사성과 문하성이 설치되기 이전의 사실로서 새로운 제도를 도입하기 위한 과도기의 수상(執政)에 대한 임시직제라 여겨진다.

경종 즉위년(975) 10월 金傅를 尙父로 책봉하는 誥書를 奉行한 것은 대광 내의령 翮宣이었고, 署名 또는 無署한 차례는 광평시중, 내봉령, 군부령, 병부령의 순서였다.[55] 이 誥書를 봉행한 내의령의 서열을 제1位로 보면 당시의 서열은 내의성, 광평성, 내봉성의 순서가 된다. 광종의 개혁정치에 대한 경종의 복고정책으로 다시 광평성의 위상을 상승시켰기 때문에 金傅誥書에 가장 먼저 서명할 수 있었던 것이 아닌가 한다. 경종 5년에 內議令이었던 崔知夢이

---

54) 以荀質 · 甲質爲左右執政 皆兼內史令(『고려사』 권3, 세가 경종 원년 11월).

55) 『三國遺事』 卷2, 金傅大王.

성종 원년(982)에 左執政·守內史令을 제수받은 예를[56] 마지막으로 하여 내의령은 혁파되어 보이지 않고, 執政과 內史令이 새로 등장한다. 광평성의 기능을 이은 執政은 성종 2년 좌집정 이몽유의 사례를 마지막으로 없어지고, 성종 2년 정월에 門下侍郎平章事 최승로의[57] 사례에서와 같이 문하성이 나타난다. 과도기의 수상직인 집정제가 사라지고, 그 기능은 당제를 수용하여 신설된 문하성에 시중을 두어 이를 계승하게 한 것이라 여겨진다. 내봉성은 경종 즉위년 10월 김부를 尙父로 책봉하면서 '尙父都省令'[58]의 칭호를 더한 이후부터 보이지 않는다. 내봉성은 혁파되어 없어지고, 성종 원년에 御事都省이 발족하였다. 성종 원년에 발족한 어사도성은 성종 14년에 당제와 같은 이름의 상서도성으로 개편되었다가 이후 상서성으로 되었다.[59] 都省令은 尙書令과 같은 것으로 신라의 국왕 김부에게 都省令을 더하여 우대한 대우직이다. 고려시대에는 왕실에 대한 대우직으로 상서령을 除授하여 우대하였다. 이와 같이 김부에게 尙父와 함께 都省令을 책봉하여 우대한 것이다. 어사도성의 도성령(상서령)에 除授된 최초의 사례를 金傅에서 찾을 수 있으나, 그 기원은 『三國史記』에 附記한 기록과 같이 국초의 내봉성과 연결을 가지는 것이라 여겨진다.

이상과 같이 국초 이래의 여러 관제가 많이 폐지되었다. 그와 더불어 성종 원년에 내사성, 문하성, 어사도성의 3省이 발족하기 이전에 이미 내사령과 도성령(상서령)을 제수하는 사례가 있었다. 이러한 과정을 통해 광평성, 내의

---

56) 『고려사』 권2, 세가 경종 5년 월미상 및 『고려사』 권92, 열전 최지몽.

57) 『고려사』 권3, 세가 성종 2년 정월. ; 『고려사절요』 권2, 성종 2년 정월. ; 『고려사』 권93, 열전 최승로.

58) 告推忠愼義崇德守節功臣尙父都省令 上柱國樂浪都(郡)主食邑一萬戶 金傅奉勅如 符到奉行(『三國遺事』 卷2, 金傅大王).
(景宗 卽位年) 十月 甲子 加政丞金傅 爲尙父 制曰 … 可加號尙父都省令 仍賜推忠順義崇德守節功臣號 勳封如故 食邑通前爲一萬戶(『고려사』 권2, 세가 경종 즉위년 10월).

59) 崔貞煥, 「고려전기 3省 6部制에 대한 재고찰」, 59~61쪽.

성, 내봉성 등이 혁파되면서 3省制가 성립된 것은 성종 원년이었다. 그러므로, 성종 원년부터 당제를 수용하여 3省制가 제도적으로 발족하기 이전에 국초 이래로부터 나타나는 내사령을 비롯한 평장사, 참지정사 등은 당시에 실재한 관직과 재상직이 아니었음을 알 수 있다.

V. 宰相制度의 성립과 唐·宋制

성종 원년에 발족하여 성종 14년에 개편된 3省 6部 체제하에서 재상의 관부와 연관을 가지는 것은 내사성과 문하성 및 중추원이다. 내사성과 문하성의 宰臣과 중추원의 樞臣을 宰樞라 하여 넓은 의미에서 재상이라 하였다. 내사성과 문하성은 唐制를 수용한 것이고, 중추원은 宋制를 수용한 것이다. 성종 이전 국초에는 당·송의 관제와 같은 관직체계는 없었고, 그러한 宰相制度도 또한 없었다.

『고려사』 백관지 서문에, 고려 태조는 처음 나라를 세우고, 신라와 태봉의 제도를 참작하여 관청을 설치하고 직무를 분담하여 모든 사무를 처리하였다고 한다. 이어서 太祖 2년에 3省·6尙書·9寺·6衛를 설치하였는데 대체로 唐制와 비슷했다고 하였다.[60] 태조 2년 당시에 唐制와 같은 3省(문하성, 중서성, 상서성)은 찾아볼 수 없다. 그뿐만 아니라 6尙書·9寺·6衛도 역시 찾아볼 수 없다.[61] 태조가 즉위한 지 6일 만에 단행된 인사개편에서 나타나는 관서로

---

60) (太祖) 二年 立三省·六尙書·九寺·六衛 略倣唐制(『고려사』 권76, 백관지 서문).

61) 신수정, 앞의 논문, 75쪽에서 성종 대에는 3省이 아닌 내사문하성과 상서도성 체제로 운영되었기 때문에 당제를 모방한 것이라고 볼 수 없는 것으로 파악하고 있다. 76쪽에서 고려초기의 광평, 내봉, 내의성이 당의 3省과 명칭이 다르지만 『동사강목』의 기록을 인용하여 당의 제도를 받아들인 것으로 보았다. 그러나 내사문하성은 단일기구가 아니라 분리된 기구였으므로 그렇게 볼 수 없다. 『동사강목』(견훤 28년, 고려 태조 2년)에 나타

는 廣評省, 內奉省, 徇軍部, 兵部, 倉部, 義刑臺, 都航司, 物藏省, 內泉部, 珍閣省, 白書省, 內軍의 순서로 5省·4部·1臺·1司·1軍 등 12官署가 보일 따름이다. 이 12관서는 신라와 태봉의 제도를 참작하여 국초에 독자적으로 창안한 관서들이다. 백관지 서문에서 신라와 태봉의 제도를 참용하였다는 부분은 수긍이 가지만, 唐制와 비슷했다는 부분은 수긍할 수 없다. 그리고 성종 2년에 처음으로 3省·6曹·7寺를 정하였다고 한다.[62] 이 기록은 어느 정도 신빙할 수 있으나 唐制와 일치되는 관직체계는 아니었다. 그 연대도 성종 2년이 아니라 성종 원년으로 보아야 할 것 같다. 실제로 성종 원년에 발족한 3省은 내사성, 문하성, 어사도성이고, 6曹는 御事 6官으로 나타나며, 당제와 일치하지 않는다. 이와 같이 당의 제도와 명칭이 다르다는 그 자체만으로도 당제를 수용한 것이라고 볼 수 없는 것이다.[63] 성종 14년에 개편된 내사성, 문하성, 상서도성의 3省은 唐의 내사성, 문하성, 상서도성의 명칭과 일치한다.

당의 3省 가운데 내사성은 수 煬帝가 內書省이라 하던 것을 당 건국 初(武

나는 "3省을 설치하여 내의, 광평, 내봉이라 하고, 시중, 시랑, 낭중, 원외랑을 두었다"라는 기록은 태조 2년의 사실로 수긍이 가지만, 그 이하 6尙書 6衛에 대한 기록은 성종 대의 사실이므로 찬자(안정복)의 잘못이다. 선관, 병관, 민관, 형관, 예관, 공관 6관의 설치는 태조 2년이 아니라 성종 원년의 사실이고, 6위는 성종 14년에 설치된 것으로 보고 있다. 이러한 관직은 당제에 없는 관제이므로, 고려초기의 관제가 당의 제도를 받아들인 것으로 보는 견해는 논리가 맞지 않는다. 국초의 3省 명칭이 당의 제도와 다르다는 그 자체만으로도 고려의 관제가 당제를 수용한 것으로는 볼 수 없는 것이다.

62) (成宗 二年 夏五月) 始定三省·六曹·七寺(『고려사』 권3, 세가).

63) 신수정, 앞의 논문, 66~68쪽에서 고려초기의 재상관부는 그 명칭이 당과 달라 독자적인 모습이 보이지만 그 운영은 당의 체제와 비슷한 면을 가진 것으로 보고, 고려초기의 재상관부는 중국 당의 3省과 유사한 면이 있었다고 하였다. 그리고 결론에서는 성종 대의 내사성, 문하성, 어사도성은 갑자기 중국의 제도를 도입한 것이 아니라 이미 있었던 명칭을 중국식으로 개칭한 것이라 하여, 마치 고려초기 태조 때부터 당제를 받아들인 것처럼 정리하고 있다.
설사 그러한 면이 있다고 하더라도, 고려초기의 3省이 당의 3省과 명칭이 다르다는 그 자체만으로도 당제를 수용한 것으로 볼 수 없으며, 유사성이 있는 것과 당제를 수용하여 제도적으로 일반화한 것은 구별하여 보아야 할 것이다.

德)에 내사성이라 고쳤다가 武德 3년(620) 中書省으로 고쳤다[64] 하고, 龍朔 2년(662) 이전에 문하성이 등장하며,[65] 또한 용삭 2년(660)에 상서도성을 고쳐 中臺라고 하였다고 한다.[66] 이로 보면 성종 14년에 개편된 내사성, 문하성, 상서도성의 3省은 唐의 무덕 3년 이전에 개편된 내사성과 용삭 2년 이전에 개편된 문하성과 상서도성의 명칭과 일치하고 있다. 그러나 그 관원의 구성과 관직의 품계에는 차이점이 있다. 하지만 대체로 성종 14년의 관제개편이 당제와 같은 것임은 의심할 여지가 없다.

성종 14년에 개편된 상서도성의 관원 구성을 보면, 左·右僕射, 左·右丞, 左·右司郎中, 左·右司員外郎, 都事 등으로 唐制와 거의 비슷하다. 이것은 성종 원년의 御事都省의 관원 구성과는 차이가 있고, 문종 때 정비된 尙書省의 관원 구성의 품계와도 차이가 있다. 문종 때 정비된 尙書省의 관원 구성과 품계는 송제와 거의 일치한다.[67] 이것은 성종 14년에 당제를 바탕으로 개편된 고려의 3省制가 현종 때 또 다른 개편을 거쳐 이후 문종 때 宋制를 참작하여 정비된 것으로 풀이할 수 있다. 즉 문종 15년에 정비된 3省制는 당제를 바탕으로 송제를 참작하여 정비된 것이다.

성종 원년(982)에 左執政·守內史令을 제수받아 신설된 내사성의 수내사령에 최초로 취임한 인물은 崔知夢이다.[68] 최지몽은 성종 3년에 이미 78세의 고령으로 이후 여러 차례 致仕를 청하였지만 왕은 朝參을 제외시켜 주면서까지 內史房에서 視事토록 조처하였고, 그 후 그는 성종 6년에 내사령으로 卒하

64) 煬帝改爲內書省 武德復改爲內史省 三年改爲中書省(『구당서』 권43, 직관2 중서성).

65) 龍朔二年 改門下省曰東臺(『신당서』 권47, 백관2 문하성).

66) 『구당서』에는 尙書都省이라 하고, 『신당서』에는 尙書省으로 나타나 있다. 성종 14년의 관제개편에서 상서도성이라 한 것은 『구당서』에 근거한 것이라 여겨진다.
尙書都省 龍朔二年 改爲中臺(『구당서』 권43, 직관2 상서도성).
龍朔二年 改尙書省曰中臺(『신당서』 권46, 백관1 상서성).

67) 崔貞煥, 「고려초기의 政治制度와 3省 6部의 成立 및 變遷」, 99~102쪽.

68) 『고려사』 권92, 열전 최지몽. ; 『고려사절요』 권2, 성종 6년 3월.

였다.[69] 이로써 당시에 정사를 처리하는 기관은 내사방이었음을 알 수 있다. 최지몽이 졸한 후 성종 7년에 門下守侍中을 제수받은 사람은 崔承老이다.[70] 최승로는 성종 2년 정월에 門下侍郞平章事를[71] 역임한 후 성종 7년에 門下守侍中을 제수받았고, 성종 8년에 졸한 후 덕종 2년에 大匡 내사령을 추증받았다.[72] 徐熙는 광종 23년에 내의시랑을 역임한 이후 성종 2년 5월에 兵官御事을 거쳐 동왕 12년 10월에 內史侍郞이 되었고, 이어서 동왕 13년 8월 平章事로 전임한 후 太保 내사령이 되어, 질병으로 侍朝를 할 수 없게 되자 致仕祿을 받은 후 목종 원년(995)에 졸하였다.[73] 이와 같이 내사령, 문하시중, 문하시랑 평장사, 내사시랑, 평장사 등 唐制를 수용하여 신설된 3省制下에서 내사성과 문하성의 宰臣들이 차례대로 임명되면서 宰相制度가 성립되기 시작하였다.

고려에서는 '法唐體宋'이라 하여 唐制를 바탕으로 宋制를 채용한 것이 많지만, 宰相制度는 唐制와 다르고 宋制와도 차이점이 있다. 고려시대에는 2品以上官을 宰相이라 하였다. 中書省과 門下省의 2品 이상 5宰를 宰臣·省宰·眞宰라 하고 中樞院(樞密院·密直司)의 7樞臣(密直) 가운데 2品職과 3品職을 포함하여 넓은 의미에서 宰相이라 하였다.[74] 그러나 여기서는 宰臣과 樞臣을 구별하여 살펴볼 필요가 있다. 2品 이상의 官府로는 三司·三公과 中書省·門下省·尙書省·中樞院 등이 있었다. 三司·三公은 正1品이었지만 명예직

---

69) 『고려사』 권92, 열전 최지몽. ; 『고려사절요』 권2, 성종 6년 3월.

70) 『고려사』 권3, 세가 성종 7년 12월. ; 『고려사절요』 권2, 성종 7년 10월. ; 『고려사』 권93, 열전 최승로.

71) 『고려사』 권3, 세가 성종 2년 정월. ; 『고려사절요』 권2, 성종 2년 정월. ; 『고려사』 권93, 열전 최승로.

72) 『고려사』 권3, 세가 성종 7년 12월. ; 『고려사절요』 권2, 성종 7년 10월. ; 『고려사』 권93, 열전 최승로.

73) 『고려사』 권2, 세가 광종 23년 8월. ; 『고려사절요』 권2, 성종 13년 8월 및 『고려사』 권94, 열전 서희.

74) 邊太燮, 「高麗宰相考 - 3省의 權力關係를 중심으로 -」, 『歷史學報』 35·36 합집, 1967. ; 『高麗政治制度史硏究』, 一潮閣, 1971, 76~77쪽.

으로 宗室과 臣僚(異姓諸君)들에게 封爵과 함께 除授된 대우직으로 실무직이 아니었다. 3省의 장관으로 종1품의 내사령(중서령), 문하시중, 상서령이 있었으나, 내사령(중서령)과 상서령은 5宰에 넣지 않았다. 5宰에 대해서는 李齊賢이 『櫟翁稗說』(前集1)에서 侍中, 平章事, 參知政事, 政堂文學, 知門下省事의 5職으로 보았다. 趙浚은 中書令, 侍中, 平章事, 參知政事, 政堂文學의 5職을 5宰로 보았다.[75]

『고려사』 백관지 諸司都監各色條에 도병마사의 구성원인 判事를 侍中 이하 知門下省事까지를 5宰라 하고, 使는 6樞密及職事三品이라 하였다. 중서령과 樞臣은 尙書 6部의 判事를 겸한 예가 없고, 일반적으로 6부의 판사를 겸할 수 있는 5宰는 門下侍中 · 平章事 · 參知政事 · 政堂文學 · 知門下省事를 가리키며, 省宰라고도 하고 中樞院의 樞臣과 구별하여 眞宰라 하였다.[76]

Ⅵ. 고려 宰相制度의 整備와 唐 · 宋制

1. 唐의 宰相制度

고려의 宰相제도는 唐 · 宋制와는 차이가 있었다. 당에서는 초기에 중서령, 문하시중, 상서령이 함께 國政을 의논하였고 이를 宰相이라 하였다. 재상은 天子를 보좌하고 백관을 總領하며 萬事를 다스렸다. 후에 당 태종이 상서령이 되자 신하들이 이를 피하여 감히 그 직에 있을 수 없다고 하여 僕射가 상서성의 장관이 되어 시중, 중서령과 더불어 宰相이라 칭하였다.[77] 唐 太宗 때 杜淹

75) 『高麗史』 권118, 열전 조준.
76) 崔貞煥, 「高麗 中書門下省의 祿俸規定」, 『韓國史硏究』 50 · 51, 1985. ; 『高麗 · 朝鮮時代 祿俸制 硏究』, 慶北大學校 出版部, 1991, 97~98쪽. ; 『譯註 『高麗史』 百官志』, 107~108쪽.

이 吏部尚書參議朝政, 魏徵이 祕書監參預朝政된 이후 參預朝政은 '參議得失', '參知政事'와 같은 유형으로 모두 宰相職이라 하였음은 앞서 지적한 바 있다. 貞觀 8년(634)에 중서령(백관지에는 僕射로 되어 있음) 李靖이 질병으로 사임하자, 조서를 내려 질병이 조금 나으면 2·3일에 한번 中書門下에 나가 사무를 처리하도록 하여 이를 평장사라 하였다. 平章事라는 이름은 여기서 시작되었다.[78] 貞觀 17년(643)에 李勣이 太子詹事同中書門下三品에 임명되자 侍中 中書令과 같은 급이라 하고 '同三品'이라는 이름이 등장하게 되었다. 高宗 이후부터는 宰相에게는 반드시 '同中書門下三品'을 加授하였다. 고종 永淳 원년(682)에 黃門侍郎(문하시랑) 郭待擧와 兵部侍郎 岑長倩 등이 同中書門下平章事가 된 이후부터 '同平章事'가 재상의 職銜이 되었다. 開元(713~741) 이후 僕射에게 同平章事를 가하지 않고, 재상의 행렬에서 밀려났다. 安史의 亂 이후 재상의 名號에 변화가 있었다. 代宗 大曆 2년(767) 중서령과 문하시중을 올려 정2품으로 하고, '同中書門下三品'의 직함은 廢除하였다. 당 후기에 기본적인 재상의 名號는 同平章事였다.[79]

2. 宋의 宰相制度

宋初에는 비록 門下·中書·尙書 3省의 명칭은 예전 그대로였지만 唐代의 제도와 크게 달랐다. 먼저 재상이 3省의 장관에 專用되지 않았고, 그 다음에는 3省의 職權이 변동하였다. 宋代 재상제도는 크게 다섯 차례 변동이 있었다.[80]

77) 宰相之職 佐天子總百官 治萬事 其任重矣 … 初唐因隋制 以三省之長中書令·侍中·尙書令共議國政 此宰相職也 其後以太宗嘗為尚書令 臣下避不敢居其職 由是僕射為尚書省長官 與侍中·中書令號為宰相(『신당서』 권46, 백관1 宰相之職).

78) 『신당서』 권46, 백관1 宰相之職.

79) 『신당서』 권46, 백관1 宰相之職 및 陳茂同, 『中國歷代職官沿革史』, 百花文藝出版社, 2005, 231~232쪽.

송대의 중추기관에서 최고행정권을 가진 자는 宰執이었다. 소위 宰執이라는 것은 宰相과 執政의 統稱이다. 송대의 재상은 中書門下平章事라고 칭하였고, 副職(副宰相)은 參知政事라 칭하였다.[81] 參知政事는 또한 執政이라고 칭하였는데, 이는 趙匡胤이 재상을 견제하기 위하여 설치한 것이다. 李燾의 『續資治通鑑長編』 권5에 기록된 바를 근거로 하면, 송 태조는 등극한 후에도 여전히 後周의 宰臣인 范質·王溥 등을 그대로 기용하여 재상으로 하였고, 그리고 范質 등이 퇴직을 요구한 후에 비록 趙普을 門下侍郎平章事로 삼았지만 재상이 勅에 署名하는 일을 행하지 않았다. 당시에 어떤 대신은 재상이 虛位이니 응당 尙書省長官으로 하여금 재상이 勅에 서명하는 권한을 행해야만 한다고 의견을 내었지만, 어떤 대신은 동의하지 않았으며 平章事는 곧 재상의 任이라 말하였다. 당시 平章事에 封해진 자가 여러 명이었지만, 모두 조정 밖의 使相의[82] 종류였기 때문에 趙普는 혼자서 재상의 권한을 차지하였다. 송 태조는 趙普에게 하나의 副職을 설치해 주려고 하였지만 적합한 명칭이 생각나지 않아 이에 翰林學士인 陶穀에게 묻기를 "재상보다 1등이 낮은 것에 어떤 官이 있는가?"라고 하였다. 陶穀이 회답하여, 唐代에는 일찍이 參知機務·參知政事의 칭호가 있었다고 하였다. 이에 薛居正·呂余慶을 參知政事로 삼았다. 이는 송 太祖 乾德 2년(964)의 일이다. 이것으로 송의 참지정사는 당제에 근거하여 설치된 것임을 알 수 있다.

당시 설치한 參知政事의 지위는 낮았는데, 『續資治通鑑長編』 권5에 기록된 바를 근거로 하면 "制을 宣하지 않고, 押班하지 않으며, 知印하지 않고,

80) 陳茂同, 『中國歷代職官沿革史』, 百花文藝出版社, 2005, 309~310쪽.
최정환, 「高麗 宰相制度와 政事堂」, 309~310쪽.

81) 陳茂同, 위의 책, 307쪽.

82) 송의 제도에서 親王·樞密使·留守·節度使가 侍中·中書令·同平章事을 겸하는 것을 모두 使相이라고 하고, 政事에는 간여하지 않았다.

奏事에 간여하지 않으며, 政事堂에 오르지 않는다고 하였다. 단지 宣徽使의 廳에 가서 일을 보도록 하고, 殿廷에 별도로 甎位을 宰相의 뒤에 설치하도록 하였으며, 勅의 말미에 서명하는 것은 재상의 數字보다 낮추도록 하였고, 月에 따라 잡다하게 지급하는 것은 그것의 반이다."라고 하였다. 政事堂은 재상이 일을 의논하고 사무를 처리하는 곳인데, 參知政事는 재상의 사무실에 조차도 들어갈 수 없었으니, 많은 권력이 없었음을 알 수 있다. 후에 송 태조는 趙普의 정치가 독단적인 것을 보게 되자, 재상에 대한 견제를 강화하기 위하여 參知政事의 지위와 職權을 높였다. 開寶 6년(973)에 薛居正 · 呂余慶에게 조서를 내려 趙普와 "印章을 사용하는 것, 班을 거느리는 것, 奏事하는 것을 고치도록 하라."라고 해서 그 권한을 나누었다. 송 태종 때에 이르러 또한 한층 參知政事의 지위를 높였다. 『續資治通鑑長編』 권37에 기록한 것을 근거하면 至道 원년(995) 正月 戊子일에 태종은 조서에서 말하기를 "지금부터 參知政事는 의당 宰相과 날을 나누어 印章의 사용을 주관해야만 하며, 衛班을 押正해야만 한다. 그 甎位가 다르게 나누어져 있어 의당 합해서 하나로 해야만 한다. 宰相 · 使相 · 親王이 軍國의 大政을 의논하게 되면 함께 都堂에 오를 수 있다."라고 하였다.

都堂은 바로 政事堂이다. 參知政事와 宰相의 地位와 職權上에서의 차별은 이에 이르러 완전히 없어졌다. 이는 재상에 대한 유력한 견제가 되도록 한 것이다. 그리하여 宋代에는 항상 宰執이라 함께 칭하였다. 參知政事라는 이름은 비록 唐代에서 계승한 것이지만, 唐代의 參知政事는 결코 常制가 아니었다. 他官으로 하여금 재상의 職을 차지하도록 하여 參知政事 혹은 參預朝廷 · 參議朝廷이라 불렀다. 그러나 송대에 설치한 參知政事는 재상의 副職으로 定制되었다. 參知政事의 지위가 높아진 것은 송대 통치자가 재상의 권력을 약화시키고, 그로 하여금 재상과 서로 견제하도록 하여 皇權을 강화하려는

중요한 조치였다.[83)]

이러한 재상 외에 또한 平章軍國重事라는 하나의 職이 있었다. 『宋史』 職官志에 "哲宗 元祐 중에 平章軍國重事을 설치하였는데, 文彦博 · 呂公著로 하여금 서로 이어서 그것을 맡도록 하였다."라고 한다. 그것은 宰相 위에 위치하며 오로지 德이 높은 元老을 대우함으로서 총애를 나타내었는데, 5일 혹은 2일에 한번 조정에 나갔으며, 朝日이 아니면 都堂(政事堂)에 나가지 않았다. 이 관직은 단지 일종의 가장 높은 영예의 職位일 뿐이고, 결코 軍國의 중대한 일을 관할할 수 있는 것이 아니었다. 그러나 남송 때에는 상황이 약간 바뀌었다. 寧宗 開禧 원년(1205)에 韓侂胄가 平章軍國重事를 맡자, 간여하는 바는 넓었고 임명하는 바는 오로지 하였으며 조정을 자기 마음대로 하였다. 理宗 때 權奸인 賈似道도 또한 太師 · 平章軍國重事로 승진하였는데, 자리를 훔친 날이 오래되고 恩寵이 나날이 높아지자 宰相의 위에 위치하였다. 이에 平章軍國重事가 軍 · 政의 대권을 마음대로 하게 되니, 軍政合一의 제도를 정하여 宰相은 副職의 지위로 몸을 낮추어 서게 되었다.[84)]

이상을 정리해 보면 고려에서는 侍中, 平章事, 參知政事, 政堂文學, 知門下省事의 5宰를 宰臣 · 省宰 · 眞宰라 하였다. 唐은 초기에 3省의 장관인 중서령, 문하시중, 상서령을 宰相이라 하였고, 이후 僕射가 상서성의 장관이 되어 시중, 중서령과 더불어 宰相이라 칭하기도 하였으나, 參知政事와 中書門下平章事를 재상이라 하였다. 宋은 唐制를 답습하여 中書門下平章事(同平章事)를 재상이라 하고,[85)] 副宰相을 參知政事라 하였고, 특수하게 平章軍國重事와 使相도 재상이라 하였다. 이러한 재상들이 政事를 의논하고 사무를 처리하는 곳을 정사당이라 하였다.

83) 陳茂同, 앞의 책, 308쪽.
84) 陳茂同, 앞의 책, 308쪽.
85) 宋承唐制 以同平章事為真相之任(『宋史』 권161, 직관1 宰相之職).

지금까지 살펴온 바를 근거로 하여, 『고려사』 백관지와 『신당서』 백관지 및 『송사』 직관지에 나타난 중서성과 문하성의 관원 구성과 宰執(宰相之職)을 비교하면 〈表1-1〉과 같이 정리해 볼 수 있다.

〈表1-1〉 門下府의 官員構成과 唐·宋의 宰相 비교표

<table>
<tr><th colspan="3">高麗史(百官志, 文宗 15년)</th><th colspan="3">宋史(職官志, 元豊官制)</th><th colspan="3">新唐書(百官志)</th></tr>
<tr><td colspan="3">門下府
宰執(5宰) 侍中, 平章·事, 參知政事,
政堂文學, 知門下省事</td><td colspan="3">宰執(宰相之職)
平章軍國重事·使相·參知政事</td><td colspan="3">宰相之職
中書令·侍中·尙書令
參預朝政(參知政事)·
同中書門下三品</td></tr>
<tr><td></td><td>門下省</td><td>中書省</td><td>門下省</td><td>中書省</td><td>비고</td><td>門下省</td><td>中書省</td><td>비고</td></tr>
<tr><td>종1품</td><td>門下侍中</td><td>中書令</td><td>侍中</td><td>中書令</td><td>종1품</td><td>侍中</td><td>中書令</td><td>정2품</td></tr>
<tr><td>정2품</td><td>門下侍郎平章事
門下平章事</td><td>中書侍郎平章事
中書平章事</td><td>門下侍郎</td><td>中書侍郎</td><td>정2품</td><td>門下侍郎</td><td>中書侍郎</td><td>정3품</td></tr>
<tr><td>종2품</td><td colspan="2">知門下省事</td><td></td><td></td><td></td><td></td><td></td><td></td></tr>
<tr><td>정3품</td><td>左散騎常侍</td><td>右散騎常侍</td><td>左散騎常侍</td><td>右散騎常侍</td><td>정3품</td><td>左散騎常侍</td><td>右散騎常侍</td><td>정3품하</td></tr>
<tr><td>종3품</td><td>直門下</td><td></td><td></td><td></td><td></td><td></td><td></td><td></td></tr>
<tr><td>정4품</td><td>左諫議大夫</td><td>右諫議大夫</td><td>左諫議大夫(종4품)</td><td>右諫議大夫</td><td>종4품</td><td>左諫議大夫</td><td>右諫議大夫</td><td>정4품하</td></tr>
<tr><td>종4품</td><td>給事中</td><td>中書舍人</td><td>給事中(4인, 정4품)</td><td>中書舍人(4인)</td><td>정4품</td><td>給事中</td><td>中書舍人</td><td>종5품상</td></tr>
<tr><td>종5품</td><td>起居郎 起居注</td><td>起居舍人</td><td>起居郎(1인, 起居注)</td><td>起居舍人</td><td>정7품</td><td>起居郎</td><td>起居舍人
通事舍人</td><td>종6품상</td></tr>
<tr><td>정6품</td><td>左補闕(左司諫)</td><td>右補闕(右司諫)</td><td>左司諫</td><td>右司諫</td><td>정7품</td><td>左補闕</td><td>右補闕</td><td>종7품상</td></tr>
<tr><td>종6품</td><td>左拾遺(左正言)</td><td>右拾遺(右正言)</td><td>左正言</td><td>右正言</td><td>종7품</td><td>左拾遺</td><td>右拾遺</td><td>종8품상</td></tr>
<tr><td>종7품</td><td>門下錄事</td><td>中書注書</td><td></td><td></td><td></td><td>門下錄事</td><td>中書注書</td><td>종7품상</td></tr>
<tr><td></td><td></td><td></td><td></td><td></td><td></td><td>主事</td><td>主事</td><td>종8품하</td></tr>
</table>

〈表1-1〉은 고려전기의 문하성과 중서성을 唐·宋制와 비교하여 정리해 본 것이다. 唐·宋에서는 재상직의 운영이 시기에 따라 변화하여 각각 다르게 운영되었으므로 이를 체계화해 놓은 백관지의 기록을 통해서 정리해 볼 수밖에 없다. 공통적으로, 고려와 唐·宋은 3省制 바탕 위에 문하성과 중서성을 분리된 기구로 하여 각각 별도의 관원 구성을 이루고 있다. 『新唐書』 百官志1에서는 宰相之職(中書令·侍中·尙書令·參預朝政(參知政事)·同中書門下三

品)을 최상위에 설정하고, 『宋史』 직관지에는 宰執(宰相之職)으로 平章軍國重事·使相·參知政事를 두고 있다. 그런데 『고려사』 백관지에서는 唐·宋制에서와 같은 宰相之職(宰執)을 별도로 설정한 규정은 찾아볼 수 없다. 그렇다고 해서 고려에 宰相職(宰執)이 없었던 것은 아니었다. 5宰(侍中, 平章事, 參知政事, 政堂文學, 知門下省事)는 필자가 『고려사』 백관지 門下府條와 諸司都監各色條에 근거하여 〈表1-1〉과 같이 정리해 본 것이다. 그 5宰는 『고려사』 백관지 여러 條에서 "文宗定 判事一人 宰臣兼之"라 하므로 재신임이 분명한 것이다.

『고려사』 백관지 문하부조에는 門下府 아래 종1품의 判門下(중서령)와 侍中, 정2품의 贊成事(평장사), 종2품의 評理(참지정사) 政堂文學 知門下府事(지문하성사)를 두고, 그 아래 常侍 이하 門下錄事에 이르기까지 좌·우직이 있는 관직과 없는 관직을 구별하여 일괄적으로 정리해 놓았다. 재상직은 별도로 설정해 놓지 않았다. 唐·宋制에서와 같이 문하성과 중서성을 구별하지 않고 門下府 아래 일괄적으로 정리해 놓고 있다. 그러나 충렬왕 원년에 僉議府로 통합되기 이전까지는 중서성과 문하성은 분리된 기구였으므로[86] 이를 구별하여 〈表1-1〉과 같이 정리해 본 것이다.

『고려사』 백관지 諸司都監各色條에 도병마사의 구성원인 判事는 侍中 이하 知門下省事까지를 5宰라 하고, 使는 6樞密 및 職事三品 이상이라 하였다. 중서령과 상서령 및 樞臣은 尙書 6部의 判事를 겸한 예가 없고, 일반적으로 6부의 판사를 겸할 수 있는 5宰는 門下侍中, 平章事, 參知政事, 政堂文學, 知門下省事를 가리키며, 省宰라고도 하고 中樞院의 樞臣과 구별하여 眞宰라 하였다.[87]

---

86) 崔貞煥, 「『高麗史』 百官志 門下府의 구성과 문제점」, 『한국중세사연구』 20, 2006, 27~31쪽.
87) 邊太燮, 『高麗政治制度史硏究』, 76~77쪽.
崔貞煥, 『高麗·朝鮮時代 祿俸制 硏究』, 97~98쪽.; 『譯註 『高麗史』 百官志』, 107~108쪽.

문하시중은 문하성의 구성원이고, 평장사는 문하성과 중서성의 兩省에 병존한 관원이며, 참지정사와 정당문학은 어느 省에도 소속되지 않은 재상이다. 지문하성사는 말 그대로 문하성의 일을 맡은 문하성 소속의 재상이다.[88] 宰臣은 모두 정사당 회의에 참여할 수 있었으나, 樞臣은 정사당 회의에 참여할 수 없었다. 이렇게 본다면 고려시대 宰臣(宰執)에는 중서성이나 문하성에 소속된 재신도 있었지만, 兩省의 어느 省에도 소속되지 않은 재신을 포함해서 5宰로 宰府를 구성하였다고 할 수 있다. 추신은 재추로 구성되는 도당과 재신들로 구성된 정사당과 관련하여 따로 다루고자 한다.

Ⅶ. 맺음말

지금까지 살펴본 바를 요약하여 맺음말에 갈음하고자 한다.

국초에 신라와 태봉의 제도를 참용하여 설치한 정치기구는 광종대의 개편을 거쳐 성종 원년부터 정비되기 시작하였다. 국초에 광평성, 내봉성, 내의성의 재상관부는 광종의 정치개혁으로 내의성, 내봉성, 광평성 순서로 그 서열이 바뀌었다. 이러한 고려초기의 관제와 과도기의 집정제는 모두 혁파되고 성종 원년부터 당제를 수용하여 3省制가 제도적으로 성립되기 시작하였다. 그 이전에 신라 이래 국초로부터 나타나는 내사령을 비롯한 평장사, 참지정사 등 唐制와 관련된 관직은 당시에 실재했던 관직과 재상직이 아니었다. 당제의 명분을 빌려 그렇게 사용하였을 따름이다. 그러므로, 태조 2년에 3省 6部 9寺가 있었고 당제와 비슷하였다는 기록에 근거하여 태조 때부터 당제를 받아들여 제도화한 것으로는 볼 수 없다.

---

88) 최정환, 「高麗 宰相制度와 政事堂」, 312~313쪽.

성종 원년에 성립된 고려의 3省은 내사성, 문하성, 어사도성이다. 성종 14년에 개편을 거쳐 문종 15년(1061)에 3省制가 정비되었다. 성종 원년에 당제를 받아들이기 시작하여 발족한 3省은 성종 14년 내사성, 문하성, 상서도성으로 개편되었는데, 이것은 당제와 거의 일치되는 관제였다. 이렇게 당제를 바탕으로 이후 송제를 참작하여 고려의 독자적인 3省과 재상제도가 정비된 것은 문종 때였다. 문종 15년에 정비된 3省은 중서성, 문하성, 상서성이다. 이러한 과정을 거쳐 정비된 3省體制下에서 재상은 侍中, 平章事, 參知政事, 政堂文學, 知門下省事이다. 이 5宰는 중추원의 樞臣과 구별하여 眞宰라 하였다. 고려시대 宰臣에는 중서성과 문하성에 소속된 재신도 있었지만, 兩省의 어느 省에도 소속되지 않은 참지정사와 정당문학을 포함해서 5宰로 宰府를 구성하였다. 이들이 政事를 의논하고 처리하는 곳을 政事堂이라 하였다.

오늘날 학계에서는 성종 원년에 내의성이 '내사문하성'으로 개편되고 문종 15년에 '내사문하성'이 '중서문하성'으로 개편된 것같이 기록한 『고려사』 백관지 기록에 근거하여, '중서문하성'을 단일기구로 보아 고려의 중앙관제가 3省 6部가 아니라 2省 6部라고 하였고 이것이 정설로 되어 있다. 그러나 내의성이 '내사문하성'으로 개편된 것이 아니었고, 또한 '중서문하성'은 단일기구가 아니었다. 이러한 사실을 인식하지 못하고 정리된 종래의 정설은 시급히 수정되어야 할 중대한 문제이다. 만약에 『고려사』 撰者가 '中書門下省'을 단일기구로 보지 않고 중서성과 문하성이라는 분리된 기구로 '中書省과 門下省'이라고 정리하였다면, 그것은 撰者의 오류가 아니었음을 새로이 밝혀 둔다.

성종 원년 3省이 처음 발족하기 이전에 당제와 관련하여 나타나는 관직과 재상직은 당시에 실재하지 않았던 관직이었음을 밝혀 재상제도의 성립을 올바로 이해하고, 나아가 '중서문하성'이 단일기구가 아님을 입증하여, 고려의 중앙관제는 2省 6部가 아니라 3省 6部制였음을 밝히는 데 이 연구가 조그마한 보탬이 되었으면 한다.

제2장 | 고려초기의 政治制度와 3省 6部의 成立 및 變遷

Ⅰ. 머리말

고려초기에 신라와 태봉의 제도를 참용하여 설치한 정치기구는 성종 원년에 정비되기 시작하였다. 성종 원년에 성립된 고려의 3省은 내사성, 문하성, 어사도성이다. 내사성과 문하성은 성종 원년에 唐制를 수용하여 발족한 이후 문종 15년(1061)에 宋制를 참작하여 내사성을 중서성으로 고쳐 중서성과 문하성의 제도가 정비되었다. 그러나 상서성의 경우는 이와는 좀 달랐다. 尙書省은 성종 원년(982)에 발족한 御事都省과 御事 6官이라는 과도기 체제를 거쳐 성종 14년에 唐制를 수용하여 尙書都省과 尙書 6部로 개편되었다가 문종 때 宋制를 참작하여 尙書省과 尙書 6部의 제도가 정비되었다. 이러한 3省 6部制가 처음으로 성립된 것은 성종 원년에 발족한 내사성, 문하성, 어사도성과 御事 6官이다.

그러나 오늘날 우리 학계에서는 中書門下省을 단일기구로 보아 고려의 중앙관제는 3省 6部가 아니라 2省 6部라고 하여 이것이 정설로 되어 있다. 2省 6部가 정설로 통용되게 된 근본적인 원인은 『고려사』 撰者들이 門下府條에 중서성과 문하성의 연혁을 잘못 기록하였기 때문에 많은 학자들이 그와 같은 오류를 범하게 된 것이다. 『新唐書』 백관지와 『宋史』 직관지를 비교하고,『고려사』 백관지 및 식화지, 여복지, 선거지,『고려도경』과『역옹패설』 등 관계기록과 관직에 임명된 사례, 그리고 성립과 변천과정을 다각적인 각도에서 세밀히 검토해 본 결과, 중서성과 문하성이 단일기구가 아니었음을 입증할 수 있는 확실한 논거를 제시한 바 있다.[1]

제2장에서는 성종 원년(982)에 발족한 내사성, 문하성, 어사도성이 그 이전 국초의 정치기구와 어떤 연관을 지니고 성립된 것인가를 6典制의 성립과 함께 고찰해 보고자 하였다. 이러한 考究作業으로 고려의 중앙관제가 2省 6部가 아니라 3省 6部임을 더욱 분명히 할 수 있고, 국초의 관제와 비교하여 고려 中央政治制度와 行政體系를 새로운 視覺으로 硏究하는 데 도움을 줄 수 있으리라고 여겨진다.

Ⅱ. 3省制의 成立過程

고려시대의 중앙정치제도인 3省 6部가 처음으로 정해진 시기에 대해,『고려사』에는 다음과 같이 기록되어 있다.

> ㉮ ① (太祖) 2년에 3省 · 6尙書 · 9寺 · 6衛를 설치하였는데 대체로 唐制를 본뜬 것이다.[2]
>
> ② (성종 2년 夏5월 갑자) 처음으로 3省 · 6曹 · 7寺를 정하였다.[3]

『고려사』 백관지의 기록에 의하면 3省 6尙書가 태조 2년에 설립되었다고

1) 崔貞煥,「『高麗史』百官志의 硏究」,『譯註『高麗史』百官志』, 京仁文化社, 2006.
2) (太祖) 二年 立三省 · 六尙書 · 九寺 · 六衛 略倣唐制(『고려사』 권76, 백관지 서문).
3) (成宗 二年 夏五月) 始定三省 · 六曹 · 七寺(『고려사』 卷3, 세가).

한다. 이 백관지의 기록은 『고려사』 撰者의 착오임을 두루 알고 있는 내용이다. 태조가 즉위한 지 6일 만인 원년(918) 6월에 단행된 인사개편에서는 廣評省, 內奉省, 徇軍部, 兵部, 倉部, 義刑臺, 都航司, 物藏省, 內泉部, 珍閣省, 白書省, 內軍의 순서로 5省 · 4部 · 1臺 · 1司 · 1軍 등 12官署가 나타난다. 그 가운데 3省(문하성, 내사성, 상서성) · 6尙書 · 9寺 · 6衛는 찾아볼 수 없다. 『高麗史』 撰者의 착오로 인한 기록의 잘못임이 분명한 것이다. 『고려사』 세가에는 3省 6部가 성종 2년에 처음으로 정해졌다고 한다. 그러나 이와는 달리 백관지에 국초의 內議省이 성종 원년에 '內史門下省'으로 개편되고, 廣評省도 성종 원년에 御事都省(상서성)으로 되었다고 한다. 물론 이 기록의 내용에도 撰者의 오류가 있음은 후술하겠지만, 우선 3省 6部가 성종 원년에 모두 정해진 것으로 기록되어 있다. 이러한 기록들에 연유하여 학계에서는 일반적으로 3省 6部가 정해진 시기를 성종 원년과 2년으로 보고 있다.[4] 그러나 성종 원년에 崔知夢이 守內史令에 임명되고,[5] 崔承老가 성종 원년에 行選官御事로, 성종 2년에 門下侍郞平章事로 임명된 사례와[6] 성종 2년 5월에 徐熙가 兵官御事에, 鄭謙儒가 工官御事에 임명된 사례 등 여러 사례로 보아, 3省 6部는 성종 원년에 이미 발족된 것으로 보아야 할 것 같다. 성종 2년 5월 무오일에 徐熙와 鄭謙儒를 각각 兵官御事와 工官御事로 임명해 놓고 그 후 갑자일에 와서 "처

4) 邊太燮, 「高麗時代 中央政治機構의 行政體系 尙書省 機構를 中心으로」, 『歷史學報』 47, 1970. ; 『高麗政治 制度史研究』, 一潮閣, 1971.
李泰鎭, 「고려 宰府의 成立 그 制度史的 考察」, 『歷史學報』 56, 1972.
李基白, 「高麗 二軍 · 六衛의 形成過程에 대한 再考」, 『黃義敦古稀記念 史學論叢』, 1960. ; 『高麗兵制史研究』, 一潮閣, 1968.
朴龍雲, 「『高麗史』 百官志의 特性과 譯註」附, 「『高麗史』 百官志의 序文 譯註」, 『고려시대연구 III』, 한국정신문화연구원, 2001.
崔貞煥, 『高麗史』百官志의 研究」, 104~105쪽.
5) 『고려사』 권92, 열전 최지몽. ; 『고려사절요』 권2, 성종 6년 3월.
6) 『고려사』 권3, 세가 성종 2년 정월. ; 같은 책, 세가 성종 7년 12월. ; 『고려사』 권93, 열전 최승로.

음으로 3省·6曹·7寺를 정하였다"라고 한다. 이 기록은 이미 그 이전에 御事 6官이 발족된 사실을 그렇게 정리하고 있는 것으로 보아야 할 것 같다.[7] 성종 2년에 李夢游가 左執政으로 知貢擧가 된 사례는,[8] 이미 '內史門下省'이 발족하였지만 성종 2년 당시까지 과도기 체제가 그대로 유지된 것이라 여겨진다. 백관지 문하부조에 '內史門下省'으로 개편된 것은 성종 원년이라 하고, 어사도성과 御事 6官도 성종 원년에 발족한 것으로 되어 있다. 崔承老가 성종 2년에 門下侍郞平章事로 임명된 사례 또한 그 이전 원년에 이미 문하성이 발족하였고 그 임명된 사례가 그렇게 나타나는 것으로 보아야 할 것 같다. 성종 원년에 발족한 3省은 내사성, 문하성, 어사도성(상서도성)을 말한다. 성종 원년에 내사성, 문하성, 어사도성의 3省과 御事 6官이 발족하기 이전 국초의 통치기구는 어떠하였으며, 이것이 이후 3省 6部制의 성립과 어떤 관련을 맺고 있는지에 대해서 살펴보고자 한다.

1. 建國初期의 政治機構

고려 건국초기의 관제는 신라와 태봉의 제도를 참용하였다.[9] 하지만 태조 왕건은 궁예의 정권을 인수하였기 때문에 신라의 제도보다는 태봉의 제도를 더 많이 수용한 것으로 보인다. 弓裔가 901년에 후고구려를 세우고 904년에

7) 戊午 以佐丞徐熙爲兵官御事 大相鄭謙儒爲工官御事(『고려사』 권3, 세가 성종 2년 5월).
甲子 … 始定三省·六曹·七寺(『고려사』 권3, 세가 성종 2년 5월).

8) (成宗二年) 二月 正匡崔承老 左執政李夢游 兵官御事劉彦儒 左丞盧奕取進士(『고려사』 권73, 선거1 과목 선장).
성종 2년에 兵官御事에 劉彦儒, 어사도성의 左丞에 盧奕이 知貢擧로 된 사실을 말해 주는 이 사례는 앞서 崔承老가 성종 원년에 行選官御事에, 성종 2년에 門下侍郞平章事로 임명된 사례와 더불어 御事 6官과 어사도성, 내사성, 문하성의 3省이 이미 성종 원년에 발족하였음을 말해 주는 것이다.

9) 高麗太祖 開國之初 參用新羅泰封之制(『高麗史』 卷76, 百官1 序文).

국호를 摩震이라 고친 후 처음 설치한 관제에는 7省·6部·2臺·2壇·2府 등 모두 19官署를 이루고 있고,[10] 태조가 즉위한 지 6일 만인 원년(918) 6월에 단행된 인사에서 5省·4部·1臺·1司·1軍 등 12官府가 보이고 있다.[11] 이들 관부와 이후 광종 11년의 사실로 추정되는 10省·4部制를 비교하여 〈表 2-1〉과 같이 정리해 볼 수 있다.

〈表2-1〉 고려초기의 정치기구

摩震(904)	摩震·泰封 太祖 13年 이전	광종 11년(960)	備考
(1) 廣評省	① 廣評省(마진)	① 內議省(태조 13년 이전)	內史省
(2) 兵部	② 內奉省(마진)	③ 廣評省(마진) → 執政	門下省
(3) 大龍部[倉部]	※內議省(태조 13년 이전)	② 內奉省(마진)	尙書省
(4) 壽春部[禮部]	③ 徇軍部(태봉)	④ 軍部(광종 11년)	兵部
(5) 奉賓部[禮賓省]	④ 兵部(마진)	⑤ 兵部(마진)	兵部
(6) 義刑臺[刑部]	⑤ 倉部(태봉)	⑥ 倉部(태조 원년)	戶部
(7) 納貨部[大府寺]	⑥ 義刑臺(마진)	⑦ 義刑臺(마진))	刑部
(8) 調位部[三司]	⑦ 都航司(태조 원년)	⑧ 都航司(태조 원년))	혁파
(9) 內奉省[都省]	⑧ 物藏省(마진)	⑨ 寶泉(광종 11년)	小府監
(10) 禁書省[祕書省]	⑨ 內泉部(태조 원년)	⑩ 珍閣省(태조 원년)	혁파
(11) 南廂壇[將作監]	⑩ 珍閣省(태봉)	⑪ 內書省(태조 원년)	典校寺
(12) 水壇[水部]	⑪ 白書省(태조 원년)	⑫ 掌衛部(광종 11년)	衛尉寺
(13) 元鳳省[翰林院]	⑫ 內軍(태봉)	⑬ 元鳳省(마진)	翰林院
(14) 飛龍省[太僕寺]	※元鳳省(마진)	⑭ 禮賓省(태조4년)	禮賓省
(15) 物藏省[少府監]	※禮賓省(태조 4년)		
(16) 史臺[掌習諸譯語]			
(17) 殖貨府[掌栽植菓樹]			
(18) 障繕府[掌修理城隍]			
(19) 珠淘省[掌造成器物]			

10) (孝恭王) 8年(904) 弓裔設百官 依新羅制 … 國號摩震 年號武泰(『三國史記』 권12, 신라본기 효공왕).
天佑元年(904) 甲子 立國號爲摩震 年號爲武泰 始置廣評省 備員匡治奈(今侍中)·徐事(今侍郞)·外書(今員外郞)·置又兵部·大龍部(謂倉部)·壽春部(今禮部) … 珠淘省(掌造成器物)(『三國史記』 권50, 열전10 궁예).

11) 『고려사』 권1, 세가 태조 원년 6월 辛酉.

弓裔가 901년에 후고구려를 세우고 904년에 국호를 摩震이라 고친 후 처음 설치한 관제에는 (1) 廣評省으로부터 (19) 珠淘省에 이르기까지 7省·6部·2臺·2壇·2府로 모두 19官署를 이루고 있다. 궁예가 911년에 국호를 泰封이라 고치고 918년에 왕위에서 쫓겨난 후, 태조가 즉위한 지 6일 만에 단행된 인사개편에서는 ① 廣評省 ② 內奉省 ③ 徇軍部 ④ 兵部 ⑤ 倉部 ⑥ 義刑臺(刑部) ⑦ 都航司(工部) ⑧ 物藏省 ⑨ 內泉部 ⑩ 珍閣省 ⑪ 白書省 ⑫ 內軍의 순서로 5省·4部·1臺1司·1軍 등 12관서로 나타나고 있다. 이 가운데 마진국의 관제와 일치하는 것은 ① 廣評省 ② 內奉省 ④ 兵部 ⑥ 義刑臺이고, 이후 개편되거나 신설된 ③ 徇軍部 ⑤ 倉部 ⑧ 物藏省 ⑩ 珍閣省 ⑫ 內軍 등 9개 관서가 태봉 때부터의 관제였다. 그 밖에 ⑦ 都航司 ⑨ 內泉部 ⑪ 白書省의 3개 관부가 역시 자료에는 나타나지 않으나 태봉 이래의 관부로서[12] 태봉의 제도를 많이 답습하였다. 위의 12官署 외에도 元鳳省은 마진 때부터 있었고,[13] 태조 4년에 禮賓省,[14] 태조 13년 이전에 內議省[15] 등이 나타나고 있어, 태조 때는 앞서 지적한 12官署 외에 더 많은 관부가 있었음을 알 수 있다. 이렇게 태조 원년의 12관서에 원봉성, 예빈성, 내의성을 더하면 태조 원년과 13년 이전 사이에는 모두 15관서가 실재한 셈이 되는데, 그 외에도

---

12) 李泰鎭, 앞 논문, 8쪽.
邊太燮, 「고려초기의 政治制度」, 『韓沽劤博士停年紀念 史學論叢』, 知識産業社, 1981, 158쪽.
趙仁成, 「弓裔政權의 中央政治組織」, 『白山學報』 제33호, 1986, 64~70쪽.
金大植, 「고려전기 中央官制의 成立과 六典制의 影響」, 成均館大學校 博士學位論文, 2003, 12쪽.

13) 及太祖卽位 仍舊職知元鳳省事 俄拜廣評郎中(『고려사』 권92, 열전 최응). 崔凝이 태조가 즉위한 후에 마진의 舊職에 따라 知元鳳省事에 임명된 예에서, 태봉 때 원봉성이 있었음을 알 수 있다.

14) 禮賓寺 掌賓客燕享 太祖四年 置禮賓省 成宗十四年 改客省 後復改禮賓省(『고려사』 권76, 백관1 예빈시).

15) 以白書省郎中行順·英式 並爲內議舍人(『고려사』 권1, 세가 태조 13년 3월). 태조 13년에 백서성의 郎中 순행과 영식을 나란히 내의사인에 임명한 예로 보아, 그 이전 어느 시기에 내의성이 설치되었음을 알 수 있다.

다른 관서가 더 있을 것으로 여겨진다.

마진과 태봉의 제도를 많이 답습하여 개편한 태조 때의 15관서는 이후 광종 때에 이르러 새로운 개편이 이루어졌다. 그러한 개편과 변화 가운데 주목이 되는 것은 광평성, 내봉성, 내의성이다. 광평성의 職能과 성격에 대해 여러 견해가 있다. 우선 廣評省이 글자 그대로 널리 評議하는 기관으로 신라 화백회의 전통을 이어받은 호족세력을 대변하는 기관이었고, 뒤에 문벌세력을 대변하는 中書門下省으로 발전했다는 견해이다.[16] 다음으로 광평성을 으뜸으로 한 태봉의 관제를 신라의 執事部體制에 비견하면서, 고려 초의 광평성은 有力한 호족들의 최고 出仕자리가 되어 왔기 때문에 당시로서는 호족세력의 상징이나 마찬가지였다는 견해이다.[17] 또 다른 견해는 광평성에 侍中이 있고 그 기능이 활발한 것으로 보면 이것이 신라의 執事省과 같은 政務의 중심기관이라는 것이다.[18] 또한 광평성은 泰封의 서열 제1 官府인 광평성을 계승했다는 점에서 호족을 대표하는 기관이라기보다 정무의 중심기관이었다고 하는 것이다.[19] 이들 견해는 광평성을 호족을 대표하는 기관으로 보는 시각과 왕권에 소속된 것으로 파악한 견해로 나뉜다. 또한 그 기원을 화백회의로 보는 견해와 집사성으로 보는 견해로 나뉜다. 광평성은 마진과 태봉 및 건국 초의 태조 연간에 서열 제1의 官府로서 호족을 비롯한 "백관을 總領"하는 최고 政務機構이었다고 여겨진다. 그 기원을 신라의 화백회의나 집사성에서 찾기보다는 마진국의 궁예 때 신설된 관제임을 유념할 필요가 있다. 굳이 연결을 시킨다면 시중이 있는 신라의 집사성에 관련을 지을 수 있겠으나, 후고구려의 건국자 궁예가 신설한 마진국의 광평성에서 그 기원을 찾아야 할 것 같다.

---

16) 李基白, 「貴族的 統治機構의 成立」, 『한국사』 5, 국사편찬위원회, 1975, 18~19쪽.
17) 李泰鎭, 앞 논문, 4쪽 및 13쪽.
18) 邊太燮, 「高麗時代 政治機構의 行政體系 - 尙書省 機構를 중심으로 -」, 『歷史學報』 47, 1970, 4쪽.
19) 金大植, 앞 논문, 12쪽.

㉯ "국초에 官階는 文武로 나누지 않고, 大舒發韓으로부터 級粲에 이르기까지는 신라의 제도이고, 大宰相으로부터 佐眞使에 이르기까지는 泰封의 제도이다. 태조는 泰封主(弓裔)가 제 뜻대로 제도를 고쳐 백성들이 익혀서 알지 못하므로 모두 신라 제도를 따랐고, 다만 이름을 알기 쉬운 것은 태봉의 제도를 따랐는데 이어 大匡·正匡·大丞·大相의 號를 사용하였다."[20]

이것은 국초의 문산계에 관한 기록으로 신라와 태봉의 제도를 따랐다가 大匡, 正匡 등 고려의 새로운 문산계가 사용된 것을 말해 준다. 이를 통해 국초의 유력한 호족이나 功役者들이 이러한 문산계 체계 내에 모두 편입되어 있었음을 알 수 있다. 태조 원년 6월 人事에서 韓粲 金行濤를 廣評侍中으로, 韓粲 黔剛을 內奉令으로, 韓粲 林明弼을 徇軍部令으로, 波珍粲 林曦를 兵部令으로, 蘇判 陳原을 倉部令에, 波珍粲 秦靖을 珍閣省令에 임명한 사례에서 나타나는 官階는 모두 신라의 제도에 따른 것이다. 이와 같이 태조는 처음에 신라의 官階를 사용하였다. 그러나 광평성, 내봉성, 순군부, 병부 등 여러 관부는 신라의 제도에 따른 것이 아니라 마진과 태봉에서 신설된 관부를 그대로 이어받은 것이다. 태조 원년 당시 서열 제1 관부였던 광평성은 신라의 제도를 參用한 것이 아니라 마진국 때 신설한 것이다. 그러므로 광평성의 기원을 신라의 화백회의 또는 집사성에 비정할 것이 아니라 "백관을 總領"하기 위해 궁예가 신설한 기구 즉 마진국의 광평성에서 그 기원을 찾아야 할 것이다. 광평성은 侍中·侍郎·郎中·員外郎으로 구성되어 있고,[21] 수상인 廣評侍中이 "백관을 總領"하는 국초의 최고 政務機構였다. 이러한 광평성의 지위가 격하되어 간 것은 '勳臣宿將'을 肅淸하는[22] 광종의 개혁정치와 밀접히

20) 『고려사』 권77, 백관2 문산계.
21) 태조 원년 6월 人事에서 광평성의 관원은 侍中·侍郎·郎中·史로 구성되어 있고, 백관지 상서성조에서 광평성의 관원은 侍中·侍郎·郎中·員外郎으로 구성되어 있다.

관련되었을 것으로 여겨진다.

2. 光宗의 官制改編과 3省制의 起源

광종은 호족세력을 억제하고 왕권을 강화하기 위한 여러 가지 개혁을 단행하였다. 광종은 7년에 奴婢按檢法을 제정하고, 9년에는 과거제도의 실시, 11년에는 百官의 公服을 제정하는 등 호족세력을 억압하고 왕권을 강화하기 위한 제도적 조치를 마련하였다. 또한 광종 11년에는 徇軍府를 軍部로 개편하고 內軍을 掌衛部로 고치는 한편 物藏省을 寶泉으로 고치는 등 태조 이래의 중앙관부에 여러 가지 개편이 이루어졌다. 그리하여 광종 대에는 중앙관부가 10省 4部로 편제되어 있었다고 한다. 南唐 後主(961~975) 연간에 고려 광종 때(950~975) 南唐의 사신으로 고려를 방문한 章僚가 편찬한 『海外使程廣記』는 고려의 지방제도와 중앙관제, 백관의 공복 및 녹봉에 관한 중요한 자료를 전하고 있는데, 그 내용의 일부가 『南唐書』 등에 다음과 같이 轉載되어 있다.

> ㉰ 고려에는 2京·6府·9節度·120郡이 있고, 안으로 10省 4部가 열거되어 있다. 官服은 紫丹緋綠青碧이다. 青碧은 나이 순서로 올라가고, 綠 이상은 재능으로 선발한다. 녹봉을 주되 田租로 지급한다.[23)]

고려의 지방제도로서 2京·6府·9節度·120郡과 백관의 공복 및 녹봉에 관한 중요한 자료를 전하는 가운데, 중앙관제로서 10省 4部가 있었다고 한다.

---

22) 『고려사』 권93, 열전 최승로.

23) 高麗有二京六府九節度百二十郡 內列十省四部官朝服紫丹緋綠青碧 青碧以年序遷 綠以上選才能 賜之祿俸 賦以田租(『南唐書』 卷18, 浮屠契丹高麗列傳15, 高麗.; 『十國春秋卷』 卷28, 南唐14 列傳 章僚).

그 10省 4部가 구체적으로 어느 관부를 지칭하는지 분명하게 명시한 기록은 없다. 이에 대한 기왕의 연구로 10省은 ① 內議省 ② 內奉省 ③ 廣評省 ④ 寶泉(物藏省) ⑤ 珍閣省 ⑥ 禮賓省 ⑦ 內書省 ⑧ 元鳳省 ⑨ 義刑臺 ⑩ 都航司로 보고, 4軍은 ① 軍部(徇軍部) ② 兵部 ③ 掌衛部(內軍) ④ 倉部라고 지적한 견해가 있다.[24] 이 견해는 태조 원년 6월 人事 이후에 새로이 설치된 관부의 사례와 『고려사』 백관지에 제도화되어 있는 관제 가운데 태조 때의 사실로 그 기원을 서술하고 있는 내용과 비교하여 검토해 보면 상당히 신뢰할 수 있는 견해라 여겨진다. 다만 그 설치시기와 관부의 서열에 대해서는 약간의 견해 차이를 둘 수 있겠으나, 이를 제외하면 기본적으로는 위의 견해를 신뢰할 수 있다.

태조 원년 6월 人事의 12官署에서 보이지 않았던 元鳳省은 마진 때부터 있었던 관부였고, 태조 4년에 禮賓省, 태조 13년 이전에 內議省이 등장하여, 이를 더하면 태조 원년과 13년 이전 사이에는 모두 15관서가 실재한 셈이 된다. 그 가운데 ⑨ 內泉部가 태조 원년 이후 어느 시기에 ⑩ 珍閣省에 통합되어[25] 14省·部를 이루게 되었다. 태조 원년 이래의 14省·部는 광종조에 그대로 이어져 14省·部를 이루고 있다. 『南唐書』에 轉載되어 있는, 章僚가 편찬한 『海外使程廣記』에 '10省 4部'라 한 것은 이 14省·部를 두고 한 말이 아닌가 한다. 그 14省·部는 위에서 지적한 10省과 4部를 지칭한 것이라 여겨진다.

광종의 여러 제도개편 가운데 무엇보다 주목이 되는 것은 軍制에 대한 개편이다. 특히 兵權을 장악한 국가의 최고기관인 徇軍部를 軍部로 개편한 것은 순군부 권한의 약화를 의미한다. 순군부의 개편에 대해서는 호족들의

---

24) 金大植, 앞 논문, 34쪽 〈表1-1〉.

25) 太祖 6年 倂內泉府 于珍閣省(『고려사』 권77, 백관2 외직 서경유수관)이라 한 바와 같이, 서경의 內泉府(部)가 진각성에 통합된 사례로 보아 중앙의 內泉部도 진각성에 통합되었을 것으로 보인다.

병권을 박탈했다는 견해[26]와 兵馬權의 축소에 따른 결과라는 견해가 있다.[27] 순군부는 태조 원년 6월 辛酉의 人事에서 '前守徇軍部卿' 能駿의 예로 보아 泰封 때의 기구였음을 알 수 있는데, 태조 원년에 徇軍部令, 郞中이 있었고, 16년에 兵禁官, 郞中, 史가 있었으나 후에 모두 폐지하였다고 한다.[28] 태조 원년에 兵務를 관장하는 서열 4위의 兵部가 그전부터 있었음에도 불구하고 그 상위에 서열 3위의 순군부를 더 설치하고, 또한 태조 16년에는 순군부에 兵禁官을 새로이 더 두고 있다. 이렇게 兵禁官을 더 둔 것은 순군부가 兵部의 상위에서 兵權을 장악한 최고 軍事統帥部였음을 알 수 있다. 이러한 순군부를 광종 11년에 軍部로 개편한 것은 호족들의 兵權을 박탈하여 왕권을 강화하기 위한 조처였다고 여겨진다. 광종 11년의 군제개편으로 兵權을 장악한 광종은 舊臣들에 대한 肅淸을 단행하기 시작하고, 순군부의 권한을 약화시킴과 더불어 유력한 호족들이 많이 집결되어 있는 廣評省의 권한도 함께 格下시킨 것으로 여겨진다.

그리하여 서열 제1位였던 廣評省의 지위가 3위로 전락되고, 內議省이 최고의 官府로 부상하였다.[29] 광종 11년 3월 이전에 건립된 것으로 보이는 覺淵寺

---

26) 李泰鎭, 앞 논문, 4쪽 및 13쪽.

27) 邊太燮, 「고려초기의 政治制度」, 178쪽.

28) 太祖元年 有徇軍部令·郞中 十六年 有兵禁官·郞中·史 光宗十一年 改徇軍部爲軍部 其職掌未詳 疑皆是掌兵之官 後並廢之(『고려사』 권76, 백관1 兵曹).

29) 李泰鎭, 앞 논문, 13쪽에서 광종 23년에 宋에 파견된 使行 구성의 서열이 內議侍郞(正使), 內奉卿(副使), 廣評侍郞(判官)의 순서인 것으로 보아 광평성의 지위가 格下된 것으로 보았다. 邊太燮, 「고려초기의 政治制度」, 178쪽에서는 광종 23년의 宋에 파견된 使行 구성원의 서열과 광종 초기(광종 11년 3월 이전)에 세워진 覺淵寺 統一大師碑文에 나타나는 內儀(議)省令, 內奉省令, [廣評] 侍中의 순서로 보아 광종 이래 景宗代에 걸쳐 內議令의 대두가 눈에 띄지만 金傅誥書에 나타난 서열은 여전히 廣評省이 最高官府임을 표시하고 있다고 하였다.

崔圭成, 「廣評省考 - 高麗 太祖代 廣評省의 性格을 중심으로 -」, 『金昌洙華甲紀念史學論叢』, 범우사, 1992, 117쪽에서 廣評省이 광종 대 후기에 가서 內議省과 內奉省 아래의 제3위로 격하된 것으로 보았다.

金大植, 앞의 논문, 32~34쪽에서는 앞서 지적한 두 사료를 세밀히 더 분석하여 광종 11

統一大師碑文에[30] 內儀(議)省令 匡謙, 內奉省令 俊弘, [廣評] 侍中 仁奉 등의 순서로 열거된 것을 통해서 이를 짐작할 수 있다. 또한 광종 23년 宋에 方物을 바치는 使行의 正使에 內議侍郎 徐熙, 副使로 內奉卿 崔業, 判官에 廣評侍郎 康禮, 錄事로 廣評員外郎 劉隱을 파견한 것에서, 차관급인 侍郎에서도 내의성, 내봉성, 광평성의 순으로 나타난다. 광종 11년 3월에 逆謀로 貶黜된 大相 俊弘이[31] 內議省令 匡謙의 다음 서열인 內奉省令으로 기록되어 있는 것도 그 서열을 반영하는 것이다. 이러한 서열은 광종 11년에 군제를 개편할 당시에 순군부의 兵權 박탈과 더불어 광평성의 지위도 격하되어 서열 3位로 전락된 것이라 여겨진다. 광종 16년(965)에는 아들 伷를 正胤(王太子)으로 책봉함과 동시에 그에게 '內史 · 諸軍事 · 內議令'의 직함을 내리고 있다.[32] 여기서 內史令이 唐制를 수용한 관제이고, '諸軍事'에 대한 軍權과 內議令을 서열 제1위의 최고직으로 하여 왕태자에게 내리고 있음을 알 수 있다. 이러한 사실은 태자의 지위가 그 어떤 臣下보다도 優位라는 것을 明示한 것이라 하겠지만, 정치와 軍事에 관한 모든 권한을 王權에 집중시키려는 광종의 개혁정치와 관련된 것이라 여겨진다. 순군부에 대한 兵權 박탈과 광평성의 권한과 지위를 格下시키고 兵權을 왕권에 집중시키려는 의도가 반영된 것이라 할 수 있다. 국초에 백관을 摠領하던 廣評侍中의 기능을 약화시키고, 諸軍事와 內議令의 기능뿐만 아니라 새로이 內史令制를 도입하여 軍事와 정치를 摠領할 수 있는 새로운 제도로 개편하기 위한 모색작업의 시작이라 여겨진다.

년 이전에 고려 最高官府 장관의 서열이 ① 內議省令 ② 內奉省令 ③ 廣評侍中 순으로 바뀐 것으로 보고 〈表1-1〉에 정리하고 있다.

30) 內儀(議)省令匡謙 內奉省令俊弘 侍中仁奉 侍郎昕讓 · 尹謙 石匠仍尸依 鐵匠富烏(趙東元, 『韓國金石文大系』 卷2, 覺淵寺 統一大師碑文 陰記46, 320쪽). 이 碑는 광종 11년 3월 이전에 건립된 것으로 보았다. (金大植, 앞 논문, 33쪽.)

31) 『고려사』 권2, 세가 광종 1년 3월.

32) 『고려사』 권2, 세가 광종 16년 2월. ; 『고려사절요』 권2, 광종 16년 2월.

광종 16년의 '內史·諸軍事·內議令'制에 이어 경종 원년에 王銑이 執政이 되었으나 추방당하고, 그를 대신하여 景宗 원년(976) 11월에 筍質과 申質을 각각 左·右執政에 임명하고 모두 內史令을 겸하도록 하였다.[33] '左·右執政兼內史令'은 이전의 '諸軍事'에 관한 권한을 '左·右執政'에 귀속시키고 內議令을 폐지하는 대신에 唐制에 의거한 內史令制를 새로이 도입하여 제도화시키려고 한 것을 의미한다. '左·右執政'은 당시에 政事를 집행하는(執政) 실질적인 수상의 역할을 맡았을 것이고, 그 執政은 백관을 摠領하던 국초의 廣評侍中의 기능을 대신하였던 것으로 여겨진다. 그러나 이러한 職制는 성종 원년(982)에 唐制를 수용하여 內史省과 門下省이 설치되기 이전의 사실로서 새로운 제도를 도입하기 위한 과도적인 수상(執政)에 대한 職制라 여겨진다.

광종 11년에는 徇軍府를 軍部로, 內軍을 掌衛部로 개편하여 兵權의 장악과 더불어 광평성의 지위도 격하되어 서열 3位로 전락하는 변화가 일어났다. 이것은 '諸軍事'에 관한 권한을 왕권에 집중시키고 광평시중의 권한을 격하시킨 결과라 할 수 있겠다. 그러나 執政이 廣評侍中의 기능을 대신한 것으로 볼 경우 그렇게 서열을 3位로 단정 지어 규정할 수는 없을 것 같다. 경종 즉위년(975, 開寶 8년) 10월 金傅를 尙父로 책봉하는 誥書의 奉勅을 작성하여 奉行한 것은 大匡 內議令 翮宣이었고, 署名 또는 無署한 차례는 광평시중, 내봉령, 군부령, 병부령의 순서였다.[34] 김부의 冊尙父誥書를 통해서 보면 奉勅을 작성하고 이를 봉행한 내의령이 서열 제1位로서 광종 11년의 개혁 이래 그 지위를 그대로 유지해 온 것으로 여겨진다. 그러나 金傅誥書에 서명한 순서는 광평시중이 제일 먼저이고 다음에 내봉령이 서명하여, 광평시중이 내봉령보다 서열이 앞서는 것으로 나타나 있다. 이 서열은 광종 대에 ① 내의

33) 以荀質·甲質爲左右執政 皆兼內史令(『고려사』 권3, 세가 경종 원년 11월).
34) 『三國遺事』 卷2, 金傅大王.

령 ② 내봉령 ③ 광평시중의 순서로 나타나는 것과는 대조를 이룬다. 이 서열은 광종 대의 개혁정치와 관련된 현상이라 여겨지며, 통상적으로 보아 백관을 총령하는 광평시중이 內奉令 아래에 위치한다는 것은 잘 납득이 가지 않는다. 당시 형식적인 통상적 서열은 내의령, 광평시중, 내봉령의 순서였다고 보이는데, 金傅誥書에 서명한 순서가 이를 말해 주고 있다.[35] 광평시중의 지위는 격하되었지만, 군사와 정치에 관한 그 기능은 '諸軍事'와 '執政'으로 이어졌기 때문에 광평성의 기능을 대신한 執政의 서열을 제3위로 보아서는 안 될 것 같다. 광평시중의 지위가 격하된 것은 사실이지만 형식적인 통상적 서열은 경종 대까지 유지되었거나, 아니면 광종의 개혁정치에 대한 경종의 복고정책으로 다시 광평성의 위상을 상승시켰기 때문에 金傅誥書에 가장 먼저 서명할 수 있었던 것이 아닌가 한다.

내의령은 광종 16년(965)에 태자 王伷에게 '內史·諸軍事·內議令'의 직함을 내린 것으로 보아 서열 제1위로 최고의 지위였음을 알 수 있고, 制勅을 작성하는 최고의 지위로 경종 즉위년에 金傅誥書의 奉勅을 奉行한 것으로 여겨진다. 경종 5년에 內議令이었던 崔知夢이 성종 원년(982)에 左執政·守內史令을 제수받은 예를[36] 마지막으로 하여 내의령은 혁파되어 없어진다. 당시 최고위 실권자였던 최지몽의 사례는 그 당시 내의령의 위상을 짐작케 하며, 또한 내의령과 내사령의 관계를 이해하는 데 示唆하는 바가 많다. 내의령제는 폐지되어 없어지고, 대신에 성종 원년에 唐制에 의거한 內史令制를 수용하여 내사성 제도가 성립이 되었다.

백관을 총령하던 국초 서열 1위의 광평시중은 광종의 개혁정치로 그 기능

---

35) 광종 대에 광평성의 지위와 권한이 제3위로 격하된 것은 광종의 개혁정치와 관련된 현상이라 여겨지며, 金傅誥書에 서명한 순서를 보면 誥書를 봉행한 ① 내의령 ② 광평시중 ③ 내봉령의 순서였다고 여겨진다.

36) 『고려사』 권2, 세가 경종 5년 월미상 및 『고려사』 권92, 열전 최지몽.

이 약화되면서 서열 3位로 밀린 적이 있고, 이후 과도기의 諸軍事 → 執政制로 이어지면서 경종 원년의 左·右執政兼內史令制로 개편되었다가 성종 원년에 唐制를 수용한 문하성의 시중으로 그 기능이 흡수되어 제도화되었을 것으로 여겨진다. 여기서 廣評侍中의 기능을 대신한 執政은 內史令과 동등한 지위로 그것을 겸직하고 있으며, 통상적으로 內奉令보다는 서열이 앞서는 것으로 보인다. 관리의 人事와 行政 업무의 실행기관인 내봉성의 내봉령은 태조 이래 광종 대에 서열 2위로 부상된 적은 있으나, 내의령의 格上과 광평시중의 격하 및 '諸軍事' 등장과 맞물려 일반적인 당시의 서열은 ① 내의령 ② 執政 ③ 내봉령의 순서로 보아야 할 것 같다. 내봉성은 폐지되어 없어지고, 성종 원년(982)에 과도기의 직제인 어사도성에 흡수되었을 것으로 여겨진다. 내봉령은 김부를 尙父로 책봉하면서 '尙父都省令'[37]이라고 한 바와 같이 어사도성의 都省令(尙書令)과 연결을 가지는 것으로 이해된다. 김부는 신라의 국왕이었으므로, 고려에서는 왕실에 대한 대우직으로 상서령을 除授하여 우대하는 형식과 같이 尙父와 함께 都省令을 책봉하여 우대한 것이다. 성종 원년 3省制下에서의 서열로 비정해 보면 내사령, 문하시중, 도성령(어사도성) 순으로 비정해 볼 수 있고, 경종 즉위년 당시를 기준해 보면 내의령, 집정, 도성령의 서열로 비정해 볼 수 있다. 이로 보면 성종 원년 어사도성의 설립 이전에 이미 경종 즉위년부터 어사도성의 실체를 감지하고 있었던 것 같다. 어사도성의 기원을 金傅에서부터 찾을 수 있으나, 기능적으로 보면 국초의 내봉성과 연결을 가지는 것이라 할 수 있겠다.

국초의 10省 4部 등 여러 관부 가운데 이후 3省制의 성립과 연관을 가지는

---

37) 告推忠愼義崇德守節功臣尙父都省令 上柱國樂浪都(郡)主食邑一萬戶 金傅奉勅如 符到奉行(『三國遺事』 卷2, 金傅大王).
(景宗 卽位年) 十月 甲子 加政丞金傅 爲尙父 制曰 … 可加號尙父都省令 仍賜推忠順義崇德守節功臣號 勳封如故 食邑通前爲一萬戶(『고려사』 권2, 세가 경종 즉위년 10월).

것은 廣評省, 內奉省, 內議省이다. 내의성은 태조 원년 12관부의 인사에서는 보이지 않았다. 內議省에 대한 구체적인 기록으로는 태조 13년에 行順과 永式을 內議舍人에 임명한 예가 최초이다.[38] 이것은 태조 13년 이전의 어느 시기에 내의성이 있었음을 말해 준다. 『고려사』 撰者는 이 내의성이 성종 원년에 '內史門下省'으로 개편되고[39] 광평성이 御事都省으로[40] 개편된 것으로 지목하고 있다. 이에 대해서는 후술하겠지만 『고려사』 찬자가 그 연혁 풀이를 잘못하고 있는 것이다.

內奉省은 摩震의 관제에서 서열 9위에 위치해 있었는데, 태조 원년의 인사이동에서 서열이 2위로 올라감과 더불어 그 관원은 令 · 卿 · 內奉監 · 內奉理決 · 評察 · 史로 구성되어 있다.[41] 內奉省의 內奉監, 內奉理決, 評察이 맡은 업무는 人事를 담당하는 것으로 본 견해가 있다.[42] 이와는 달리, 內奉省에서 관리의 인사를 관장하였을 것은 물론이지만 그 관원에 監 · 理決 · 評察이 설치된 것으로 보아 이는 內部行政의 감독도 행한 것으로 본 견해와[43] 內奉省이 인사와 행정 외에 司正 기능까지를 담당한 것으로 본 견해가 있다.[44] 이러한 연구성과로 본다면 국초의 내봉성은 인사와 행정 및 司正의 기능까지 관장한 것으로 볼 수 있게 된다. 내봉성에서 인사문제를 관장하였으므로 인사를 다루는 부서(吏部)를 별도로 더 설치할 필요가 없었던 것이 아닌가 한다. 그런데 『고려사』 찬자는 상서성의 전신을 광평성으로 보아 그 기능을 "摠領百官"하

38) 以白書省郎中行順 · 英式 並爲內議舍人(『고려사』 권1, 태조 13년 3월).
39) 門下府 … 國初稱內議省 成宗元年改內史門下省 文宗十五年改中書門下省(『고려사』 권76, 백관1 문하부).
40) 尙書省 太祖仍泰封之制 置廣評省 摠領百官 … 成宗元年改廣評省 爲御事都省 十四年改尙書都省 文宗定尙書令一人 秩從一品(『고려사』 권76, 백관1 상서성).
41) 『고려사』 권1, 세가 태조 원년 6월 辛酉.
42) 李泰鎭, 앞 논문, 9쪽.
43) 邊太燮, 「고려초기의 政治制度」, 171쪽.
44) 趙仁成, 앞 논문, 78~83쪽.

는 것으로 기록하여, 위의 사실과는 다르게 서술되어 있어 문제가 된다. 즉 『고려사』 찬자는 국초의 인사와 행정 및 司正의 기능을 담당한 상서성(내봉성)의 전신을 내봉성이 아닌 광평성으로 지목하여 "尙書省 太祖仍泰封之制 置廣評省 摠領百官"이라 기록하고 있다. 『고려사』 찬자의 기록대로 상서성의 전신을 광평성으로 지목한 그 연혁이 과연 올바른 지적이었으며, 또한 그 기능이 인사와 행정이 아닌 "摠領百官"하는 것이었을까? 그 연혁과 기능이 둘 다 문제가 되므로 이는 신중히 검토해 보아야 할 문제이다.

『고려사』 찬자는 내봉성을 어사도성(상서성)과 연관시키지 않고, 다음과 같이 상서성(어사도성)의 전신으로 광평성을 지목하였다.

㉣ 尙書省 太祖仍泰封之制 置廣評省 摠領百官 有侍中 · 侍郎 · 郎中 · 員外郎 【太祖時又有內奉省 三國史云 內奉省卽今都省 沿革與此不同】 成宗元年改廣評省 爲御事都省 十四年改尙書都省 文宗定尙書令一人秩 從一品[45)]

『고려사』 찬자들은 상서성의 전신으로 광평성을 지목하면서도, 또한 金富軾이 撰進한 『三國史記』(弓裔傳)에는 內奉省이 都省(御事都省)의 전신이라는 사실도 附記하여 스스로 거기에 의문을 표시하고 있다. 결과적으로 『고려사』 찬자는 "成宗元年改廣評省 爲御事都省"이라 하여 어사도성(상서성)의 전신을 광평성으로 지목하는 오류를 범하였다. 국초 광평성의 관원은 侍中 · 侍郎 · 郎中 · 員外郎 등으로 구성되어 있고, 내봉성의 관원은 令 · 卿 · 內奉監 · 內奉理決 · 評察 등으로 구성되어 있다.[46)] 이후 성종 원년에 발족한 문하성의 관원은 문하시중, 문하시랑평장사 등 侍中과 侍郎 등으로 구성되어 있다.[47)] 역시

45) 『고려사』 권76, 백관1 상서성.
46) 『고려사』 권1, 세가 태조 원년 6월 신유. ; 『고려사절요』 권1, 태조 원년 6월 신유.
47) 侍中 成宗置門下侍中 文宗定一人秩從一品(『고려사』 권76, 백관1 문하부).

성종 원년에 발족한 어사도성의 관원은 令·知都省事·左丞·郎中·員外郎으로 구성되어 있다.[48] 광평성의 시중, 시랑을 문하성의 시중, 시랑으로 연결시킬 수는 있으나, 어사도성(상서성)의 令·知都省事·左丞·郎中·員外郎으로 연결시킬 수는 없을 것 같다. 이러한 관원 구성의 연혁으로 보아 상서성의 전신을 광평성으로 지목한 『고려사』 찬자의 기록은 그대로 믿기 어렵고, 내봉성으로 지목한 『三國史記』 찬자의 기록이 올바른 지적이었고 여겨진다.[49] 이러한 시각에서 본다면, 尙書省條에 "尙書省 太祖仍泰封之制 置廣評省 摠領百官 … 成宗元年改廣評省爲御事都省"이라 하여 국초의 광평성을 성종 원년에 어사도성으로 고친 것이라고 한 기사의 주체를 門下省으로 보아 "門下省 太祖仍泰封之制 置廣評省 摠領百官 … 成宗元年改廣評省爲門下省"이라고 고쳐서, 문하성의 前身을 광평성과 연관시켜 본다면 사실과 부합되는 타당성을 지니게 된다.

연혁뿐만 아니라 그 관장업무까지도 『고려사』에서는 잘못 연결시키고 있는 것이 아닌지 의문이 간다. 다시 말하여 "백관을 總領"하는 광평성의 前身을 상서성에 연결하다 보니 그 기능까지 연결시켜 상서성의 기능이 마치 "摠領百官"하는 것이라고 한 것이다. 국초에 "百官을 摠領"하는 것은 광평성으로 비정해 볼 수는 있겠으나 내봉성(상서성)으로 비정할 수는 없을 것 같다. 국초의 내봉성은 인사와 행정 및 司正의 기능을 담당하였다. 국초에 서열 1위였던 광평성이 "摠領百官"하였다는 것은 수긍이 가지만, 서열 9위

贊成事 成宗置內史侍郎平章事 門下侍郎平章事(『고려사』 권76, 백관1 문하부).

48) (景宗 卽位年) 十月 甲子 加政丞金傅爲尙父 制曰 … 可加號尙父都省令(『고려사』 권2, 세가 경종 즉위년 10월).

工官御事知都省事朴良柔(『고려사』 권3, 세가 성종 9년 12월).

左丞盧奕(『고려사』 권73, 선거1 과목 선장 성종 2년 12월).

穆宗 원년 改定田柴科에 諸郎中·員外郎이 보이고 있다(『고려사』 권78, 식화1 전제 전시과).

雍熙 四年(성종 6년) … 御事左司員外郎(金龍善 編著, 『高麗墓誌銘集成』, 16쪽, 柳邦憲 墓誌銘).

49) 李泰鎭, 앞 논문, 39쪽.

에서 태조 원년에 2위로 올라 令·卿·內奉監·內奉理決·評察 등으로 구성된 내봉성(상서성)이 "摠領百官"하였다고는 볼 수가 없다. 상서성의 관장업무가 唐制에는 "典領百官"하는 것으로,[50] 宋制에는 "施行制命"하는[51] 것으로 되어 있다. 고려에서는 唐制를 바탕으로 宋制를 채용하다 보니 "典領百官"하는 唐制에 근거하여 『고려사』 찬자가 "摠領百官"하는 광평성을 지목하여 상서성의 전신으로 연결시킨 것이 아닌지 의문이 가는 것이다. 다시 말하여 『고려사』 찬자가 상서성(어사도성)의 전신을 광평성으로 지목한 것은, 그 연혁뿐만 아니라 업무기능까지 잘못 연결시켜 오류를 범한 것이라 여겨지는 것이다.

이러한 의문뿐만 아니라, 문하부조에서 "국초의 內議省을 성종 원년에 '내사문하성'으로 개편하였다"라고 한 기사에 대해서도 의문을 제기하지 않을 수 없다. 백관지 문하부조에서는 "국초의 內議省을 성종 원년에 '내사문하성'으로 개편하였다"라고 한다.[52] 『고려사절요』에서도 內史門下省(中書門下省)의 前身으로 내의성을 지목하고 있다.[53] 이것은 국초의 내의성을 '내사문하성'으로 개편한 것이 아니라 성종 원년에 제도를 개편할 당시에 국초의 내의성과 諸軍事 및 左·右執政 內史令의 기능까지 포괄해서 이를 계승할 수 있는 唐制의 내사성과 문하성을 수용하여 개편된 것이라 여겨진다.

『고려사』와 『고려사절요』의 撰者는 內史門下省(中書門下省)의 전신으로 내의성을 지목하고 있다. 이에 대해서 政事의 협의·간쟁 등을 맡아 국왕의 고문기관과 같은 역할을 수행했던 내의성의 기능이 '내사문하성'과 연결을 가지는 것은 사실이나, 내사문하성의 前身이 곧 내의성이 아니라는 지적이

50) 尙書令一人正二品 掌典領百官(『신당서』 권46, 백관1 상서성).
51) 尙書省 掌施行制命(『송사』 권161, 직관1 상서성).
52) 門下府 … 國初稱內議省 成宗元年改內史門下省(『고려사』 권76, 百官1 문하부).
53) 成宗元年春三月 改百官號 以內議省爲內史門下 廣評省爲御事都省(『고려사절요』 권2).

있다.[54] 또한 내사문하성이 계통상 직접적으로 唐制와 관련된 것으로 본 견해도 있다.[55] 『고려사』 찬자의 견해대로 內史門下省의 전신으로 내의성을 지목할 수는 없을 것 같다. 내사성과 문하성은 설립 당시부터 분리된 기구였다. 실제로 성종 원년(982)에 崔知夢이 左執政 · 守內史令을 제수받아 신설된 내사성의 수내사령에 최초로 취임한 예가 있고,[56] 이어서 성종 2년에 李夢遊가 左執政이 되어 수내사령과 좌집정을 분리하여 임명한 예가 있다.[57] 또한 이어서 성종 2년 정월에는 崔承老가 門下侍郎平章事에[58] 임명된 후 성종 7년에 門下守侍中을 제수받은 예가 있다.[59] 최지몽이 받은 수내사령과 최승로가 문하시랑평장사와 문하수시중에 임명된 사례는, 내사성과 문하성이 설립 당시부터 분리된 기구임을 입증하는 것이다. 이에 앞서 광종 16년(965) 2월에 伷를 正胤(太子)으로 책봉함과 동시에 그에게 '內史 · 諸軍事 · 內議令'의 직함을 내리고 있다.[60] 여기서 內史(令)와 내의령은 광종 16년 당시 동시에 실재한 관직이므로, 내의령(내의성)을 개편하여 內史令(내사성)이 된 것이 아님을 알 수 있다. 광종 16년 7월에 내의령으로 졸한 徐弼의[61] 아들 徐熙가 광종 23년에 내의시랑을 역임한 이후 성종 2년에 兵官御事를 거쳐 뒤에 內史侍郎을 改授한[62] 예에서도 내의시랑을 개편하여 내사시랑이 된 것이 아님을 알 수 있다. 또한 王銑이 執政이 된 데 이어, 景宗 원년(976)에 筍質과 申質을

54) 李泰鎭, 앞 논문.
55) 邊太燮, 「고려초기의 政治制度」.
56) 『고려사』 권92, 열전 최지몽. ; 『고려사절요』 권2, 성종 6년 3월.
57) (成宗二年) 二月 正匡崔承老 左執政李夢游 兵官御事劉彦儒 左丞盧奕 … (『고려사』 권73, 선거 1 과목 선장).
58) 『고려사』 권3, 세가 성종 2년 정월. ; 『고려사절요』 권2, 성종 2년 정월. ; 『고려사』 권93, 열전 최승로.
59) 『고려사』 권3, 세가 성종 7년 12월. ; 『고려사절요』 권2, 성종 7년 10월. ; 『고려사』 권93, 열전 최승로.
60) 『고려사』 권2, 세가 광종 16년 2월. ; 『고려사절요』 권2, 광종 16년 2월.
61) 丙午 內議令徐弼卒(『고려사』 권2, 세가 광종 16년 7월).
62) 『고려사』 권2, 세가 광종 23년 8월 및 『고려사』 권94, 열전 서희.

각각 左·右執政에 임명하고 모두 內史令을 겸하도록 하였다.[63] 경종 5년에 內議令이었던 崔知夢이 성종 원년(982)에 左執政·守內史令을 제수받은 예가 있다.[64] 이로 보면 내사령은 광종 16년에 등장하기 시작하여 경종 대를 거쳐 성종 원년에 제도화되었고, 執政制는 광종 16년 內史·諸軍事·內議令의 諸軍事로 시작하여 경종 대에 左·右執政를 거쳐 성종 2년에 이몽유가 左執政이 된 사례를 마지막으로 사라지고 만다. 그렇다면 執政과 內史令이라는 관직은 어디에서 유래된 것인지 구체적으로 살펴볼 필요가 있다.

먼저 내사령을 보면 국초 태조 때의 관제에서는 보이지 않고, 광종 16년에 태자에게 내사령을 제수한 것에서 처음으로 등장하여 성종 원년에 제도화 되었다. 唐制에 武德 3년(620)에 內書省을 고쳐 中書省이라 했고, 光宅 원년(684)에 중서성을 고쳐 鳳閣이라 하고, 中書令을 內史라 하였다.[65] 성종 원년(982)에 제도화된 내사령은 이러한 唐制를 수용한 內史(중서령)와 관련된 것이라 여겨진다.

다음으로 執政은 이에 임명된 왕선, 최지몽 등의 사례로 보아 政事를 집행하는 수상격에 해당하는 과도기 체제의 직제라 여겨진다. 執政制의 시원은 광종의 개혁정치와 연관하여 그 실마리를 풀어볼 수 있다. 광종 11년에 국초의 徇軍部를 軍部로[66] 개편하여 군권을 장악한 이후 광종 16년(965)에 아들 伷를 正胤(太子)으로 책봉함과 동시에 그에게 '內史·諸軍事·內議令'의 직함을 내렸다.[67] 이것은 태자의 지위가 내사령·內議令을 합치고 모든 軍權까지

63) 放執政王詵于外 … 及是 詵托以復讎 矯殺太祖子天安府院郎君 於是 貶詵仍禁擅殺復復讎 以荀質·甲質爲左右執政 皆兼內史令(『고려사』 권2, 세가 경종 원년 11월).

64) 『고려사』 권2, 세가 경종 5년 월미상 및 『고려사』 권92, 열전 최지몽.

65) 武德三年 改內書省曰中書省 內書令曰中書令 … 光宅元年 改中書省曰鳳閣 中書令曰內史(『신당서』 권47, 백관2 중서성).

66) 光宗十一年 改徇軍部爲軍部(『고려사』 권76, 백관1 병조).

67) 『고려사』 권2, 세가 광종 16년 2월. ; 『고려사절요』 권2, 광종 16년 2월.

가지는 그 어떤 臣下보다 最高位라는 것을 明示한 것이지만, 군권을 장악하여 왕권을 강화하려는 광종의 개혁정책과도 관련된 조처라 여겨진다. 또한 국초에 백관을 摠領하던 廣評侍中의 기능을 약화시키고[68], 諸軍事와 內議令의 기능 외에 새로이 內史令制를 도입하여 軍事와 정치를 摠領할 수 있는 새로운 제도로 개편하기 위한 모색작업의 시초라 여겨진다. 광종 16년 內史·諸軍事·內議令制의 諸軍事에 이어 경종 원년에 王銑이 執政이 되었으나 추방당하고, 그를 대신하여 景宗 원년(976) 11월에 筍質과 申質을 각각 左·右執政에 임명하고 모두 내사령을 겸하도록 하였다. 이에 대해서는 앞서 지적한 바와 같이 당시에는 左·右執政이 실질적인 수상의 역할을 맡게 되었을 것으로 여겨지고, 그 執政의 前身은 백관을 摠領하던 국초의 廣評侍中의 기능과 같았을 것으로 여겨진다. 그러나 이러한 職制는 성종 원년(982)에 唐制를 수용하여 內史省과 門下省이 설치되기 이전의 사실로서, 새로운 제도를 도입하기 위한 과도적인 수상(執政)에 대한 職制라 여겨진다.

앞서 본 바와 같이 새로이 설치된 내사성의 장관으로 성종 원년에 최지몽이 '左執政·守內史令'을 除授받은 것이 그 최초의 예이다. 최지몽에 이어 성종 2년에 이몽유가 左執政이 되었다. 최지몽이 제수받은 '左執政'은 문하성의 장관인 시중과 같은 역할을 맡았을 것으로 추측되며, '守內史令'은 새로운 唐制에 의거한 내사성의 장관인 내사령의 기능이라 여겨진다. 이러한 최지몽과 이몽유의 사례 역시 과도기적인 職制라 할 수 있으며, 그 執政의 前身은 백관을 摠領하던 국초의 廣評侍中의 기능과 같았을 것으로 여겨진다. '左執政·守內史令'이라는 과도기 체제를 거쳐서 門下侍中과 內史令으로 제도화되어 간 것이라 여겨진다.

68) 태조 원년의 官府에서 서열 1위였던 廣評省이 광종 11년에는 內議省, 內奉省, 廣評省 순으로 지위가 格下되었다고 하였다. (金大植, 앞 논문, 32~34쪽.)

최지몽은 성종 3년에 이미 78세의 고령으로 이후 여러 차례 致仕를 청하였지만 왕은 朝參을 제외시켜 주면서까지 內史房에서 視事토록 조처하였고, 그 후 그는 성종 6년에 내사령으로 卒하였다.[69] 이로 보아 성종 2년 당시의 守內史令은 최지몽이었고 좌집정은 이몽유였다. 이것은 좌집정과 내사령을 분리하여 임명되고 있음을 말해 준다. 최지몽에 앞서 경종 원년에 왕선이 執政이 된 예가 있고, 그가 추방당하자 筍質과 申質을 각각 左·右執政에 임명하고 모두 내사령을 겸하도록 하였다. 이렇게 左·右執政과 內史令을 분리하여 임명하면서 내사령을 겸하도록 하였다. 이렇게 보면 광종 16년에 그의 아들에게 '內史·諸軍事·內議令'의 직함을 내린 것처럼 새로운 제도로 개편하기 위한 모색작업은 경종 대의 과도기를 거쳐 성종 원년과 성종 2년에까지 지속된 셈이다.

이상에서 보면, 內史門下省의 전신으로 내의성을 지목한 것은 『고려사』 찬자의 잘못이었다. 門下府條에 "國初稱內議省 成宗元年改內史門下省"이라 한 것은, 국초의 내의성을 개편하여 내사문하성으로 고친 것이 아니라 내의성의 기능을 계승하고 이를 대신할 수 있는 唐制를 수용하여 내사성과 문하성으로 개편한 것이다. 즉 이전의 '內史·諸軍事·內議令'과 '左·右執政兼內史令'에서 나타나듯이 내의령을 포함한 諸軍事·左右執政·內史令의 기능까지 대신해서 계승할 수 있는 唐制의 내사성과 문하성을 수용하여 성종 원년에 개편된 것이라 여겨진다. 기능적으로 보면 政事의 협의·간쟁 등의 역할을 수행했던 국초의 내의성의 기능과 諸軍事 및 政事를 집행하는 執政의 기능을, 唐制의 내사성과 문하성을 수용함으로써 개편한 것이라 여겨진다.

唐의 3省은 중서성, 문하성, 상서성으로[70] 중서령은 天子를 보좌하고 大政

---

69) 『고려사』 권92, 열전 최지몽. ; 『고려사절요』 권2, 성종 6년 3월.
70) 初唐因隋制 以三省之長中書令·侍中·尙書令共議國政 此宰相職也(『신당서』 권46, 백관1 서문).

을 執行하며,[71] 문하시중은 制命의 출납을 관장하고 禮儀를 상론하며, 모든 國務를 처리함에 중서령과 더불어 參總하는 것으로 되어 있다.[72] 이와 같이 唐制에는 중서성과 문하성이 분명히 구분되어 있었다. 『고려사』 백관지 서문에 3省 6尙書가 태조 2년에 설립되었다고 한 기록은 『고려사』 撰者의 잘못으로 믿을 수 없지만, "略倣唐制"라 한 것은[73] 唐의 3省 6部制를 고려가 수용한 사실을 반영하는 것으로 고려의 3省 6部는 唐制와 유사함을 부정할 수 없다. 고려에서도 唐制와 같이 중서성, 문하성, 상서성의 3省制였고, '內史門下省'이라는 단일기구로 제도화된 2省 6部制는 아니었다.

여기서 잠시, '內史門下省'을 단일기구인 것같이 기록한 『고려사』 撰者의 견해와 이를 단일기구로 보아 2省制說을 주장하는 학자들의 입장에서 본다면, '左·右執政兼內史令'라는 과도기 체제를 거쳐 '內史門下省'이라는 단일기구로 제도화된 것이라고 생각해 볼 수도 있다.[74] 또한 '內史門下省'이라는 단일기구 안에 좌·우직의 구분이 이루어진 것이라고 다각적인 각도에서 검토해 볼 필요도 있다. 이를 뒷받침할 수 있는 기록도 보인다. 崔冲 열전에 "'내사문하성'을 뒤에 '중서문하성'으로 개편하였다"라고 하여 백관지의 기록을 뒷받침할 수 있는 기록도 있기 때문이다. 그러나 이 기록은 그대로 믿을 수가 없다.[75] 이유는, 우선 '左·右執政兼內史令'의 경우 그것이 '兼內史令'이

---

71) 中書省 中書令二人正二品 佐天子執大政 而總判省事(『신당서』 권47, 백관2 중서성).

72) 門下省 侍中二人正二品 掌出納帝命相禮儀 凡國家之務 與中書令參總 而顓判省事(『신당서』 권47, 백관2 문하성).

73) (太祖) 二年 立三省·六尙書·九寺·六衛 略倣唐制(『고려사』 권76, 백관지 서문).

74) 李泰鎭, 앞 논문, 127~128쪽에서 首相的 지위로서의 執政과 內議省의 政事協議的 기능을 合一시켜 內史門下省制를 만들어 낸 것으로 보고, 門下侍中이 執政과 內議令을 합한 존재로 보았다.

75) 後改內史門下省爲中書門下省 以冲爲中書令致仕 冲雖居家 軍國大事 悉就咨焉(『고려사』 권95, 열전 최충).
최충 열전에 '내사문하성'이 뒤에 '중서문하성'으로 개편되었다고 하여 단일기구인 것같이 기록되어 있다. 최충 열전에서 그의 仕路를 보면 靖宗朝에 尙書左僕射參知政事가 된 이

라 하여 겸직임을 분명히 하고 있다. 집정과 내사령의 겸직은 그것이 분리된 기구로 단일기구가 아님을 의미하는 것이다. 또한 '內史門下省'이란 단일기구 안에서 좌·우직으로 구별된 것이라는 측면에서도 검토해 볼 필요가 있다. 문제가 되는 것은 먼저 唐·宋制에서는 문하성과 중서성이 분명히 분리되어 있었던 사실로, 고려에서 이를 통합하여 '內史門下省'이라는 단일기구로 수용하였을 까닭이 없다. 만약 '內史門下省'이 통합된 단일기구라면, 직문하, 급사중, 기거랑, 기거주, 문하녹사, 중서주서 등 兩省에 별도로 설치한 관원구성은 있을 수가 없다. 좌우직으로 확연히 구분된 단일기구가 아니었음을 말해 주는 것이다. 고려전기의 관원구성을 모두 개편한 후대의 첨의부나 문하부 체제에서와 같이 일관성 있게 단일화된 '內史門下省'의 관원구성이 이루어졌다면, 그것은 단일기구로 볼 수 있을 것이다. 그러나 문종 15년에 정비된 문하성과 중서성의 관원구성은 그와 같이 정비된 것이라고는 볼 수 없다. 이에 임명된 실제의 사례나 그 성립과 정비 및 변천과정을 자세히 살펴보면, 성종 원년에 唐制를 수용하여 성립될 당시부터 내사성과 문하성은 단일기구가 아니었다. 내사령과 문하시중이 분리 임명되었고, 平章事의 임명 사례에서 내사시랑평장사에서 문하시랑평장사로 승진하는 사례가 무수히 산견될 뿐만 아니라,[76] 문하성과 중서성의 관원구성이 별도로 되어 있는 것은[77] 이것이 단일기구가

後 內史侍郎平章事에 陞職하고 이어 門下侍郎平章事에 遷拜되었다. 문종이 즉위하자 門下侍中에 除拜된 후 中書令으로 致仕하여 그의 집에서 軍國의 大事를 모두 가서 자문하였다고 한다. 이와 같이 최충은 내사성(중서성)과 문하성의 宰臣職을 두루 역임하였는데, 그의 열전에 '내사문하성'과 '중서문하성'이 단일기구인 것으로 기록되어 있는 것은 납득이 가지 않는다. 내사성이 중서성으로 개편된 것을 백관지의 기록과 같이 '내사문하성'이 '중서문하성'으로 개편된 것으로 오해하여 기록한 것이 아닌지 의심이 간다.

76) 朴龍雲, 『고려시대 中書門下省宰臣硏究』, 一志社, 2000 22~25쪽의 〈表2〉前·中期 臣僚의 중서령(內史令) 帶有表, 60~82쪽의 〈表1〉고려전기 門下侍中歷任者表와 〈表2〉고려전기에 致仕職·贈職으로 門下侍中을 歷任한 事例, 155~201쪽의 〈表1〉고려전기의 平章事 歷任者, 〈表2〉武臣執權期의 平章事 歷任者의 사례는 中書門下省이 단일기구가 아님을 말해 주는 것이다.

아니었음을 입증해 주는 것이다.

그러나 지금 학계에서는 중서문하성을 단일기구로 보아, 고려의 중앙관제는 3省 6部가 아니라 2省 6部라고 하는 것이 정설로 되어 있다. 중서성과 문하성이 분립된 것이 아니라 하나의 '中書門下省'으로 통합된 단일기구라는 학설이 1967년에 邊太燮에 의해 처음 제기되어,[78] 고려의 중앙관제를 3省制가 아닌 2省體制로 인식하게 되었고, 그 이론은 概說書인 『韓國史通論』(1986)에 반영되었다. 朴龍雲은 1985년에 쓴 『高麗時代史』(上)에서 변태섭의 논문을 인용하여 "고려는 엄밀히 말하면 3省制가 아니라 中書門下省과 尙書省의 二省體制였다"라고 하여 2省制를 뒷받침하였다. 변태섭이 중서문하성을 단일기구로 인식하여 제시한 中書門下省의 인원구성표를 박용운은 『高麗時代史』(上)에 그대로 반영하였다. 그 후 변태섭은 1993년에 쓴 「중앙의 정치조직」에서, 3省制를 뒷받침하는 여러 가지 증거가 있음에도 불구하고 중서성과 문하성은 단일기구로 중서문하성을 이루고 있음이 확실하다고 하였다.[79] 이후 朴龍雲이 2000년에 쓴 『고려시대 中書門下省宰臣 연구』와 『高麗時代 尙書省 研究』, 「高麗時代 中書門下省에 대한 諸說 검토」 등[80] 이와 관련된 그의 모든 연구물은 2省制를 바탕으로 기술되어 있다. 1966년에 발표한 柳正秀의 논문에서도 唐의 3省은 완전히 독립된 官廳으로 분리되어 있었으나 고려에서는 중서성과 문하성을 합친 중서문하성으로 되어 있고, 관직은 구분하여 설치하였지만 중서령직이 명예직이었으므로 중서문하성은 문하시중 1人을 首班으로 하는 一元的 체제였다고 하여 중서문하성을 단일기구로 보았다.[81] 또한

---

77) 崔貞煥, 앞 책 및 「『高麗史』 百官志 門下府의 구성과 문제점」, 『한국중세사연구』 20호, 2006.

78) 邊太燮, 「高麗의 中書門下省에 대하여」, 『歷史教育』 10, 1967. ; 앞 책, 47~56쪽.

79) 邊太燮, 「중앙의 정치조직」, 『한국사』 13, 국사편찬위원회, 1993, 25~31쪽.

80) 朴龍雲, 『고려시대 中書門下省宰臣 연구』. ; 『高麗時代 尙書省 研究』, 경인문화사, 2000. ; 「高麗時代 中書門下省에 대한 諸說 검토」, 『韓國史研究』 108, 2000.

金大植도 光宗 代에 廣評省이 격하되어 內奉省 아래로 내려갔고 광평성은 首府의 자리를 內議省에 내어 주었다고 하고, 이는 內議省이 內史門下省에 해당하는 기능을 가진 관부로 변했기 때문이라 하여, 내의성이 내사문하성의 단일기구로 개편된 것으로 보았다.[82]

고려의 중앙관제는 2省制가 아니라 3省制라는 연구가 없었던 것은 아니었지만,[83] 이상과 같은 주된 연구와 새로운 연구 등에 의해 고려의 중앙통치체제는 2省 6部制라는 것이 정설로 확고히 자리 잡게 되었다. 그뿐만 아니라 『韓國史通論』을 비롯한 각종 概說書는 물론 중·고등학교 국사 교과서에까지 그 이론이 반영되었다.[84] 최근에 발행된 고등학교 『국사』 교과서에 "고려의 통치 체제는 성종 때에 마련된 2省 6部制를 토대로 하였다."라고 기술하고 나아가 2省 6部의 도표(고려의 중앙 관제)까지 그려져 있다.[85] 이러한 것은 심각하고 중대한 문제가 아닐 수 없다. 각종 개설서와 국사 교과서에 잘못 반영된 이러한 내용은 엄격한 檢正을 통해서 시급히 시정되어야 할 것으로 생각된다.

81) 柳正秀, 「唐三省과 高麗三省의 比較 硏究」, 『경원전문대논문집』 제20집, 1996, 711~713쪽.
82) 金大植, 앞 논문, 21~22쪽.
83) 崔貞煥, 「高麗 祿俸制의 運營實態와 그 性格」, 『慶北史學』 第2輯, 1980. ; 「高麗 中書門下省의 祿俸規定」, 『韓國史硏究』 50·51, 1985. ; 『高麗·朝鮮時代 祿俸制 硏究』, 慶北大學校 出版部, 1991.
李貞薰, 「고려전기 3省制와 政事堂」, 『韓國史硏究』 104, 1999.
84) 姜萬吉 등, 「『국사』 敎科書의 問題點」, 『創作과 批評』 9-2, 1974.
李元淳 등, 「中·高等學校用 國定國史敎科書의 分析的 考察」, 『歷史敎育』 16, 1974.
李元淳 등, 「歷史敎育의 基本敎科圖書 : 歷史敎科書」, 『歷史敎育論』, 三英社, 1980.
朴龍雲, 「高麗時期 中央政治體制에 대한 硏究動向과 『국사』 敎科書의 敍述」, 『歷史敎育』 44, 1988.
85) 고등학교 『국사』, 교육인적자원부, 2002. ; 崔貞煥, 『譯註 『高麗史』 百官志』, 36~37쪽.

Ⅲ. 3省 6部의 成立과 整備

성종 원년에 성립된 고려의 3省은 내사성, 문하성, 어사도성이었다. 문하성과 내사성은 성종 원년에 唐制를 수용하여 발족한 이후 고려적인 요소와 宋制를 참작하여, 문종 15년(1061)에 내사성을 중서성으로 고쳐서 중서성과 문하성의 제도가 정비되었다. 그러나 상서성의 경우는 이와는 좀 달랐다. 尙書省은 성종 원년에 발족한 御事都省이라는 과도기 체제를 거쳐 성종 14년에 唐制를 수용하여 尙書都省으로 개편되었다가 문종 때 宋制를 참작하여 상서성으로 정비되었다. 그런데 성종 원년에 발족한 御事都省은 발족할 당시부터 상·하 이원적 구조를 이루고 있었다. 상층조직인 御事都省과 하층조직인 御事 6官으로 구성되어 있다.

〈表2-1〉에서 밝힌 대로 御事 6官을 국초의 6典制와 관련하여 보면, 摩震의 관제에서『三國史記』撰者는 (2) 兵部 (3) 大龍部[倉部] (4) 壽春部[禮部] (6) 義刑臺[刑部] (12) 水壇[水部 工曹]이 6典制와 관계가 있음을 附記하고 있으나, 吏部가 보이지 않았다. 태조 원년의 인사이동에서는 ④ 兵部 ⑤ 倉部(戶部) ⑥ 義刑臺(刑部) ⑦ 都航司(工部)를 6典制와 비견해 볼 수 있으나, 吏部·禮部와 관련된 관서는 보이지 않는다. 전형적인 중국의 6典制가 당시에는 시행되지 않았음을 말해 주는 것이다. 吏部가 摩震과 태조 및 광종 때의 관제에서 보이지 않는 것은 內奉省의 기능과 어떤 관련이 있었을 것으로 여겨진다. 내봉성은 왕명을 받들어 시행하는 실무기관으로 人事와 內部行政을 감독했던 기구로서 이부의 기능까지 맡았기 때문에 吏部를 따로 두지 않았던 것이 아닌가 한다. 이러한 吏部와 또한 禮部가 태조 원년 및 광종의 관제에서 보이지 않는 것도 6典制가 당시에 제대로 시행되지 않았음을 말해 주는 것이다. 6部가 제도적으로 성립된 것은 성종 원년(982)이었다. 지금까지 살펴온 바를 정리하여 3省 6部의 성립과 그 정비과정을 〈表2-2〉와 같이 정리해 볼 수 있다.

〈表2-2〉 3省 六部의 成立과 整備

<table>
<tr><th></th><th colspan="2">太祖 元年(918)</th><th colspan="2">成宗 元年(982)</th><th colspan="2">成宗 14年(995)</th><th colspan="2">文宗 15年(1061)</th></tr>
<tr><td rowspan="3">三省</td><td>廣評省</td><td>侍中, 侍郞, 郞中, 員外郞</td><td>門下省</td><td>侍中, 侍郞平章事 등</td><td colspan="2">門下侍中~門下錄事
(목종)</td><td colspan="2">門下侍中~門下錄事</td></tr>
<tr><td>內議省</td><td>令 侍郞 舍人</td><td>內史省</td><td>令, 侍郞平章事 등</td><td colspan="2">內史令~內史注書(목종)</td><td colspan="2">中書令~中書注書</td></tr>
<tr><td>內奉省</td><td>令, 卿,
內奉監,
內奉理決,
評察</td><td>御事
都省</td><td>令
知都省事
左丞
郞中
員外郞</td><td>尙書
都省</td><td>尙書令(현종)
左右僕射
知都省事
左右丞
左右司郞中
左右司員外郞
都事</td><td>尙書省</td><td>尙書令
左右僕射
知都省事
左右丞
左右司郞中
左右司員外郞
都事</td></tr>
<tr><td rowspan="6">尙書六部</td><td rowspan="6">徇軍部
兵部
倉部
義刑臺
(이하
생략)</td><td rowspan="6">令, 卿, 郞中,
員外郞</td><td>選管</td><td rowspan="6">御事
侍郞
郞中
員外郞</td><td>吏部</td><td rowspan="6">判事(현종)
尙書
知部事(현종)
侍郞
郞中
員外郞</td><td>吏部</td><td rowspan="6">判事
尙書
知部事
侍郞
郞中
員外郞</td></tr>
<tr><td>兵官</td><td>兵部</td><td>兵部</td></tr>
<tr><td>民官</td><td>戶部</td><td>戶部</td></tr>
<tr><td>刑官</td><td>刑部</td><td>刑部</td></tr>
<tr><td>禮官</td><td>禮部</td><td>禮部</td></tr>
<tr><td>工官</td><td>工部</td><td>工部</td></tr>
</table>

*『고려사』 백관 1 및 세가 태조 원년 6월 條에 의거

태조 원년의 광평성은 侍中·侍郞·郞中·員外郞 등으로 구성되어 있었다.[86] 광평성은 경종 즉위년에 金傅誥書의 서명을 마지막으로 하여 혁파되고, 백관을 摠領하던 광평성의 侍中은 '左執政守內史令制'라는[87] 과도기 체제의 執政를 거쳐 門下省의 侍中으로 그 기능이 연결되어 갔다. 국초 백관을 총령하던 서열 제1위의 광평시중이 광종의 개혁정치로 그 기능이 格下되면서 서열 3位로 밀린 적이 있었으나, 이후 과도기의 諸軍事 → 執政制로 이어지면서 경종 원년의 左·右執政兼內史令制로 개편되었다가, 성종 원년에 唐制를 수

86) 太祖仍泰封之制 置廣評省 摠領百官 有侍中·侍郞·郞中·員外郞(『고려사』 권76, 백관1, 상서성).
87) 成宗元年 加左執政守內史令上柱國(『고려사』 권92, 열전 崔知夢. ; 『고려사절요』 권2, 성종 6년 2월).

용하여 문하성의 시중으로 그 기능이 흡수되어 제도화된 것이라 여겨진다. 광평성의 侍中, 侍郎은 문하성의 侍中, 侍郎으로 그 기능이 연결된 것으로 보인다.

내사성은 태조 13년 이전의 어느 시기에 설립된 내의성의 기능을 흡수하여 성종 원년에 제도화된 것이다. 광종의 개혁정치로 내의령은 서열 제1위로 올랐고, '內史·諸軍事·內議令' → '左·右執政兼內史令'制로 이어지면서 경종 5년에 內議令이었던 崔知夢이 성종 원년(982)에 左執政·守內史令을 제수받은 예를[88] 마지막으로 하여 내의령은 없어지고, 성종 원년에 唐制를 수용한 내사성으로 개편하여 제도적으로 성립이 되었다. 국초 내의성의 內議令, 內議侍郎, 內議舍人의 기능은 내사성의 內史令, 內史侍郎, 內史舍人으로 흡수되어 제도화된 것이라 여겨진다.

국초 내봉성의 관원은 令·卿·內奉監·內奉理決·評察 등으로 구성되어 있다.[89] 그런데 성종 원년에 발족한 御事都省은 발족할 당시부터 상·하 이원적 구조를 이루고 있었다. 상층조직인 御事都省의 관원은 知都省事·左丞·郎中·員外郎 등으로 구성되어 있고,[90] 하층조직인 御事 6官의 관원은 御事·侍郎·郎中·員外郎으로 구성되어 있다.[91] 국초 내봉성의 令·卿·內奉監·內奉理決·評察은 성종 원년에 발족한 御事都省의 知都省事·左丞·郎中·員外郎 등으로 개편되어 갔다. 국초의 행정과 인사 및 司正을 담당한 중요

88) 『고려사』 권2, 세가 경종 5년 월미상 및 『고려사』 권92, 열전 최지몽.
89) 『고려사』 권1, 세가 태조 원년 6월 신유.;『고려사절요』 권1, 태조 원년 6월 신유.
90) 工官御事知都省事朴良柔(『고려사』 권3, 세가 성종 9년 12월).
左丞盧奕(『고려사』 권73, 선거1 과목 선장 성종 2년 12월).
穆宗 원년 改定田柴科에 諸郎中·員外郎이 보이고 있다(『고려사』 권78, 식화1 전제 전시과).
雍熙 四年(성종 6년) … 御事左司員外郎(金龍善 編著, 『高麗墓誌銘集成』, 16쪽, 柳邦憲 墓誌銘).
91) 吏曹 掌文選勳封之政 國初稱選官 有御事·侍郎·郎中·員外郎 成宗十四年改爲尙書吏部(『고려사』 권76, 백관1, 상서성). 여기서 '國初'라 칭한 것은 성종 원년이 분명하다. 그 사례로 성종 원년에 崔承老가 行選官御事(『高麗史』 권93, 列傳 崔承老)에 임명된 것이 이를 뒷받침하여 준다. 성종 원년의 選官이 성종 14년에 尙書吏部로 개편된 것이다.

한 관부인 내봉성은[92] 인사에 관한 업무는 御事 6官의 選官에 넘기고, 국초의 兵部, 倉部 등의 令 · 卿 · 郎中 · 員外郎을 통폐합하여 성종 원년에 御事 6官의 御事 · 侍郎 · 郎中 · 員外郎으로 개편되어 갔다. 요컨대 성종 원년에 발족한 상층부의 御事都省은 국초의 내봉성과 연관을 가진 것이고, 하층부는 내봉성의 인사 기능을 비롯한 여러 部의 令 · 卿을 통폐합하여 唐의 六典組織을 참작한 御事 6官을 설치하여 제도화시킨 것이라 여겨진다. 내봉성은 폐지되었지만 그 기능은 어사도성으로 계승되었다. 그러므로 『고려사』 찬자가 어사도성의 전신을 광평성으로 지목한 것은 오류라 여겨진다. 『三國史記』에서 어사도성(御事 6官)의 전신을 내봉성에 연관시킨 것은 올바른 지적이었다.[93] 『고려사』 찬자들은 御事都省이 상하 이원적 조직으로 구성되어 있는 이러한 사실을 제대로 인식하지 못하고, 御事都省(尙書都省 · 尙書省)의 전신을 단순히 廣評省과 內奉省의 어느 한쪽에 지목해 보려고 하다가 광평성으로 지목하였다. 즉, 찬자의 오류인 동시에 그것에 대해서 의문을 품고 있었던 것이라 여겨진다.

---

92) 李泰鎭은 앞 논문, 9쪽에서 內奉省의 '內奉監', '內奉理決', '評察'이 맡은 所管 업무를 人事를 담당하는 것으로 보았다. 이에 비하여 邊太燮은 「고려초기의 政治制度」, 171쪽에서, 內奉省에서 관리의 인사를 관장하였을 것은 물론이지만 그 관원에 監 · 理決 · 評察이 설치된 것으로 보아 이는 內部行政의 감독도 행한 것으로 보았다. 趙仁成은 앞 논문, 78~83쪽에서 內奉省이 인사 행정 외에 司正 기능까지를 담당한 것으로 보았다.

93) 이에 대해서 李泰鎭은 앞 논문, 8쪽에서 『三國史記』에 "內奉省이 지금의 都省"이라고 한 김부식의 기술이 정확했다고 하여 都省(御事都省 · 尙書都省 · 尙書省)의 前身을 內奉省으로 보았다. 朴龍雲은 「譯註 『高麗史』 百官志(1)」, 『고려시대연구 Ⅴ』, 한국정신문화연구원, 2002, 125쪽에서 이태진의 견해에 대부분의 학자들이 동의하고 있음을 지적하면서, 결론적으로는 광평성은 내사문하성과 계통을 같이하는 기구였다고 하였다.
그러나 내사문하성은 단일기구가 아닌 내사성과 문하성으로 분리된 기구였으며, 국초의 광평성은 혁파되고, 廣評侍中의 기능은 문하시중으로 연결되어 갔다. 그리고 내사성은 내의성을 개편하여 된 것이 아니라 唐制를 수용한 것이며, 내의성의 기능을 내사성과 연관은 지어 볼 수 있겠지만, 광평성과 내사성은 그 어떤 연관성을 찾을 수 없다. 그러므로 "광평성이 내사문하성과 계통을 같이하는 기구였다"라고 하는 주장은 수긍하기가 곤란하다.

요컨대 성종 원년(995)에 唐制를 수용하여 발족한 내사성과 문하성은 문종 15년(1061)에 내사성을 중서성으로 고쳐 중서성, 문하성, 상서성의 3省制로 정비되었다.[94] 그러나 상서성의 경우는 이와는 좀 달랐다. 尙書省은 성종 원년에 발족한 御事都省과 御事 6官이라는 과도기 체제를 거쳐 성종 14년에 唐制를 수용하여 尙書都省으로 개편되었다가 문종 때 宋制를 참작하여 상서성의 제도가 정비되었다.

국초 내봉성의 기능을 흡수하여 성종 원년에 발족한 '御事都省'의 '都省'은 唐制인 '尙書都省'의 '都省'에서 그 職名을 가져온 것이고, '御事 6官'은 唐 '尙書六部'의 6典制에서 유래된 것이라 여겨진다. '御事'라는 職名을 붙인 것은 고려초기에 6典에 관한 기구가 갖추어지지 않고 唐制를 적용하기 곤란한 과도기적인 준비단계에서 당제를 모방한 고려적인 직제로 御事都省, 御事 6官이라 하였을 것으로 여겨진다. 성종 원년에 御事都省은 발족할 당시부터 상층조직인 御事都省과 하층조직인 御事 6官으로 상·하 이원적 구조를 이루고 있었다. 이러한 이원적 구조와 6典組織으로 보면 唐制와 다를 바가 없다. 성종 원년의 御事都省과 御事 6官은 당제의 尙書省과 尙書 6部와 명칭만 다르게 붙였을 따름이다. 그러한 면에서 본다면 성종 원년에 발족한 御事都省과 御事 6官도 당제를 수용한 것이라고도 할 수 있다. 그러나 성종 원년의 御事都省은 知都省事·左丞·郎中·員外郎으로 구성되어 있고, 唐의 尙書都省은 尙書令, 左右僕射, 左右丞, 郎中, 員外郎으로 구성되어 있어[95] 그 차이가 있다. 이러한 唐制는 성종 14년의 상서도성의 구성원과는 거의 일치한다. 성종 원년에 성립된 御事 6官(御事, 侍郎, 郎中, 員外郎)의 관원구성은 唐制(尙書, 侍郎, 郎中, 員外郎)와는 약간의 차이가 있고, 성종 14년에 개편된

---

94) 崔貞煥, 『譯註『高麗史』百官志』, 55~61쪽 및 「高麗史 百官志의 구성과 문제점」, 8~21쪽.
95) 『구당서』 권43, 직관2 상서도성.

尙書 6部(尙書, 侍郞, 郞中, 員外郞)의 관원구성과는 완전히 일치한다. 이로 보면 성종 14년의 상서도성과 尙書 6部는 唐制의 상서도성과 尙書 6部와 거의 일치하며, 성종 원년의 御事都省과 御事 6官은 唐制와는 다소간 차이가 있다. 그러므로 성종 14년의 尙書都省과 尙書 6部는 唐制를 따른 것이라 할 수 있고, 성종 원년에 발족한 御事都省과 御事 6官은 당제를 수용하기 위한 과도기적인 준비단계의 직제라 할 수 있다.

成宗 元年(982)의 御事都省을 성종 14년(995)에 尙書都省으로 고친 것은 唐의 관직명을 그대로 수용한 것이다. 성종 14년의 상서도성을 문종 때 상서성으로 고친 것은 후술하겠지만 宋制를 참작한 것이다. 成宗 元年(982)에 설치한 御事都省을 성종 14년(995)에 尙書都省으로 개편한 것이 唐制를 수용한 것이라고 할 수 있는 것은, 尙書都省이라는 명칭 그 자체가 당에서 가져온 것이기 때문이다. 당의 尙書都省은 尙書令 1員, 左·右僕射 各 1員, 左·右丞 각 1員, 左右司郞中 각 1員, 左右司員外郞 각 1員으로 구성되어 있다. 이것은 성종 14년에 개편된 고려의 尙書都省의 관원 구성과 거의 일치하므로 唐制를 수용한 것이 틀림없는 것이다. 성종 원년에 제정된 어사도성의 관원 구성에 대해서 기록은 없지만 그 사례로 보아 令·知都省事·左丞·郞中·員外郞 등으로 구성되어 있었던 것으로 여겨진다. 그런데 성종 14년에 개편된 상서도성의 관원 구성을 보면 左·右僕射, 左·右丞, 左·右司郞中, 左·右司員外郞, 都事 등으로 唐制와 거의 비슷하다. 이것은 성종 원년의 御事都省의 관원 구성과는 차이가 있고, 후술하겠지만 이후 문종 때 宋制를 참작하여 정비된 것으로 추정되는 尙書省의 관원 구성과는 거의 일치한다.

광종 13년에 광평시랑 李興祐 등이 宋에 파견된 바 있고,[96] 광종 16년에

96) 『고려사』 권2, 세가 광종 13년.

大丞 內奉令 王輅를 宋에 보내어 方物을 바치니 황제가 왕로에게 尙書左僕射를 제수하였다고 한다.[97] 그리고 광종 23년 8월에 宋에 파견된 使行 가운데 正使인 내의시랑 徐熙은 宋의 檢校兵部尙書를, 副使 내봉경 崔業은 檢校司農卿兼御史大夫를, 判官 광평시랑 康禮는 檢校小府少監을, 錄事 광평원외랑 劉隱은 檢校尙書金部郎中을 除授받은 바가 있다.[98] 이들 使行들이 송으로부터 받은 관직을 통해서 보면 당시 고려에는 宋의 職制에 대해서 잘 알려져 있었다고 여겨진다. 송나라는 唐制를 바탕으로 송의 실정에 맞게 제도를 정비하고, 고려에서는 "法唐體宋"이라 하여 唐制를 바탕으로 宋制를 참작하여 제도를 정비하였다. 고려는 성종 원년부터 唐制를 수용하기 시작하여 현종 대에 약간의 개편을 거쳐 문종 때 모든 문물제도가 거의 정비되었다. 문종 때 정비된 고려의 상서성 관원 가운데 知都省事를 제외하면 宋의 상서성 구성원과 완전히 일치한다.[99] 그리고 唐制를 수용한 성종 14년의 尙書都省과 尙書 6部는 현종 대에 약간의 개편을 거쳐 宋制를 참작하여 문종 때 상서성 제도가 정비되었다.

성종 14년에 唐制를 수용하여 개편한 尙書都省과 尙書 6部는 이후 顯宗朝에 접어들면서 이전에 보이지 않던 관직들이 새로이 등장하는 것이 주목된다. 현종 때 등장하는 상서도성의 尙書令에 임명된 최초의 사례는 현종의 아들 王緖(尙書令, 현종 18년 5월)이고, 6部의 判事에 임명된 최초의 사례는 崔士威(判尙書吏部事, 현종 12년 12월)이다. 이러한 사례는 성종 14년에 唐制를 수용하여 상서도성으로 개편한 이후에 아직도 尙書省의 制度가 제대로 갖추어지지 못한 사정을 반영하는 것이며, 그러한 사정은 尙書 6部에서도 마찬가지였다. 『고려사』 권76, 백관지에

97) 『고려사절요』 권2, 광종 16년 2월.
98) 『고려사』 권2, 세가 광종 23년 8월.
99) 『송사』 권161, 직관1 상서성.

㉤ ① 兵曹 … 成宗十四年 改兵官爲尙書兵部 仍改庫曹爲尙書庫部 顯宗二年罷庫部

② 戶曹 … 成宗十四年改爲尙書戶部 仍改司度爲尙書度支 金曹爲尙書金部 倉曹爲尙書倉部 後並罷屬官

③ 禮曹 … 成宗十四年改禮官爲尙書禮部 仍改祠曹爲尙書祠部 顯宗二年罷祠部

④ 工曹 … 成宗十四年改工官爲尙書工部 仍改虞曹爲尙書虞部 水曹爲尙書水部 後廢虞水部

라고 한 바와 같이, 성종 14년에 개편된 이후 현종 2년에 병부, 호부, 예부, 공부 등에 또 다른 개편이 이루어지고 있다. 戶部에서 "後並罷", 공부에서 "後廢"라 한 시기도 현종 2년의 사실로 여겨진다. 이러한 사실은 성종 14년에 唐制를 수용하여 개편된 尙書都省과 尙書 6部에 이후 현종 대에 또 다른 개편이 이루어졌음을 말해 주고 있다.

상서성의 知都省事 朴良柔가 성종 9년 12월에 工官御事知都省事에 임명된 사례가 있어[100] 또한 주목이 되는데, 尙書 6部의 判事와 知部事는 현종 12년부터 그 사례가 나타나기 시작하고[101] 그 이전에는 보이지 않는다. 이로 보아 判事와 知部事는 현종 대부터 임명되기 시작하여 문종 때 정비된 것이라 여겨진다. 즉, 성종 14년에 唐制를 수용하여 제도를 개편한 이후 현종 대에 접어들어 병부, 호부, 예부, 공부 등 6部의 屬官들에 대한 개편과 더불어 判事, 知部事, 尙書令 등이 새로이 등장하여, 그것이 제도적으로 정비되는 것은 문종 때라 할 수 있다. 하지만 문종 때 정비된 3省 6部는 성종 14년에 唐制를 수용하여 개편한 그 제도와는 차이점이 있었던 것은 분명한 것이다.

100) 朴良柔工官御事知都省事(『고려사』 권3, 세가 성종 9년 12월).
101) 崔士威判吏部事(『고려사』 권4, 세가 현종 12년 12월).
徐訥爲國子祭酒知吏部事(『고려사』 권4, 세가 현종 12년 3월).

그리고 백관지에 "文宗定"이라고 한 시기는 문종 15년(1061)이라 추측된다. 內史令(內史省)을 宋制에 의거하여 문종 15년에 中書令(中書省)으로 고친 시기와 때를 같이 하여 尙書都省의 상서령을 尙書省의 尙書令이라 하였을 것으로 여겨지는 것이다. 尙書 6部 또한 백관지에는 "文宗定"이라고 기술되어 있는데, 이것 역시 문종 15년의 사실이라 여겨진다. 요컨대 고려의 3省 6部는 국초의 광평성, 내봉성, 내의성, 徇軍部, 兵部, 倉部 등 여러 관부를 통폐합하여 唐制를 바탕으로 宋制를 참작하여 성종 원년에 3省(내사성, 문하성, 어사도성)과 御事 6官 → 성종 14년에 3省(내사성, 문하성, 상서도성)과 尙書 6部 → 문종 때(문종 15년)에 3省(중서성, 문하성, 상서성)과 尙書 6部로 정비되어 갔다.

고려의 3省 6部는 唐制를 바탕으로 宋制를 참작하여 문종 15년에 정비되었다. 『新唐書』에는 백관지1에 尙書省 아래 6部를 넣고, 백관지2에서 門下省, 弘文館, 中書省 순으로 설정하고 있다. 그런데 『宋史』에는 宰執 아래 門下省, 中書省, 尙書省 순으로 3省을 설정하고 있다. 唐制에서 尙書令 · 侍中 · 中書令이 정2품인 데 비하여 宋에서는 모두 종1품으로 하여 고려의 품계와 같다. 唐의 6部는 左 · 右司로 구분되어 있는 데 비하여 宋은 상서성 아래 6部가 예속되어 있다.[102] 唐의 상서성 조직은 중앙에 위치한 都堂을 중심으로 左 · 右司로 나뉘어, 그 중 좌사는 도당의 동편에 있는 이부 · 호부 · 예부를 통할하고 우사는 서편에 있는 병부 · 형부 · 공부를 통할하도록 되어 있었다. 그러나 고려의 尙書 6部는 唐과 달리 都省의 동편과 서편에 정렬되어 있지 않았고, 또 그들이 직접적으로 도성의 통할을 받은 것도 아니었다. 이처럼 체계는 달랐지만 조직은 유사하여 左司에 左丞 · 左司郎中 · 左司員外郎이, 右司에는

---

102) 尙書省 掌施行制命 … 曰吏部 曰戶部 曰禮部 曰兵部 曰刑部 曰工部 皆隸焉(『송사』 권161, 직관1 상서성).

右丞·右司郞中·右司員外郞이 설치되어 있다. 이들 가운데 특히 左·右丞은 상서도성의 하층조직을 구성하는 요원 중 가장 상급자로서 중요한 역할을 하였으며, 그 아래의 직관들 역시 제 기능을 원활히 수행한 것으로 짐작된다고 한다.[103] 그러나 이러한 생각에는 어느 정도의 동감은 가지만, 문종 때 정비된 尙書 6部는 唐制와는 분명히 달랐고 宋制를 참작한 것임을 유념할 필요가 있다.

宋의 3省 6部는 唐制와는 달리 고려의 3省 6部와 유사한 점이 있다. 문종 때 정비된 고려의 3省은 唐制를 그대로 수용한 것이 아님을 알 수 있다. 그렇다면 고려의 3省 6部은 宋制를 수용하였거나 아니면 唐制를 바탕으로 고려의 실정에 맞게끔 독자적으로 개편하여 정비된 것으로 볼 수밖에 없다. 宋의 元豊(1078) 新官制는 이전과는 달리 唐代의 3省 6部 조직으로 복원하여 3省에 시중, 중서령, 상서령을 두었다. 그러나 상서령을 除授하지 않고, 尙書省의 左僕射가 門下侍郞을 겸하여 시중의 직임을 맡고, 右僕射가 중서시랑을 겸하여 중서령직을 맡아 상서성의 左·右僕射가 실제적인 宰相이 되어 3省體制를 운영하였다.[104] 左·右僕射가 고려에서는 宋制와 같이 실질적인 큰 역할을 하지 못한 차이점이 있다. 그러나 고려에서도 상서령, 중서령의 除授를 극히 제한하고 적임자가 없으면 자리를 비워 두는 것은 宋制와 서로 유사한 점이 있다. 이러한 사실과 3省 장관의 품계(종1품) 및 3省 6部의 편제방식에 있어

103) 邊太燮, 「고려시대 중앙정치기구의 행정체계」, 앞의 책, 8~10쪽.
朴龍雲, 「高麗時代의 尙書都省에 대한 檢討」, 『國史館論叢』 61, 1995. ; 『高麗時代 尙書省研究』, 37~41쪽.

104) 神宗新官制 於三省置侍中·中書令·尙書令 以官高不除人 而以尙書令之貳左 右僕射爲宰相 左僕射兼門下侍郞 以行侍中之職 右僕射兼中書侍郞 以行中書令之職(『宋史』 권161, 職官1 宰執 宰相之職).
和田 清 編著, 『支那官制發達史』, 汲古書院, 1942, 185쪽.
宮崎市定, 「宋代官制序說」, 佐伯富 編, 『宋史職官志索引』, 東洋史研究會, 1963, 18쪽.
申採湜, 『宋代官僚制研究』, 三英社, 1981, 125쪽.

서는 고려의 3省 6部制가 宋制에 영향을 받은 것을 부정할 수는 없을 것 같다. 다 같은 平章事라도 성종관제에서는 내사시랑평장사가 상위직이었으나, 문종관제에서는 문하시랑평장사가 상위직으로 바뀌고 있어 새로운 개편이 이루어졌음이 분명하다. 內史省을 문종 15년에 中書省으로 고친 것은 唐制에 의거한 것이 아니라 宋制에 따른 것으로 보는 이유는 바로 이러한 차이점이 있기 때문이다. 다시 말하여, 唐制를 바탕으로 宋制를 참용하면서 고려의 독자적 요소를 반영하여 문종 15년에 정비된 것이라 여겨진다. 문종 15년에 중서성의 개편과 때를 같이하여 尙書都省을 尙書省이라 하였을 것이라고 추측한 이유도, 唐制와 宋制 사이에 차이점이 있기 때문에 그렇게 추측해 본 것이다. 이것은 단순한 추측이 아니라 『고려사』 백관지 상서성조에 성종 14년의 개편 당시에는 상서도성이라 표기되어 있지만, 이후의 사실을 반영하는 주제어에는 상서성으로 나타나 있기 때문이다.[105]

이러한 사실과 같은 맥락에서 상서도성의 상서령(상서성 포함)도, 내사령을 중서령(중서성 포함)으로 고친 시기와 때를 같이하여 문종 15년에 상서령(상서성) 제도가 정비된 것으로 추측해 보았다. 內史令에 임명된 최초의 인물은 성종 원년의 崔知夢(左執政 · 守內史令)이고, 宗室로서 최초로 內史令이 된 사람은 현종 11년의 王欽(현종 11년 4월)이다. 이러한 사례를 시발로 하여

105) 상서성은 충렬왕 원년(1275)에 員吏를 모두 혁파하고, 공민왕 5년에 3省 6部로 일시 복구된 이후 공민왕 11년에 완전히 혁파되었다. 그러므로 백관지는 문종 관제의 사실을 반영하는 상서성을 표제어로 삼고 있다.

성종 원년의 어사도성을 성종 14년에 상서도성이라 한 것은 唐制의 "龍朔二年 改尙書都省曰中臺(『신당서』 권 46, 백관 1 상서성)"라 한 것과 관련이 있었을 것으로 여겨지며, 문종 15년에 정비된 상서성은 『고려사』 백관지 상서성조 표제어에 그렇게 나타나 있다. 여타의 기록에도 모두 상서성으로 나타나 있고, 『신당서』, 『송사』에도 모두 상서성으로 나타나 있다.

朴龍雲, 『高麗時代 尙書省 硏究』, 경인문화사, 2000, 15쪽 〈表2-2〉 尙書都省의 組織에서는 문종 대에 정비된 상서성을 상서도성으로 기술하고 있다. 그 기술은 잘못으로, 상서성으로 기술해야 옳을 것 같다.

현종 대에 점진적으로 내사령을 除授하다가 문종 15년에 이르러 內史令을 中書令이라 고쳤다. 그러나 백관지에는 "文宗改中書令一人 秩從一品"이라고 하여 막연하게 문종 때 개편된 것으로 나타나 있다. 尙書令 또한, 현종 때 등장하는 상서도성의 상서령에 임명된 최초의 사람은 王緖(현종 18년 5월)이다. 이로부터 점진적으로 상서령에 임명되는 사례가 보이면서, 백관지에는 "文宗定尙書令一人 秩從一品"이라 하여 상서령 제도가 문종 때 정해진 것으로 나타나 있다. 만약에 고려의 중서령과 상서령 제도가 宋制를 수용한 것이 확실하다면 둘 다 문종 15년에 이루어진 사실로 보는 것이 마땅할 것이고, 唐制를 바탕으로 고려에서 독자적으로 개편하여 정비된 것으로 볼 경우에도 尙書省이 정비된 그 시기를 문종 15년 외에 다른 어떤 시기로 비정할 수 있는 근거를 찾기가 어렵다. 그러므로 중서령과 상서령은 다 같이 문종 15년에 정비된 것으로 정리할 수밖에 없는 것이다.

Ⅳ. 3省 6部의 變遷

문종 15년에 정비된 3省 6部는 충렬왕 원년에 원의 간섭으로 3省을 통합하여 僉議府로 되고, 尙書 6部가 4司로 개편됨으로써 고려후기에는 3省 6部 체제에 새로운 변화가 일어나게 되었다. 충렬왕 원년에 상서성의 員吏들을 모두 혁파하고, 중서성과 문하성을 통합하여 僉議府로 개편함으로써 이후부터는 고려의 3省 6部 체제에 커다란 변화를 맞이하게 되었다. 이러한 변화를 『高麗史』 백관지에 의거하여 〈表2-3〉과 같이 정리해 볼 수 있다.

〈表2-3〉 高麗 3省 6部의 變遷

<table>
<tr><th>문종</th><th>충렬왕
원년
(1275)</th><th>충렬왕
24년 충선
(1298)</th><th>충렬왕
34년
(1308)</th><th>충혜왕
원년
(1331)</th><th>공민왕
5년
(1356)</th><th>공민왕
11년
(1362)</th><th>공민왕
18년
(1369)</th><th>공민왕
21년
(1372)</th><th>공양왕
원년
(1389)</th></tr>
<tr><td>中書省</td><td rowspan="2">僉議府</td><td rowspan="2">都僉議使司
(충렬왕
19년)</td><td rowspan="2"></td><td rowspan="2"></td><td>中書省</td><td rowspan="2">都僉
議府</td><td rowspan="2">門下府</td><td rowspan="2"></td><td rowspan="2"></td></tr>
<tr><td>門下省</td><td>門下省</td></tr>
<tr><td>尙書省</td><td>幷罷</td><td>僉議府別廳
治事</td><td></td><td></td><td>尙書省
(別立)</td><td>罷</td><td></td><td></td><td></td></tr>
<tr><td>尙書
6部</td><td>典理司
軍簿司
版圖司
典法司</td><td>銓曹
兵曹
民曹
刑曹
儀曹
工曹</td><td>選部
摠部
(後改)
民部
讞部</td><td>典理司
軍簿司
版圖司
典法司</td><td>吏部
兵部
戶部
刑部
禮部
工部</td><td>典理司
軍簿司
版圖司
典法司
禮儀司
典工司</td><td>選部
摠部
民部
理部
禮部
工部</td><td>典理司
軍簿司
版圖司
典法司
禮儀司
典工司</td><td>吏曹
兵曹
戶曹
刑曹
禮曹
工曹</td></tr>
</table>

충렬왕 원년에 상서성의 員吏들을 모두 혁파하고, 중서성과 문하성을 통합하여 僉議府로 개편함으로써 상서성은 혁파된 것이나 다를 바가 없다. 중서성과 문하성을 통합하여 僉議府로 개편됨과 동시에 尙書 6部는 4司로 개편되었다. 그리하여 고려전기의 3省 6部는 1府 4司 체제로 바뀌어 갔다. 상서성은 충렬왕 원년에 혁파된 이후 충렬왕 24년에 충선왕이 다시 설치하여 左·右僕射는 僉議府(실제로는 都僉議使司)에 두고, 이하 左右司郎中, 員外郎, 都事는 都僉議府(실제로는 都僉議使司)의 別廳에 모여 일을 보도록 하였으나 곧 혁파되었다. 그러다가 공민왕 5년에 반원개혁정책을 펴면서 文宗舊制 즉 3省 6部로 환원하여 상서성을 별도로 설치하였으나, 공민왕 11년에 상서성은 완전히 혁파되고 말았다.

그런데 尙書 6部는 충렬왕 원년에 僉議府 4司, 同王 24년에 都僉議使司(충렬왕 19년) 6曹, 同王 34년에 都僉議使司 4部, 충혜왕 원년에[106] 都僉議使司

106) 『고려사』 백관지에는 충렬왕 34년 개편된 選部·摠部(後改)·民部·讞部 등이 典理司·軍簿司·版圖司·典法司로 바뀐 것을 "後復稱", "複稱", "後改"라고 기록하고 있다. 이렇게 "後改"라고 한 시기를 朴龍雲은 忠肅王 12년(1325)으로 보았다. (朴龍雲, 「高麗時代 6部

4司, 공민왕 5년에 3省 6部, 공민왕 11년에 都僉議府 6司, 공민왕 18년에 門下府 6部, 공민왕 21년에 門下府 6司, 공양왕 원년에 門下府 6曹로 변천되어 갔다. 그런데 충렬왕 원년으로부터 공민왕 5년에 3省 6部로 환원되기 이전까지의 僉議府와 都僉議使司의 체제하에서 81년간은 1府(1司) 4司(4部) 체제와 다름이 없다. 충렬왕 24년에서 동왕 34년 사이에 10년간 6曹 체제가 시행되기는 하였으나, 넓게 보면 1府 4司 체제나 다름이 없는 것이다. 공민왕 5년(1356)에 3省 6部로 복구한 이후로부터 고려말에 이르기까지의 都僉議府(공민왕 11년)와 門下府(공민왕 18년) 체제하에서는 1府 6司(部·曹) 체제라 할 수 있다. 요컨대, 고려전기의 3省 6部는 충렬왕 원년(1275)에 중서성과 문하성을 통합하여 첨의부로 개편된 이후부터 공민왕 5년(1356)에 3省 6部로 복구하기 이전까지는 1府(僉議府·都僉議使司) 4司 체제가 근간을 이루었고, 공민왕 11년(1362)에 상서성을 혁파하고 중서성과 문하성을 통합하여 都僉議府로 개편된 이후부터 공민왕 18년(1369)의 門下府 6部 체제를 거쳐 고려말 공양왕 원년(1389)에 이르기까지는 1府(門下府) 6司 체제가 근간을 이루었다. 다시 말해서 고려후기에는 1府 4司制에서 1府 6司制로 바뀌어 갔다고 요약할 수 있겠다. 공양왕 원년에 이전의 門下府 체제에서 6曹로 개편됨으로써, 고려의 3省 6部는 수많은 변화와 우여곡절을 겪으면서 조선조의 議政府와 6曹로 이어지게 되었다.

判事制에 대한 考察」, 『高麗時代硏究 Ⅱ』, 한국정신문화연구원, 2000, 8쪽. ; 「高麗時代 尙書 6部에 대한 檢討」, 『高麗時代 尙書省 硏究』, 105쪽과 226쪽의 〈表2-3〉) 그런데 충숙왕 12년 10월에 摠部典書 李光時의 사례가 있고, 충혜왕 원년(1331) 6월과 충숙왕 후 4년(1335) 11월에 典法司에 대한 사례가 있는 것으로 보아, "後復稱"이라 한 시기는 충혜왕 원년으로 보아야 할 것 같다.

V. 맺음말

고려 건국초기에는 신라와 태봉의 제도를 참용하여 통치기구를 갖추기 시작하였다. 태봉의 제도를 많이 답습하여, 태조 원년에 廣評省, 內奉省, 徇軍部, 兵部 등 12관부에 대한 인사를 단행하였다. 태조 때는 12官署 외에도 元鳳省, 禮賓省, 內議省을 두고, 內泉部를 파하여 모두 14省·部를 이루었다. 태조 대의 14省·部는 광종 대에 그대로 계승되어 10省 4部를 이루면서 새로운 개편이 이루어졌다. 광종 대의 중요한 개편은 軍制에 대한 개편이었다. 광종 11년에는 徇軍府를 軍部로 개편하고 內軍을 掌衛部로 고치며 物藏省을 寶泉으로 고치는 등 태조 이래의 중앙관부에 여러 가지 개편이 이루어졌다. 여러 관부 가운데 이후 3省制의 성립과 연관이 있는 것은 廣評省, 內奉省, 內議省이다.

광평성은 국초 백관을 총령하던 서열 제1위의 광평시중이 광종의 개혁정치로 지위가 格下되면서 서열 3位로 밀린 적이 있었으나, 그 기능은 이후 과도기의 諸軍事 → 執政制로 이어지면서 경종 원년의 左·右執政兼內史令制로 개편되었다가, 성종 원년에 唐制를 수용하여 문하성의 시중으로 그 기능이 흡수되어 제도화되었다. 내사성은 국초 내의성의 기능을 이어 제도화된 것이다. 태조 13년 이전의 어느 시기에 설립된 내의성이 광종의 개혁정치로 내의령은 서열 제1위로 올랐고, 內史·諸軍事·內議令 → 左·右執政兼內史令制로 이어지면서 성종 원년에 唐制를 수용한 내사성으로 개편하여 제도적으로 성립이 되었다. 국초의 행정과 인사 및 司正을 담당한 중요한 관부인 내봉성은 인사에 관한 업무는 御事 6官의 選官에 넘기고, 兵部, 倉部 등의 令·卿·郎中·員外郎을 통폐합하여 성종 원년에 御事 6官의 발족으로 제도화되었다. 성종 원년에 발족한 상층부의 御事都省은 국초의 내봉성과 연관을 가진 것이고, 하층부는 내봉성의 인사 기능을 비롯한 여러 部의 令·卿을 통폐합하여 唐의 6典組織을 참작한 御事 6官을 설치하여 제도화된 것이다. 그러므로 『고려사』 찬자가 어사도성의 전신을 광평성으로 지목한 것은 오류라 여겨지며, 『三國史記』에서 어사도성(상서성)의 전신을 내봉성에 연관시킨 것은 올바른 지적이었다고 할 수 있다.

성종 원년에 발족한 3省은 문하성, 내사성, 어사도성이었다. 문하성과 내사성은 성종 원년에 唐制를 바탕으로 문종 15년(1061)에 宋制를 참작하여 내사성을 중서성으로 고쳐 중서성과 문하성의 제도가 정비되었다. 그러나 상서성의 경우는 이와는 좀 달랐다. 尙書省은 성종 원년에 御事都省과 御事 6官이라는 과도기 체제를 거쳐서 성종 14년에 唐制를 수용하여 尙書都省과 尙書 6部로 개편되었다. 그 후 현종 대에 또 다른 개편이 이루어지면서, 宋制를 참작하여 문종 때 상서성의 제도가 정비되었다. 문종 15년에 정비된 고려의 3省 6部는 唐制를 바탕으로 宋制를 참작하여 고려의 실정에 맞게끔 독자적으로 정비되었다.

문종 15년에 정비된 3省 6部는 충렬왕 원년(1275)에 상서성과 중서성 문하성을 병합하여 僉議府로 개편되면서 상서성의 員吏를 모두 혁파하였다. 그리하여 고려전기의 3省 6部는 충렬왕 원년에 僉議府 4司 → 同王 24년에 都僉議使司(충렬왕 19년) 6曹 → 同王 34년에 都僉議使司 4部 → 충혜왕 원년에 都僉議使司 4司 → 공민왕 5년에 3省 6部 → 공민왕 11년에 都僉議府 6司 → 공민왕 18년에 門下府 6部 → 공민왕 21년에 門下府 6司 → 공양왕 원년에 門下府 6曹로 개편되어 갔다.

고려전기의 3省 6部는 충렬왕 원년(1275)에 중서성과 문하성을 통합하여 첨의부로 개편되면서부터 공민왕 5년(1356)에 3省 6部로 복구되기 이전까지는 1府(僉議府·都僉議使司) 4司 체제가 근간을 이루었다. 공민왕 11년

(1362)에 상서성을 혁파하고, 중서성과 문하성을 통합하여 都僉議府로 개편되면서부터 고려말 공양왕 원년(1389)에 이르기까지는 1府(門下府) 6司 체제가 근간을 이루었다. 요컨대, 고려후기에는 1府 4司制에서 1府 6司制로 바뀌어 갔다. 공양왕 원년에 門下府 체제에서 6曹로 개편됨으로써 고려의 3省 6部는 여러 차례 변화를 겪으면서 조선조의 議政府와 6曹로 이어지게 된 것이다.

제3장 | 고려전기 3省 6部制에 대한 재고찰

Ⅰ. 머리말

필자는 오래전부터 고려 중앙관제의 2省 6部制說에 대해서 의문을 품어 온 연구자 가운데 한 사람이다. 高麗 中書門下省의 祿俸規定을[1] 연구하면서 그에 대한 의문을 갖기 시작했고, 『高麗·朝鮮時代 祿俸制 研究』를 출간하면서[2] 의문은 더 커져 갔다. 그러한 가운데 필자는 근간에 『고려사』 백관지를 譯註하는 과정에서 『고려사』 백관지가 내포하고 있는 여러 가지 의문과 문제점을 살펴보았다.[3] 그 가운데 가장 큰 의문은 中書門下省을 단일기구로 보아 고려의 중앙관제는 3省 6部가 아니라 2省 6部라고 한 것이다. 이를 더 자세히 확인해 보기 위해서, 『高麗史』 百官志 門下府의 構成과 問題點에 대해서 논고를 발표한 바 있다.[4] 『고려사』 백관지 문하부조의 기록은 최후로 개편된 門下府를 기준으로 判門下(중서령)로부터 門下錄事·門下注書에 이르기까지 품계의 순서에 따라 여러 관직을 나열해 놓았다. 국초의 內議省이 성종 원년에 內史門下省으로 개편된 이후 여러 차례 개편을 거쳐 최후로 개편된 門下府를

1) 崔貞煥, 「高麗 中書門下省의 祿俸規定」, 『韓國史研究』 50·51, 1985.
2) 崔貞煥, 『高麗·朝鮮時代 祿俸制 研究』, 경북대학교출판부, 1991.
3) 崔貞煥, 『譯註 『高麗史』 百官志 -『高麗史』, 百官志의 研究 - 』, 景仁文化社, 2006.
4) 崔貞煥, 「『高麗史』 百官志 門下府의 구성과 문제점」, 『한국중세사연구』 20, 2006.

기준하여 내사성(중서성)과 문하성을 단일기구로 보아 일괄적으로 정리해 놓았다. 이것은 『고려사』 撰者의 잘못으로, 중서성(내사성)과 문하성은 분리된 독립기구였다.

또한 성종 원년(982)에 발족한 내사성, 문하성, 어사도성의 3省이 그 이전 국초의 정치기구와 어떤 연관을 지니고 성립된 것인가를 6典制의 성립과 함께 고찰하여 「고려초기의 政治制度와 3省 6部의 成立 및 變遷」을 발표한 바 있다.[5] 이 연구에서, 국초의 여러 관부 가운데 이후 성종 원년의 3省制 성립과 연관을 가지는 것은 內議省, 廣評省, 內奉省이었다는 것을 밝혀내었다. 성종 원년(982)에 발족한 3省은 內史省, 門下省, 御事都省이다. 내사성은 국초 내의성의 기능을 이어 唐制를 수용하여 제도화되었고, 문하성은 국초 광평성의 기능을 이어 唐制를 수용하여 제도화되었다. 국초의 내봉성과 兵部, 倉部 등의 기능을 통폐합하여 성종 원년에 발족한 御事都省과 御事 6官은 唐制를 수용하기 위한 과도기적인 준비단계의 직제였다.

성종 원년(982)에 발족한 內史省, 門下省, 御事都省의 3省은 이후 성종 14년(995)에 內史省, 門下省, 尙書都省으로 개편되었다. 성종 14년(995)에 唐制를 수용하여 개편한 尙書都省과 尙書 6部는 이후 현종 대에 또 다른 새로운 개편이 이루어졌고, 문종 15년(1061)에 宋制를 참작하여 고려의 독자적인 尙書省과 6部制가 정비되었다. 성종 원년에 唐制를 수용하여 내사성과 문하성이 발족했고, 성종 14년을 전후하여 내사성과 문하성의 관직운영에 새로운 변화가 일어났다. 이러한 변화는 이전의 唐制에 바탕을 둔 그 제도가 그대로 고려에 수용된 것이 아니었음을 말해 주는 것이다. 문종 15년에 정비된 고려의 3省 6部는 唐制를 바탕으로 宋制를 참작하여 고려의 실정에 맞게끔 독자적으로 정비되었다. 문종 15년에 정비된 3省은 中書省, 門下省, 尙書省이

5) 崔貞煥, 「고려초기의 政治制度와 3省 6部의 成立 및 變遷」, 『歷史學報』 192, 2006.

다. 그러나 중서성과 문하성이 합쳐 '중서문하성'이라는 단일기구가 되었고 그 안에서 중서성과 문하성의 구별이 있었다는 2省制說에 대한 반론을 먼저 제기해야 하겠거니와, 3省制가 정설로 정립되기 위해서는 심층적으로 더 검토되어야 할 많은 문제들이 남아 있다.

본 장에서는 이러한 문제를 더 확인해 보기 위해, 학계에서 논란이 되고 있는 2省制說과 3省制說에 대한 문제점을 먼저 검토하고, 3省制를 입증할 수 있는 논거를 더 찾아내고자 하였다. 다음으로 고려사 연구자들에게 많은 논란을 야기시키고 있는 『고려사』 백관지 문하부조의 문제점과 그 오류를 더욱 자세히 검토해 보고자 하였다. 특히 宰臣들이 政事를 의논하고 처리하는 곳인 政事堂의 구성원과 운영 실태를 唐·宋制와 비교하여 검토해 보는 것은, 고려의 3省制를 이해하는 데 크게 도움을 받을 수 있는 연구이다. 이러한 연구가, 고려의 중앙관제가 2省 6部가 아니라 3省 6部制였음을 입증하는 데 조그마한 보탬이 되었으면 한다.

Ⅱ. 2省制設과 3省制設의 문제점

오늘날 우리 학계에서는 고려의 중서문하성을 단일기구로 보아, 고려의 중앙관제는 2省 6部라고 하는 2省制說이 정설로 되어 있다. 중서성과 문하성이 분리된 기구가 아니라 하나의 '中書門下省'으로 통합된 단일기구라는 학설은 1967년에 邊太燮에 의해 처음 제기되어,[6] 그 후 고려의 중앙관제는 2省體制라고 인식하게 되었고, 그 이론은 『韓國史通論』(1986)을 비롯하여 각종

6) 邊太燮, 「高麗의 中書門下省에 대하여」, 『歷史教育』 10, 1967. ; 「高麗宰相考」, 『역사학보』 35·36, 1967. ; 『高麗政治制度史研究』, 一潮閣, 1971, 36~83쪽.

概說書에 반영되어 있다. 朴龍雲은 1985년에 쓴 『高麗時代史』(上)에서 변태섭의 논문을 인용하여 "고려는 엄밀히 말하면 3省制가 아니라 中書門下省과 尙書省의 二省體制였다."라고 하여 2省制를 뒷받침하였다. 변태섭이 중서문하성을 단일기구로 인식하여 제시한 中書門下省의 인원구성표를 박용운은 『高麗時代史』(上)에 그대로 반영하였다. 그 후 변태섭은 1993년에 쓴 「중앙의 정치조직」에서 3省制를 뒷받침하는 여러 가지 증거가 있음에도 불구하고 중서성과 문하성은 단일기구로 중서문하성을 이루고 있음이 확실하다고 하였다.[7] 이후 朴龍雲이 2000년에 쓴 『고려시대 中書門下省宰臣 연구』와 『高麗時代 尙書省 硏究』, 「高麗時代 中書門下省에 대한 諸說 검토」 등[8] 이와 관련된 모든 연구물은 모두 2省制를 바탕으로 기술되어 있다. 박재우는 고려 관제의 가장 뚜렷한 독자성은 기존 연구에서 밝혔듯이 내사성과 문하성을 합쳐 내사문하성이라는 단일기구를 형성한 것이라고 하여 역시 2省制說을 뒷받침하였다.[9] 고려의 중앙관제가 2省制가 아닌 3省制라는 연구가 없었던 것은 아니었다. 최정환의 3省 6部의 성립과 정비 및 변천에 대한 연구가 있고,[10] 이정훈은 고려전기에 3省 6部制가 시행되었다고 하였다.[11] 그러나 앞서 지적한 주된

---

7) 邊太燮, 「중앙의 정치조직」, 『한국사』 13, 국사편찬위원회, 1993, 27쪽.

8) 朴龍雲, 『고려시대 中書門下省宰臣 연구』, 일지사, 2000. ; 『高麗時代 尙書省 硏究』, 경인문화사, 2000. ; 「高麗時代 中書門下省에 대한 諸說 검토」, 『韓國史硏究』 108, 2000.

9) 박재우, 「고려전기 재추의 운영원리와 권력구조」, 『역사와 현실』 26, 1977, 162쪽. ; 「고려전기의 國政運營體系와 宰樞」, 『歷史學報』 154, 1997. ; 『고려 국정운영의 체계와 왕권』, 신구문화사, 2005.

10) 2省制에 대해서 처음으로 의문을 제기한 것은 崔貞煥, 「高麗 中書門下省의 祿俸規定」, 『韓國史硏究』 50·51, 1985, 121쪽. ; 『高麗·朝鮮時代 祿俸制 硏究』이다. 3省 6部의 성립과 정비 및 변천에 대해서는 다음과 같은 연구가 있다.
崔貞煥, 『譯註 『高麗史』 百官志』.
崔貞煥, 「『高麗史』 百官志 門下府의 구성과 문제점」.
崔貞煥, 「고려초기의 政治制度와 3省 6部의 成立 및 變遷」.

11) 李貞薰은 「고려전기 3省制와 政事堂」, 『韓國史硏究』 104, 1999에서 2省 6部制에 대한 기존의 연구를 다시 검토하면서 고려전기에 3省 6部制가 시행되었다고 하였다. 그러나 설립 당시의 3省은 무엇을 지칭한 것이며, 3省이 어떻게 성립이 되고 정비되어 간 것인지에 대

연구에 의해, 고려의 중앙정치제도는 2省 6部制라는 것이 정설로 확고히 자리 잡고 있다. 그뿐만 아니라 『韓國史通論』을 비롯한 각종 概說書는 물론 중·고등학교 국사 교과서에까지 그 이론이 반영되었다.[12] 최근에 발행된 고등학교 『국사』 교과서에 "고려의 통치 체제는 성종 때에 마련된 2省 6部制를 토대로 하였다"라고 기술하고 나아가 2省 6部의 도표까지 그려져 있다.[13] 이러한 것은 깊이 성찰되어야 할 중대한 문제가 아닐 수 없다. 각종 개설서와 국사 교과서에 잘못 반영된 이러한 내용은 엄격한 檢正을 통해서 재검토되어야 할 것으로 생각된다.

필자가 근간에 『고려사』 백관지를 譯註하는 과정에서 찾아 낸 가장 큰 의문은, 中書門下省을 단일기구로 보아 고려의 중앙관제는 3省 6部가 아니라 2省 6部라고 하는 것이다. 2省 6部가 정설로 통용되게 된 근본적인 원인은 『고려사』 撰者들이 門下府條에 중서성과 문하성의 연혁을 분명하게 기록하여

해서는 아무런 언급이 없었다.

李貞薰은 또한 『고려전기 政治制度 研究』, 혜안, 2007, 87쪽과 91쪽에서 3省 6部制가 성종 2년 5월에 실시된 것으로 보고, 그 당시에 발족한 3省에 대해서는 구체적으로 언급을 하지 않았다. 『고려사』 백관지 문하부조와 상서성조의 기록 및 당시 관직임명 사례를 분석해 보면 3省制는 성종 2년이 아니라 원년에 발족하였고, 당시의 3省은 내사성, 문하성, 어사도성이다. 161쪽에서 "현종 대의 정치기구 개편 속에서 문하성, 중서성, 상서성의 3省 분립은 그대로 유지되었다"라고 하였는데 그것은 잘못이다. 현종 대에 그러한 3省이 유지된 것이 아니다. 이에 앞서 성종 14년에는 내사성, 문하성, 상서도성이라 하였고, 현종 당시에는 중서성이 아니라 내사성이라 하였다. 상서도성을 상서성으로 개편한 것은 현종 대인지 문종 대인지 분명치 않으나, 문종 대로 보는 것이 옳을 것 같다.

그리고 3省制가 정설로 정립되려면 『고려사』 백관지의 3省 관계기록을 철저히 분석하여 백관지에 반영된 撰者의 오류가 무엇인지를 밝히고, 그 성립배경과 변천과정, 운영실태, 宰樞兼職 문제 등 다양한 각도에서 더 검토해야 할 많은 문제가 남아 있다.

12) 姜萬吉 등, 「『국사』 教科書의 問題點」, 『創作과 批評』 9-2, 1974.
李元淳 등, 「中·高等學校用 國定國史教科書의 分析的 考察」, 『歷史教育』 16, 1974.
李元淳 등, 「歷史教育의 基本教科圖書 : 歷史教科書」, 『歷史教育論』, 三英社, 1980.
朴龍雲, 「高麗時期 中央政治體制에 대한 研究動向과 『국사』 教科書의 敍述」, 『歷史教育』 44, 1988.

13) 고등학교 『국사』, 교육인적자원부, 2002.
崔貞煥, 「『高麗史』 百官志 門下府의 구성과 문제점」, 28쪽 참조.

놓지 않았기 때문이다. 중서문하성이 단일기구가 아니라 중서성과 문하성으로 분리된 기구라는 것을, 『新唐書』 백관지와 『宋史』 직관지를 비교하고, 『고려사』 백관지 및 식화지, 여복지, 선거지, 『고려도경』과 『역옹패설』 등 관계 기록과 관직에 임명된 사례, 그리고 성립과 변천과정을 다각적인 각도에서 세밀히 검토하여 여러 가지 논거를 찾아 『譯註 『高麗史』 百官志』를 발간한 바 있다.[14] 그리고 이를 더 자세히 확인해 볼 수 있는 논거를 더 찾기 위해서 이에 관한 일련의 논고를 발표하였다. 『譯註 『高麗史』 百官志』에 대해서는 다음과 같은 박재우의 서평이 있었다.[15]

첫째, 문종 대의 3省制度는 송제를 수용하여 정비한 것으로 보았는데, 송제는 元豊官制를 염두에 둔 듯하다. 그런데 元豊官制는 1078년에 제정되었고, 문종 관제의 개편 시점은 문종 15년(1061)이다. 그렇다면 시기적으로 문종 관제는 元豊官制를 채택할 수 없다. 그러면 문종 관제가 송제를 받아들여 3省制로 운영했다고 보는 것은 문제가 있지 않은가?

둘째, 백관지 편찬자가 후기의 문하부를 기준으로 전기의 사실을 정리하다 보니 중서문하성으로 잘못 서술했다고 본 저자의 견해가 옳다면, 『고려사』와 『고려사절요』에 나타나는 모든 중서문하성 자료가 중서성과 문하성의 오류로 입증되어야 한다. 하지만 그것이 가능할 것 같지는 않다. 그렇다면 2省制의 가능성은 남아 있는 것이 아닌가?

셋째, 중서령, 시중, 상서령 등의 관직이 모두 확인된다는 것을 3省制 존재의 근거로 들고 있지만, 2省制說은 중서성과 문하성이 합쳐 중서문하성이 되었다는 견해이므로 중서령, 시중을 중서문하성 소속으로 보는 것이 가능하다. 그렇다면 이들 3省의 관직이 모두 확인된다는 것이 3省制를 입증할 결정

14) 崔貞煥, 『譯註 『高麗史』 百官志』, 17~99쪽.
15) 박재우, 『교수신문』 비평, 2006년 5월 1일.

적 논거가 된다고 생각되지는 않는다.

이러한 박재우의 서평 외에, 필자가 근간에 발표한 「『高麗史』 百官志 門下府의 구성과 문제점」 및 「고려초기의 政治制度와 3省 6部의 成立 및 變遷」의 논고를 한국중세사학회와 역사학회에 투고했을 당시 논문 심사자들에 의해 세밀한 검토와 비평이 있었다. 그 핵심을 요약하여 위의 지적에 부가하면 다음과 같다.

넷째, 문하부 내에서 좌·우직으로 구별된 후대의 사실을 전기까지 소급 적용하여 내사문하성을 단일 기구로 보아 그 안에 좌·우직의 구별이 있었던 것같이 백관지를 정리해 놓았다고 했다. 이러한 논리라면, 중서문하성(2省制說)이 첨의부가 되면서 그 관부 내의 좌·우직이 그대로 수용되었다는 논리도 불가능한 것은 아니라는 생각이 든다. 첨의부의 좌·우직에 대한 설명 자체가 2省制說의 논리와 같은 것이 아닌가?

다섯째, 고종대 銓注 자료에서 중서의 擬升黜, 문하의 承制勅 기록은 이제현의 『역옹패설』과 내용이 유사하므로 그것을 기초자료로 기록한 것으로 판단된다. 그러면 이제현의 인사행정에 대한 판단이 옳을까에 대한 논증부터 해야 한다. 과연 고려전기에 중서성에서 擬升黜하고, 문하성에서 承制勅했는가? 이렇게 본 이제현의 견해는 옳은가? 이런 의문을 논증하지 않고는 이 자료의 신빙성 문제가 제기되므로 3省制를 입증하는 근거로 삼기가 쉽지 않다.

이상의 서평과 질문 및 비평에 대해서, 첫째 지적부터 순서대로 필자의 견해를 피력하면 다음과 같다.

첫째, 성종 원년(982)에 발족한 고려의 3省은 내사성, 문하성, 어사도성이다. 문하성과 내사성은 성종 원년에 唐制를 수용하여 발족한 이후 고려적인 요소와 宋制를 참작하여 문종 15년(1061)에 정비되었다. 尙書省은 성종 원년에 御事都省과 御事 6官이라는 과도기 체제를 거쳐, 성종 14년에 唐制를 수용하여 尙書都省과 尙書 6部로 개편되었다. 이후 현종 대에 또 다른 개편이 이루어졌고, 문종 때 宋制를 참작하여 상서성의 제도가 정비되었다.[16] 문종 15년(1061)에 정비된 고려의 3省制는 唐制를 바탕으로 宋制를 참작하여 고려의 독자적인 요소가 반영되어 정비된 것이다. 송나라는 당제를 바탕으로 그들 나름대로의 운영 방법을 창안하였고, 고려는 당제를 바탕으로 송제를 참작하면서 독자적인 운영 방법을 창출하여 문종 15년에 정비하였다. 송나라 元豐官制 이전에는 中書 · 樞密 · 三司을 설치하여 政 · 軍 · 財 세 가지 큰 업무를 나누어 담당하고, 또한 參知政事를 설치하여 서로 간에 견제하게 하여 宰相權은 약화시키고 皇權을 강화하려 하였다. 宋의 神宗 元豐改制(1078~1085)는 中書門下를 폐지하고 唐初의 3省制度을 회복하여, 3省의 長官 즉 尙書令, 中書令, 門下侍中을 두었다. 그러나 이 세 官位는 단지 虛設이었으며 일반 사람에게 수여하지 않았다. 또한 唐制를 모방하여 尙書左僕射 · 右僕射을 사용하여 尙書省의 職權을 대행하였다. 左僕射는 門下侍郎을 겸해서 侍中의 직무를 행하였으며, 右僕射는 中書侍郎을 겸해서 中書令의 職權을 代行하였는데, 그들이 正宰相이다. 이때 參知政事를 없애고 4명의 副宰相을 증설하여 門下侍郎 · 中書侍郎 · 尙書左丞 · 尙書右丞을 두었다.[17] 이러한 송의 제도는 고려에서는 찾아볼 수 없다. 다만 3省制로 운영한 그 유사성만 찾아볼 수 있는 것이다. 문종 15년(1061)에 정비된 고려의 3省制는 제도화된 元豐官制(1078)나 그 이전의 관제를 그대로 수용한 것이 아니었다.

둘째, 『고려사』 백관지 문하부조에 "門下府 … 國初稱內議省 成宗元年改內史門下省"이라 하여 국초의 內議省을 성종 원년에 '내사문하성'으로 개편하였다고 한다. 이 기사에 대해서 내의성이 그대로 내사문하성으로 개편된

16) 崔貞煥, 『譯註 『高麗史』 百官志』, 27~29쪽 및 55~63쪽.

17) 陳茂同, 『中國歷代職官沿革史』, 百花文藝出版社, 2005, 309~310쪽.

것이 아니라는 사실은 이태진을 비롯한 여러 학자들에 의해서 이미 공인되고 있는 사실이다. 국초의 내의성을 단일기구인 '내사문하성'으로 개편한 것인지, 분리된 '내사·문하성'으로 개편한 것인지를 『고려사』 찬자는 분명하게 기록하지 않고 있다. 만약 찬자가 단일기구인 '내사문하성'으로 기록하였다면 그것은 찬자의 오류이다. 국초의 내의성을 '내사문하성'으로 개편한 것이 아니라, 성종 원년에 제도를 개편할 당시에 국초의 내의성과 諸軍事 및 左·右執政, 內史令의 기능까지 포괄해서 이를 계승할 수 있는 唐制의 내사성과 문하성을 수용하여 개편한 것이라 여겨지기 때문이다.

셋째, 문종 15년(1061)에 정비된 官制에서는 문하성과 중서성이 단일기구가 아님을 보여주고 있다. 문하성은 門下侍中 이하 門下錄事에 이르기까지 13職으로 구성하고, 중서성은 中書令 이하 中書注書에 이르기까지 10職으로 구성하여 그 관원 구성에 차이가 있다. 중서성과 문하성이 '중서문하성'이란 단일기구로 통합된 기구라면 관원 구성에 이러한 차이가 있을 수가 없다. 그러므로 '중서문하성'이 단일기구인 것같이 기록한 『고려사』 백관지의 기록을 그대로 믿을 수가 없는 것이다. 또한 참지정사, 정당문학, 지문하성사는 종2품의 재신으로, '중서문하성'이란 단일기구 안에 같은 품계의 3직이 함께 존재할 필요가 없다. 지문하성사는 문하성의 소속이라 할 수 있지만, 참지정사와 정당문학은 어느 省에도 소속되지 않은 宰臣으로 정사당에서 중서성과 문하성의 兩省의 政事에 모두 參政하는 宰臣職이다. 3省制 바탕 위에 이러한 재신직의 운영은 兩省이 분명히 구별되어 있었음을 말해 주는 것이다.

넷째, 문종 15년(1061)에 정비된 고려의 중앙관제에서 문하성은 門下侍中 이하 門下錄事에 이르기까지 13職으로 구성하고, 중서성은 中書令 이하 中書注書에 이르기까지 10職으로 구성하여 그 관원 구성에 차이가 있다. 문하성에 없는 관직이 중서성에 있고, 중서성에 없는 관직이 문하성에 있는 것은 '중서문하성'이라는 단일기구 안에서 좌·우직으로 중서성과 문하성이 구분된 것이 아니라는 것을 입증한다. 문하성의 관원구성은 중서성에 없는 지문하성사(종2품)와 직문하(종5품) 및 급사중, 기거랑, 기거주를 두어 문하시중으로부터 문하녹사에 이르기까지 左職을 설정하였다. 그런데 중서성은 문하성에 없는 중서사인과 기거사인을 두고, 중서령에서 중서주서에 이르기까지 右職을 중심으로 설정하여, 문하성과 중서성은 확연히 구별되고 있다. 충렬왕 원년에 3省을 병합하여 僉議府로 개편한 이후부터는 이전과는 달리 새로이 좌·우직으로 분리한 관직(문하시중, 僉議左·右中贊)과, 중서성과 문하성을 통폐합한 관직(평장사, 僉議贊成事), 이전에 문하성과 중서성으로 구분되어 있었던 관직과 처음부터 좌·우직으로 구분되어 있었던 관직 등 여러 관직을 첨의부라는 단일기구 안에 단일화시켰다. 이때 이전에 좌·우직으로 구분이 되어 있었던 관직은 그러한 구분을 그대로 유지하면서 단일기구 안에 체계화하고 있다. 이와 같은 사실은 전기의 중서성과 문하성이 '중서문하성'이라는 단일기구 안에서 좌·우직으로 구분이 이루어진 것이 아니었음을 입증하는 것이다.

다섯째, 『역옹패설』에서 이제현의 인사행정에 대한 판단이 과연 옳을까에 대한 논증은 단순한 문제가 아니다. 『고려도경』의 건물 배치도와 『고려사』 선거지 銓注條의 기록과 『동문선』에서 나타나는 관련기사 및 관직운영 실태 등 다양한 각도에서 논증이 이루어져야 할 문제이다. 『역옹패설』과 『고려사』 선거지 銓注條에 吏部에서는 文銓을, 兵部에서 武選을 관장한 것은 분명하고, 中書에서 擬升黜하고, 門下가 承制勅한 것은, 그것을 단순하게 볼 것이 아니라 겸직문제 등 관직 운영 실태와 관련하여 여러 가지 각도에서 논증이 되어야 할 문제이다. "中書에서 擬升黜하고, 門下가 承制勅"한 것은 기본적인 원칙이 그러한 것이고, 실제적 운영은 다양하게 운영되었다. 이에 대해서는 정사당 문제와 실무직, 재신직, 겸직 등과 관련하여 다양한 각도에서 논증이 되어야 할 문제이다. 제4장 高麗 宰相制度와 政事堂에서 이 문제를 구체적으로 다루어 보고자 한다.

이상에서 필자의 저서와 논문에 대한 여러 가지 질문과 비평을 정리하고 그것에 대한 필자의 견해를 피력해 보았다. 가장 핵심적인 문제는 내사성(중서성)과 문하성을 분리된 기구로 보아 3省制로 볼 것인가, '내사문하성'을 단일기구로 보아 2省制라 해야 할 것인가에 대한 올바른 해명이라 여겨진다. 『고려사』 백관지의 3省 관계기록과 실제 사례를 철저히 분석하여 백관지에 반영된 撰者의 오류가 무엇인지를 밝혀내는 것이 이를 해명하는 데 도움을 줄 수 있다.

Ⅲ. 2省制와 3省制에 대한 『고려사』 백관지의 문제점

『고려사』 백관지 문하부조에서는 "門下府 … 國初稱內議省 成宗元年改內史門下省"이라 하여, 국초의 內議省을 성종 원년에 '내사문하성'으로 개편하였다고 한다. 이 기사에 대해서 먼저 의문을 제기하지 않을 수 없다. 『고려사절요』에서도 內史門下省의 前身으로 내의성을 지목하고 있다.[18] 이것은 국초의 내의성을 '내사문하성'으로 개편한 것이 아니라, 성종 원년에 제도를 개편할 당시에 국초의 내의성과 諸軍事 및 左·執政 內史令의 기능까지 포괄해서 이를 계승할 수 있는 唐制의 내사성과 문하성을 수용하여 개편한 것이다. 다시 말하여, 국초의 내의성이 곧 내사문하성으로 개편된 것이 아닌 것이다.

『고려사』와 『고려사절요』의 撰者는 內史門下省(中書門下省)의 전신으로

---

18) 成宗元年 春三月 改百官號 以內議省爲內史門下 廣評省爲御事都省(『고려사절요』 권2).

내의성을 지목하고 있다. 이에 대해서 政事의 협의·간쟁 등을 맡아 국왕의 고문기관과 같은 역할을 수행했던 내의성의 기능이 '내사문하성'과 연결을 가지는 것은 사실이나, 내사문하성의 前身이 곧 내의성이 아니라는 지적이 있다.[19] 또한 내사문하성은 계통상 직접적으로 唐制와 관련된 것으로 본 견해도 있다.[20] 『고려사』 찬자의 견해대로 內史門下省의 전신으로 내의성을 지목할 수는 없을 것 같다. 내사성과 문하성은 설립 당시부터 분리된 기구였다. 실제로 성종 원년(982)에 崔知夢이 左執政·守內史令을 제수받아 신설된 내사성의 수내사령에 최초로 취임한 예가 있고,[21] 이어서 성종 2년에 이몽유가 左執政이 되어 수내사령과 좌집정을 분리하여 임명한 예가 있다.[22] 이몽유가 左執政이 된 사례를 마지막으로 執政制는 사라지고 만다. 이어서 성종 2년 정월에는 崔承老가 門下侍郎平章事에 임명된 후 성종 7년에 門下守侍中을 제수받은 예가 있다.[23] 최지몽이 수내사령에 임명된 사례와 최승로가 문하시랑평장사와 문하수시중에 임명된 사례는 내사성과 문하성이 설립 당시부터 분리된 기구임을 입증하는 것이다. 이에 앞서 광종 16년(965) 2월에 伷를 正胤(太子)으로 책봉함과 동시에 그에게 '內史·諸軍事·內議令'의 직함을 내리고 있다.[24] 여기서 內史(令)와 내의령은 광종 16년 당시 동시에 나타나는 관직이므로 내의령을 개편하여 內史令이 된 것이 아님을 알 수 있다. 광종 16년 7월에 내의령으로 졸한 徐弼[25]의 아들 徐熙가 광종 23년에 내의시랑을

19) 李泰鎭, 앞의 논문.
20) 邊太燮, 「고려초기의 政治制度」.
21) 『고려사』 권92, 열전 최지몽. ; 『고려사절요』 권2, 성종 6년 3월.
22) (成宗二年) 二月 正匡崔承老 左執政李夢游 兵官御事劉彦儒 左丞盧奕 … (『고려사』 권73, 선거1 과목 선장).
23) 『고려사』 권3, 세가 성종 7년 12월. ; 『고려사절요』 권2, 성종 7년 10월. ; 『고려사』 권93, 열전 최승로.
24) 『고려사』 권2, 세가 광종 16년 2월. ; 『고려사절요』 권2, 광종 16년 2월.
25) 丙午 內議令徐弼卒(『고려사』 권2, 세가 광종 16년 7월).

역임한 이후 성종 2년에 兵官御事를 거쳐 뒤에 內史侍郞을 改授한[26] 예에서도, 내의시랑을 개편하여 내사시랑이 된 것이 아님을 알 수 있다. 또한 王銑이 執政이 된 데 이어, 景宗 원년(976)에 筍質과 申質을 각각 左·右執政에 임명하고 모두 內史令을 겸하도록 하였다.[27] 경종 5년에 內議令이었던 崔知夢이 성종 원년(982)에 左執政·守內史令을 제수받은 예가 있다.[28] 이로 보면 내사령은 광종 16년에 등장하기 시작하여 경종 대를 거쳐 성종 원년에 제도화되었고, 執政制는 광종 16년 '內史·諸軍事·內議令'의 諸軍事로 시작하여 경종대에 左·右執政를 거쳐 성종 2년에 이몽유가 左執政이 된 사례를 마지막으로 사라지고 만다. 그렇다면 이러한 執政과 內史令이라는 관직은 어디에서 유래된 것인지 구체적으로 살펴볼 필요가 있다.

먼저 내사령의 경우, 국초 태조 때의 관제에서는 보이지 않고, 광종 16년에 태자에게 내사령을 제수한 것에서 처음으로 등장하여 성종 원년에 제도화되었다. 唐制에 武德 3년(620)에 內書省을 고쳐 中書省이라 했고, 龍朔 원년(661) 중서성을 고쳐 西臺라 하고 중서령을 右相이라 했다. 光宅 원년(684)에 중서성을 고쳐 鳳閣이라 하고, 中書令을 內史라 하였다.[29] 성종 원년(982)에 제도화된 내사령은 이러한 唐制를 수용한 內史(중서령)와 관련이 있는 것이라 여겨진다. 唐에서는 龍朔 2년(662)에 문하성을 고쳐 東臺라 하고 시중을 左相이라 하였다.[30]

다음으로 執政의 경우, 이에 임명된 왕선, 최지몽 등의 사례로 보아 政事를

26) 『고려사』 권2, 세가 광종 23년 8월 및 『고려사』 권94, 열전 서희.
27) 放執政王銑于外 … 及是 銑托以復讎 矯殺太祖子天安府院郎君 於是 貶銑仍禁擅殺復復讎 以荀質·甲質爲左右執政 皆兼內史令(『고려사』 권2, 세가 경종 원년 11월).
28) 『고려사』 권2, 세가 경종 5년 월미상 및 『고려사』 권92, 열전 최지몽.
29) 武德三年 改內書省曰中書省 內書令曰中書令 龍朔元年 改中書省曰西臺 中書令曰右相 光宅元年 改中書省曰鳳閣 中書令曰內史(『신당서』 권47, 백관2 중서성).
30) 『신당서』 권47, 백관2 중서성.

집행하는 수상격에 해당하는 과도기 체제의 직제라 여겨진다. 執政制의 시원은 광종의 개혁정치와 연관하여 그 실마리를 풀어볼 수 있다. 광종 11년에 국초의 徇軍部를 軍部로[31] 개편하여 군권을 장악한 이후, 광종 16년(965)에 아들 伷를 正胤(太子)으로 책봉함과 동시에 그에게 '內史·諸軍事·內議令'의 직함을 내렸다.[32] 이것은 태자의 지위가 내사령·內議令을 합치고 모든 軍權까지 가지는, 그 어떤 臣下보다 最高位라는 것을 明示한 것이다. 이는 군권을 장악하여 왕권을 강화하려는 광종의 개혁정책과도 관련된 조처로, 국초에 백관을 摠領하던 廣評侍中의 기능을 약화시키고,[33] 諸軍事와 內議令의 기능 외에 새로이 內史令制를 도입하여 軍事와 정치를 摠領할 수 있는 새로운 제도로 개편하기 위한 모색작업의 시초라 여겨진다. 광종 16년 內史·諸軍事·內議令制의 諸軍事에 이어 경종 원년에 王銑이 執政이 되었으나 추방당하고, 그를 대신하여 景宗 원년(976) 11월에 荀質과 申質을 각각 左·右執政에 임명하고 모두 내사령을 겸하도록 하였다. 이에 임명된 인물의 비중으로 보아 당시에는 左·右執政이 실질적인 수상의 역할을 맡게 되었을 것이며, 그 執政의 前身은 백관을 摠領하던 국초의 廣評侍中의 기능과 같았을 것으로 여겨진다. 그러나 이러한 職制는 성종 원년(982)에 唐制를 수용하여 內史省과 門下省이 설치되기 이전의 사실로서, 새로운 제도를 도입하기 위한 과도기의 수상에 대한 職制인 執政이라 여겨진다.

과도기 체제의 執政은 성종 2년 이몽유의 사례를 마지막으로 사라지고 없어지지만, 이후 宰相制度(宰執)와 연관을 가지는 것이라 여겨진다. 성종 원년에 최지몽이 左執政·守內史令을 제수받아, 좌집정 수내사령으로서 政事

31) 光宗十一年 改徇軍部爲軍部(『고려사』 권76, 백관1 병조).
32) 『고려사』 권2, 세가 광종 16년 2월. ; 『고려사절요』 권2, 광종 16년 2월.
33) 태조 원년의 官府에서 서열 1위였던 廣評省이 광종 11년에는 內議省, 內奉省, 廣評省 순으로 지위가 格下되었다고 하였다. (金大植, 앞 논문, 32~34쪽.)

를 집행하다가 78세의 고령으로 致仕하여 內史房에서 視事한 바 있다. 內史房은 이후 재상제도의 성립과 더불어 宰臣들이 政事를 의논하고 처리하는 政事堂과 관련이 있었을 것으로 여겨지나, 자세히 알 수 없다. 고려의 정사당은 唐·宋制에 이론적 바탕을 둔 듯하나, 唐制와는 다르고 宋制와도 다르게 고려 독자적으로 운영되었다. 이에 대해 상세한 것은 제4장에서 다루고자 한다.

내사성의 장관으로는 성종 원년에 최지몽이 '左執政·守內史令'을 除授받은 것이 그 최초의 예이다. 최지몽에 이어 성종 2년에 이몽유가 左執政이 되었다. 최지몽이 제수받은 '左執政'은 문하성의 장관인 시중과 같은 역할을 맡았을 것으로 추측되며, '守內史令'은 새로운 唐制에 의거한 내사성의 장관인 내사령의 기능을 하는 것이라 여겨진다. 이러한 최지몽과 이몽유의 사례 역시 과도기의 職制라 할 수 있으며, 그 執政의 前身은 백관을 摠領하던 국초의 廣評侍中의 기능과 비슷하였을 것으로 여겨진다. '左執政·守內史令'이라는 과도기 체제를 거쳐서 唐制를 수용한 門下侍中과 內史令으로 제도화되어 간 것이라 여겨진다.

그러나 『고려사』 백관지 문하부조에는 "門下府 … 國初稱內議省 成宗元年改內史門下省"이라 하여, 국초의 內議省을 성종 원년에 '내사문하성'으로 개편하였다고 한다. 이미 지적한 바와 같이 국초의 內議省이 성종 원년에 '내사문하성'으로 개편된 것이 아니었으므로 이 기사는 그대로 믿을 수가 없다. 또한 『고려사』 백관지 門下府條에 "門下府 … 成宗元年改內史門下省 文宗十五年改中書門下省"이라 하여, 성종 원년의 '내사문하성'을 문종 15년에 '중서문하성'으로 개편하였다고 기록하고 있다. 이 기록은 단일기구인 '내사문하성'을 '중서문하성'으로 개편한 것인지, 아니면 분리된 내사성과 문하성을 중서성과 문하성으로 개편한 것인지 분명하지 않다. 만약에 전자의 경우라면 그것은 『고려사』 찬자의 오류라 여겨진다.

『고려사』 백관지 判門下條에는 내사령을 중서령으로 고친 시기를 문종 때라 하였다.[34] 문종 世家에서는 文宗 15년(1061) 6월에 내사령을 고쳐 중서령이라 하고, 그 나머지 이전에 內史라 한 것을 모두 고쳐 中書로 고쳤다고 하였다.[35] 문종 15년 6월에 개편된 이러한 내용은 내사성(중서성)의 개편에 대한 기록이지 문하성에 관한 기록이 아니다. 내사성(중서성)과 문하성은 분리된 기구였다. 이러한 사실을 인식하지 못하고, 『고려사』 백관지 門下府條에 성종 원년의 단일기구인 '내사문하성'이 문종 15년에 '중서문하성'으로 개편된 것같이 기록하였다. 이것은 『고려사』 찬자의 오류에서 기인된 것이라 여겨진다.[36] 즉, 문종 15년 6월에는 내사성을 중서성으로 고친 것이지, '내사문하성'을 '중서문하성'으로 고친 것이 아닌 것이다. 실제로 성종 원년에 발족한 문하성은 충렬왕 원년(1275)에 중서성, 문하성, 상서성의 3省을 병합하여 僉議府로 개편될 때까지 한 번도 개편된 적이 없었다.

『고려사』 찬자는 또한 내봉성을 어사도성(상서성)과 연관시키지 않고, 다음과 같이 상서성(어사도성)의 전신으로 광평성을 지목하는 오류를 범하였다.

㉮ 尙書省 太祖仍泰封之制 置廣評省 摠領百官 有侍中·侍郎·郎中·員外郎【太祖時又有內奉省 三國史云 內奉省卽今都省 沿革與此不同】 成宗元年改廣評省 爲御事都省 十四年改尙書都省 文宗定尙書令一人秩 從一品[37]

『고려사』 찬자들은 상서성의 전신으로 광평성을 지목하면서도, 또한 金富軾이 撰進한 『三國史記』(弓裔傳)에 근거하여 內奉省이 都省(御事都省)의 전

34) 判門下 … 成宗改內史令 文宗改中書令(『고려사』 권76, 백관1).
35) 己卯 以弟內史令基 改爲中書令 其餘嘗爲內史者 皆改中書(『고려사』 권8, 세가 문종 15년 6월).
36) 최정환, 『譯註 高麗史 百官志』, 115~117쪽. ; 『高麗史 百官志의 구성과 문제점』, 31~33쪽.
37) 『고려사』 권76, 백관1 상서성.

신이라는 사실도 附記하여 스스로 의문을 표시하고 있다. 결과적으로, 『고려사』 찬자는 "成宗元年改廣評省 爲御事都省"이라 하여 어사도성(상서성)의 전신을 광평성으로 지목하는 오류를 범하였다. 〈表2-2〉에서 보여 주는 바와 같이, 국초 광평성의 관원은 侍中·侍郎·郎中·員外郎 등으로 구성되어 있고 내봉성의 관원은 令·卿·內奉監·內奉理決·評察 등으로 구성되어 있어 차이가 있다. 이후 성종 원년에 발족한 문하성의 관원은 문하시중, 문하시랑평장사 등 侍中과 侍郎 등으로 구성되어 있다. 역시 성종 원년에 발족한 어사도성의 관원은 令·知都省事·左丞·郎中·員外郎으로 구성되어 차이가 있다. 광평성의 시중, 시랑을 문하성의 시중, 시랑으로 연결시킬 수는 있겠으나, 어사도성(상서성)의 令·知都省事·左丞·郎中·員外郎으로 연결시킬 수는 없을 것 같다. 이러한 관원 구성의 연혁으로 보아 상서성의 전신을 광평성으로 지목한 『고려사』 찬자의 기록은 그대로 믿기 어렵고, 내봉성으로 지목한 『三國史記』 찬자의 기록이 올바른 지적이었다고 여겨진다.[38]

『고려사』에서는 관원구성과 연혁뿐만 아니라 또한 그 관장업무까지도 잘못 연결시키고 있는 것이 아닌지 의문이 간다. 다시 말하여 "백관을 總領"하는 광평성의 관장업무를 상서성에 연결하다 보니 그 기능까지 연결시켜 상서성의 기능을 마치 "摠領百官"하는 것으로 나타낸 것이다. 후술하겠지만 唐制에서는 그렇게 운영되었다. 그러나 국초에 "百官을 摠領"하는 것은 광평성으로 비정해 볼 수는 있으나 내봉성(상서성)으로 비정할 수는 없을 것 같다. 국초의 내봉성은 인사와 행정 및 司正의 기능을 담당하였다. 국초에 서열 1위였던 광평성이 "摠領百官"하였다는 것은 수긍이 가지만, 서열 9위에서 태조 원년에 2위로 올라 令·卿·內奉監·內奉理決·評察 등으로 구성된 내봉

38) 李泰鎭, 앞 논문, 39쪽 및 최정환, 「고려 初期의 政治制度와 3省 6部의 成立 및 變遷」, 82~83쪽.

성(상서성)이 "摠領百官"하였다고는 볼 수가 없다.[39] 唐制에는 상서성의 관장 업무가 "典領百官"하는 것으로,[40] 宋制에는 "施行制命"하는[41] 것으로 되어 있다. 고려에서는 唐制를 바탕으로 宋制를 채용하다 보니, "典領百官"하는 唐制에 근거하여 『고려사』 찬자가 "摠領百官"하는 광평성을 지목하여 상서성의 전신으로 연결시키는 오류를 저지른 것이 아닌지 의문이 가는 것이다. 다시 말하여, 『고려사』 찬자가 상서성(어사도성)의 전신을 광평성으로 지목하면서 그 관원구성의 연혁뿐만 아니라 업무기능까지 잘못 연결시킨 오류를 범한 것이라 여겨지는 것이다.

이러한 시각에서, 尙書省條에 "尙書省 太祖仍泰封之制 置廣評省 摠領百官 … 成宗元年改廣評省爲御事都省"이라 하여 국초의 광평성을 성종 원년에 어사도성으로 고쳤다고 한 이 기사의 주체를 門下省으로 보아 "門下省 太祖仍泰封之制 置廣評省 摠領百官 … 成宗元年改廣評省爲門下省"이라 고쳐서 문하성의 前身을 광평성에 연관시키고, 문하부조의 "國初稱內議省 成宗元年改內史門下省"을 "國初稱內議省 成宗元年改內史省"으로 고치고, 상서성조를 "尙書省 太祖仍泰封之制 置內奉省 成宗元年改內奉省爲御事都省"으로 고쳐서, 내사성의 전신을 내의성에, 어사도성(상서성)의 전신을 내봉성에 연관시켜 보면 사실과 부합되는 타당성을 지니게 된다.

이상에서 지적한 여러 가지 오류들에 대한 올바른 검증이 없이 무비판적으로 사료를 수용하면서 3省制를 뒷받침하는 자료는 모두 부정해 버리고, 내사문하성(중서문하성)이 단일기구인 것같이 모호하게 기록한 백관지의 기록에 근거하여, 오늘날 학계에서 많은 고려사 전공자들이 3省制를 부정하고 2省制說을 주장하는 논거로 삼고 있다. 이러한 이론에 바탕을 둔 2省制說은 당연히

39) 崔貞煥, 「고려 初期의 政治制度와 3省 6部의 成立 및 變遷」, 82~83쪽.
40) 尙書令一人正二品 掌典領百官(『신당서』 권46, 백관1 상서성).
41) 尙書省 掌施行制命(『송사』 권161, 職官1 상서성).

시정되어야 할 것이다. 다음으로 3省 6部制의 성립과 정비과정을 살펴봄으로써, 2省制를 부정할 수 있는 논거를 더 찾을 수 있으리라 여겨진다.

Ⅳ. 3省 6部制의 성립과정과 정비

1. 고려초기의 統治機構와 推移

고려 건국 초기에는 신라와 태봉의 제도를 참용하여 통치기구를 갖추기 시작하였다. 특히 태봉의 제도를 많이 답습하여, 태조 원년에 廣評省, 內奉省, 徇軍部, 兵部 등 12관부에 대한 인사를 단행하였다. 태조 때는 12官署 외에도 元鳳省, 禮賓省, 內議省을 두고, 內泉部를 파하여 모두 14省·部를 이루었다. 태조 대의 14省·部는 광종 대에 그대로 계승되어 10省 4部를 이루면서 새로운 개편이 이루어졌다.[42] 광종 대의 중요한 개편은 軍制에 대한 개편이었다. 광종 11년에는 徇軍府를 軍部로 개편하고, 內軍을 掌衛部로 고치는 한편, 物藏省을 寶泉으로 고치는 등 태조 이래의 중앙관부에 여러 가지 개편이 이루어졌다. 광종 대의 여러 관부 가운데 이후 3省制의 성립과 연관을 가지는 것은 廣評省, 內奉省, 內議省이다.[43]

2. 3省 6部制의 성립

고려전기 성종 원년에 발족한 3省은 내사성, 문하성, 어사도성이다. 고려

42) 崔貞煥, 「고려초기의 政治制度와 3省 6部의 成立 및 變遷」, 70~76쪽.
43) 崔貞煥, 「고려초기의 政治制度와 3省 6部의 成立 및 變遷」, 80~83쪽.

시대 중앙 정치제도인 3省 6部가 처음으로 정해진 것에 대해 『고려사』에는 다음과 같이 기록되어 있다.

㉯ ① (太祖) 2년에 3省 · 6尙書 · 9寺 · 6衛를 설치하였는데 대체로 唐制를 본뜬 것이다[44]

② (성종 2년 夏5월 갑자) 처음으로 3省 · 6曹 · 7寺를 정하였다.[45]

③ 문하부 … 국초에는 內議省이라 칭하였다. 성종 원년에 內史門下省으로 고쳤다.[46]

④ 상서성 … 성종 원년에 광평성을 고쳐 어사도성이라고 하였다.[47]

㉯ ①에서 3省 · 6尙書 · 9寺가 태조 2년에 설립되었다고 하는 『고려사』 백관지의 기록은 撰者의 착오임을 두루 알고 있는 내용이다. 태조가 즉위한 지 6일 만인 원년(918) 6월에 단행된 인사개편에서는 廣評省, 內奉省, 徇軍部, 兵部, 倉部, 義刑臺, 都航司, 物藏省, 內泉部, 珍閣省, 白書省, 內軍의 순서로 5省 · 4部 · 1臺 · 1司 · 1軍 등 12官署가 보인다. 그 가운데 3省(문하성, 내사성, 상서성) · 6尙書 · 9寺 · 6衛는 찾아볼 수 없다. 『고려사』 撰者의 착오임이 분명한 것이다. ㉯ ②에서는 3省 6部가 성종 2년에 처음으로 정해졌다고 한다. 그러나 백관지의 기록인 ㉯ ③, ④에서는 국초의 內議省이 성종 원년에 '內史門下省'으로 개편되고, 廣評省도 성종 원년에 御事都省(상서성)으로 개편되었다고 한다. 물론 백관지의 기록에서 국초의 內議省이 '內史門下省'으로 개편되고 廣評省을 고쳐 御事都省이 되었다고 하는 내용에는 撰者의 오류가

44) (太祖) 二年 立三省 · 六尙書 · 九寺 · 六衛 略倣唐制(『고려사』 권76, 백관지 서문).
45) (成宗 二年 夏五月) 始定三省 · 六曹 · 七寺(『고려사』 권3, 세가).
46) 『고려사』 권76, 백관1 문하부.
47) 『고려사』 권76, 백관1 상서성.

개제되어 있는 것은 사실이지만, 3省 6部가 성종 원년에 정해졌다고 한다. 이러한 기록에 연유하여 학계에서는 일반적으로 3省 6部가 정해진 시기를 성종 원년과 2년으로 보고 있다.[48] 그러나 성종 원년에 崔知夢이 守內史令에 임명되고,[49] 崔承老가 성종 원년에 行選官御事에, 성종 2년에 門下侍郎平章事에 임명된 사례와[50] 성종 2년 5월에 徐熙가 兵官御事에, 鄭謙儒가 工官御事에 임명된 사례 등 여타의 사례로 보아, 3省 6部는 성종 원년에 이미 발족된 것으로 보아야 할 것 같다.[51]

성종 원년에 성립된 고려의 3省은 내사성, 문하성, 어사도성이었다. 문하성과 내사성은 성종 원년에 唐制를 수용하여 발족한 이후 문종 15년(1061)에 고려적인 요소와 宋制를 참작하여 내사성을 중서성으로 고쳐서 중서성과 문하성의 제도가 정비되었다. 그러나 상서성의 경우는 이와는 좀 달랐다. 尙書省은 성종 원년에 발족한 御事都省이라는 과도기 체제를 거쳐 성종 14년에 唐制를 수용하여 尙書都省으로 개편되었다가 문종 때 宋制를 참작하여 상서성의 제도가 정비되었다. 그런데 성종 원년에 발족한 御事都省은 발족할 당시부터 상·하 이원적 구조로, 상층조직인 御事都省과 하층조직인 御事 6官으로 구성되어 있었다. 성종 원년에 발족한 3省 6部의 성립과정과 그 정비를 〈表

---

48) 邊太燮, 「高麗時代 中央政治機構의 行政體系 - 尙書省 機構를 中心으로 -」, 『歷史學報』 47, 1970. ; 『高麗政治制度史硏究』, 一潮閣, 1971.
李泰鎭, 「고려 宰府의 成立 - 그 制度史的 考察 -」, 『歷史學報』 56, 1972.
李基白, 「高麗 二軍·六衛의 形成過程에 대한 再考」, 『黃義敦古稀記念 史學論叢』, 1960. ; 『高麗兵制史硏究』, 一潮閣, 1968.
朴龍雲, 「『高麗史』 百官志의 特性과 譯註」附, 「『高麗史』 百官志의 序文 譯註」, 『고려시대연구 Ⅲ』, 한국정신문화연구원, 2001.
崔貞煥, 『譯註 『高麗史』 百官志』, 104~105쪽.
李貞薰, 『고려전기 政治制度 硏究』, 87쪽과 91쪽.

49) 『고려사』 권92, 열전 최지몽. ; 『고려사절요』 권2, 성종 6년 3월.

50) 『고려사』 권3, 세가 성종 2년 정월. ; 같은 책, 세가 성종 7년 12월. ; 『고려사』 권93, 열전 최승로.

51) 崔貞煥, 「고려초기의 政治制度와 3省 6部의 성립 및 變遷」, 69쪽.

3-1〉과 같이 정리해 볼 수 있다.

〈表3-1〉 3省 六部의 成立과 整備

<table>
<tr><th></th><th colspan="2">太祖 元年(918)</th><th colspan="2">成宗 元年(982)</th><th colspan="2">成宗 14年(995)</th><th colspan="2">文宗 5年(1061)</th></tr>
<tr><td rowspan="3">三省</td><td>廣評省</td><td>侍中, 侍郞,
郞中, 員外郞</td><td>門下省</td><td>侍中, 侍郞平章事 등</td><td colspan="2">門下侍中~門下錄事
(목종)</td><td colspan="2">門下侍中~門下錄事</td></tr>
<tr><td>內議省</td><td>令, 侍郞, 舍人</td><td>內史省</td><td>令, 侍郞平章事 등</td><td colspan="2">內史令~內史注書(목종)</td><td colspan="2">中書令~中書注書</td></tr>
<tr><td>內奉省</td><td>令, 卿,
內奉監,
內奉理決,
評察</td><td>御事都省</td><td>令
知都省事
左丞
郞中
員外郞</td><td>尙書都省</td><td>尙書令(현종)
左右僕射
知都省事
左右丞
左右司郞中
左右司員外郞
都事</td><td>尙書省</td><td>尙書令
左右僕射
知都省事
左右丞
左右司郞中
左右司員外郞
都事</td></tr>
<tr><td rowspan="6">尙書六部</td><td rowspan="6">徇軍部
兵部
倉部
義刑臺
(이하
생략)</td><td rowspan="6">令, 卿, 郞中,
員外郞</td><td>選管</td><td rowspan="6">御事
侍郞
郞中
員外郞</td><td>吏部</td><td rowspan="6">判事(현종)
尙書
知部事(현종)
侍郞
郞中
員外郞</td><td>吏部</td><td rowspan="6">判事
尙書
知部事
侍郞
郞中
員外郞</td></tr>
<tr><td>兵官</td><td>兵部</td><td>兵部</td></tr>
<tr><td>民官</td><td>戶部</td><td>戶部</td></tr>
<tr><td>刑官</td><td>刑部</td><td>刑部</td></tr>
<tr><td>禮官</td><td>禮部</td><td>禮部</td></tr>
<tr><td>工官</td><td>工部</td><td>工部</td></tr>
</table>

*『고려사』 백관1과 세가 태조 원년 6월條 및 사례에 의거

태조 원년의 광평성은 侍中·侍郞·郞中·員外郞 등으로 구성되어 있었다.[52] 광평성은 경종 즉위년에 金傅誥書의 서명을[53] 마지막으로 하여 혁파되고, 백관을 摠領하던 광평성의 侍中은 左執政守內史令制라는[54] 과도기 체제의 執政를 거쳐 門下省의 侍中으로 그 기능이 연결되어 갔다. 국초 백관을 총령하던 서열 제1위의 광평시중이 광종의 개혁정치로 그 기능이 格下되면서 서열 3位로 밀린 적이 있었으나,[55] 이후 과도기의 諸軍事 → 執政制로 이어지면

52) 太祖仍泰封之制 置廣評省 摠領百官 有侍中·侍郞·郞中·員外郞(『고려사』 권76, 백관1 상서성).
53) 『三國遺事』 卷2, 金傅大王.
54) 成宗元年 加左執政守內史令上柱國(『고려사』 권92, 열전 崔知夢. ; 『고려사절요』 권2, 성종 6년 2월).
55) 李泰鎭, 「고려 宰府의 成立 - 그 制度史的 考察 -」, 『歷史學報』 56, 1972, 13쪽.
邊太燮, 「고려초기의 政治制度」, 『韓㳓劤博士停年紀念 史學論叢』, 知識産業社, 1981, 178쪽.

서 경종 원년의 左·右執政兼內史令制로 개편되었다가, 성종 원년에 唐制를 수용하여 문하성의 시중으로 그 기능이 흡수되어 제도화된 것이라 여겨진다. 광평성의 侍中, 侍郎은 문하성의 侍中, 侍郎으로 그 기능이 연결된 것으로 보인다.[56)]

내사성은 태조 13년 이전의 어느 시기에 설립된 내의성의 기능을 흡수하여 성종 원년에 제도화된 것이다. 광종의 개혁정치로 내의령은 서열 제1위로 올랐고, 內史·諸軍事·內議令 → 左·右執政兼內史令制로 이어지면서 경종 5년에 內議令이었던 崔知夢이 성종 원년(982)에 左執政·守內史令을 제수받은 예를[57)] 마지막으로 하여 내의령은 없어지고, 성종 원년에 唐制를 수용한 내사성으로 개편하여 제도적으로 성립이 되었다. 국초 내의성의 內議令, 內議侍郎, 內議舍人의 기능은 내사성의 內史令, 內史侍郎, 內史舍人으로 흡수되어 제도화된 것이라 여겨진다.[58)]

국초 내봉성의 관원은 令·卿·內奉監·內奉理決·評察 등으로 구성되어 있다.[59)] 그런데 성종 원년에 발족한 御事都省은 발족할 당시부터 상·하 이원적 구조를 이루고 있었다. 상층조직인 御事都省의 관원은 知都省事·左丞·郎中·員外郎 등으로 구성되어 있고,[60)] 하층조직인 御事 6官의 관원은 御事

崔圭成, 「廣評省考 - 高麗 太祖代 廣評省의 性格을 중심으로 - 」, 『金昌洙華甲紀念史學論叢』, 범우사, 1992, 117쪽.

金大植, 「고려전기 中央官制의 成立과 六典制의 影響」, 成均館大學校 博士學位論文, 2003, 32~34쪽.

崔貞煥, 「고려초기의 政治制度와 3省 6部의 成立 및 變遷」, 76~77쪽.

56) 최정환, 「고려초기의 政治制度와 3省 6部의 成立 및 變遷」, 74~88쪽.
57) 『고려사』 권2, 세가 경종 5년 월미상 및 『고려사』 권92, 열전 최지몽.
58) 최정환, 「고려초기의 政治制度와 3省 6部의 成立 및 變遷」, 85~88쪽.
59) 『고려사』 권1, 세가 태조 원년 6월 신유. ; 『고려사절요』 권1, 태조 원년 6월 신유.
60) 工官御事知都省事朴良柔(『고려사』 권3, 세가 성종 9년 12월).
左丞盧奕(『고려사』 권73, 선거1 과목 선장 성종 2년 12월).
穆宗 원년 改定田柴科에 諸郎中·員外郎이 보이고 있다(『고려사』 권78, 식화1 전제 전시과).
雍熙 四年(성종 6년) … 御事左司員外郎(金龍善 編著, 『高麗墓誌銘集成』, 16쪽, 柳邦憲 墓誌銘).

· 侍郎 · 郞中 · 員外郞으로 구성되어 있다.[61] 국초 내봉성의 令 · 卿 · 內奉監 · 內奉理決 · 評察은 성종 원년에 발족한 御事都省의 知都省事 · 左丞 · 郞中 · 員外郞 등으로 개편되어 갔다. 국초의 행정과 인사 및 司正을 담당한 중요한 관부인 내봉성은[62] 인사에 관한 업무는 御事 6官의 選官에 넘기고, 국초의 兵部 倉部 등의 令 · 卿 · 郞中 · 員外郞을 통폐합하여 성종 원년에 御事 6官의 御事 · 侍郎 · 郞中 · 員外郞으로 개편되어 갔다. 요컨대 성종 원년에 발족한 상층부의 御事都省은 국초의 내봉성과 연관을 가진 것이고, 하층부는 내봉성의 인사 기능을 비롯한 여러 部의 令 · 卿을 통폐합하여 唐의 六典組織을 참작한 御事 6官을 설치하여 제도화시킨 것이라 여겨진다.[63]

〈表3-1〉에서 밝힌 대로 御事 6官을 국초의 6典制와 관련하여 보면, 摩震의 관제에서 『三國史記』 撰者가 (2) 兵部 (3) 大龍部[倉部] (4) 壽春部[禮部] (6) 義刑臺[刑部] (12) 水壇[水部 工曹]이 6典制와 관계가 있는 것으로 附記하고 있으나, 吏部가 보이지 않았다.[64] 태조 원년의 인사이동에서 ④ 兵部 ⑤ 倉部(戶部) ⑥ 義刑臺(刑部) ⑦ 都航司(工部)를 6典制와 비견해 볼 수 있으나, 吏部 · 禮部와 관련된 관서는 보이지 않는다. 전형적인 중국의 6典制가 당시에는 시행되지 않았음을 말해 주는 것이다. 吏部가 摩震의 관제와 태조 및 광종

61) 吏曹 掌文選勳封之政 國初稱選官 有御事 · 侍郎 · 郎中 · 員外郎 成宗十四年改爲尙書吏部(『고려사』 권76, 백관1 상서성). 여기서 '國初'라 칭한 것은 성종 원년이 분명하다. 그 사례로 성종 원년에 崔承老가 行選官御事 (『高麗史』 권93, 列傳 崔承老)에 임명된 것이 이를 뒷받침하여 준다. 성종 원년의 選官이 성종 14년에 尙書吏部로 개편된 것이다.

62) 李泰鎭, 앞의 논문, 9쪽에서 內奉省의 '內奉監', '內奉理決', '評察'이 맡은 업무를 人事를 담당하는 것으로 보았다. 이에 비하여 邊太燮은 「고려초기의 政治制度」, 171쪽에서 內奉省에서 관리의 인사를 관장하였을 것은 물론이지만 그 관원에 監 · 理決 · 評察이 설치된 것으로 보아 이는 內部行政의 감독도 행한 것으로 보았다. 趙仁成, 앞의 논문, 78~83쪽에서 內奉省이 인사 행정 외에 司正 기능까지를 담당한 것으로 보았다.

63) 최정환, 「고려초기의 政治制度와 3省 6部의 성립 및 變遷」, 82~84쪽 및 94~95쪽.

64) 『三國史記』 권50, 열전10 궁예 및 崔貞煥, 「고려초기의 政治制度와 3省 6部의 成立 및 變遷」, 71쪽.

때의 관제에서 보이지 않는 것은 內奉省의 기능과 어떤 관련이 있었을 것으로 여겨진다. 내봉성은 왕명을 받들어 시행하는 실무기관으로 人事와 內部行政을 감독했던 기구로서 이부의 기능까지 맡았기 때문에 그것을 두지 않았던 것이 아닌가 한다. 이러한 吏部와 또한 禮部가 태조 원년 및 광종의 관제에서 보이지 않는 것도 6典制가 당시에 제대로 시행되지 않았음을 말해 주는 것이다. 6部가 제도적으로 성립된 것은 성종 원년(982)이었다.

3. 3省 6部制의 整備와 唐·宋制

성종 원년(982)에 唐制를 수용하여 발족한 내사성과 문하성은 문종 15년(1061)에 내사성을 중서성으로 고쳐 중서성, 문하성, 상서성의 3省制로 정비되었다.[65] 그러나 상서성의 경우는 이와는 좀 달랐다. 尙書省은 성종 원년에 발족한 御事都省과 御事 6官이라는 과도기 체제를 거쳐 성종 14년에 唐制를 수용하여 尙書都省으로 개편되었다가 문종 때 宋制를 참작하여 상서성의 제도가 정비되었다.

국초 내봉성의 기능을 흡수하여 성종 원년에 발족한 '御事都省'의 '都省'은 唐制인 '尙書都省'의 '都省'에서 그 職名을 가져온 것이라 여겨지며,[66] 실제로 경종 즉위년에 金傅를 尙父 都省令에 책봉한 바 있다.[67] '御事 6官'은 唐 '尙書六部'의 6典制에서 유래된 것이라 여겨진다. '御事'라는 職名을 붙인 것은 고려초기에 6典에 관한 기구가 갖추어지지 않고 唐制를 적용하기 곤란한 과도기적인 준비단계에서 唐制를 모방한 고려적인 직제로 御事都省, 御事 6官

---

65) 崔貞煥, 『譯註 『高麗史』 百官志』, 55~61쪽 및 「高麗史 百官志 門下府의 구성과 문제점」, 8~21쪽.

66) 龍朔二年 改尙書都省曰中臺(『신당서』 권46, 백관1 상서성).

67) 『고려사』 권2, 세가 경종 즉위년 10월 및 『三國遺事』 卷2, 金傅大王.

이라 하였을 것으로 여겨진다. 唐制에는 御事都省과 御事 6官이라는 관제가 없다. 御事都省은 성종 원년에 발족할 당시부터 상층조직인 御事都省과 하층 조직인 御事 6官으로 상·하 이원적 구조를 이루고 있었다. 이러한 이원적 구조와 六典組織으로 보면 唐制와 다를 바가 없다. 성종 원년의 御事都省과 御事 6官은 당제의 尙書省과 尙書六部와 명칭만 다르게 붙였을 따름이다. 그러한 면에서 본다면 성종 원년에 발족한 御事都省과 御事 6官도 당제를 수용한 것이라고 할 수 있다. 그러나 성종 원년의 御事都省은 知都省事·左丞·郞中·員外郞으로 구성되어 있고, 唐의 尙書都省은 尙書令·左右僕射·左右丞·郞中·員外郞으로 구성되어 있어[68] 그 구성과 조직에는 차이가 있다. 이러한 唐制는 성종 원년보다 성종 14년의 상서도성의 구성원과 거의 일치한다. 성종 원년에 성립된 御事 6官(御事, 侍郞, 郞中, 員外郞)의 관원구성은 唐制(尙書, 侍郞, 郞中, 員外郞)와는 약간의 차이가 있고, 성종 14년에 개편된 尙書 6部(尙書, 侍郞, 郞中, 員外郞)의 관원구성과는 완전히 일치한다. 이로 보면 성종 14년의 상서도성과 尙書 6部는 唐制의 상서도성과 尙書 6部의 조직과 거의 일치하며, 성종 원년의 御事都省과 御事 6官은 唐制와는 다소간 차이가 있다. 그러므로 성종 14년의 尙書都省과 尙書 6部는 唐制를 따른 것이라 할 수 있고, 성종 원년에 발족한 御事都省과 御事 6官은 당제를 수용하기 위한 과도기적인 준비단계의 직제라 할 수 있다.

成宗 元年(982)의 御事都省을 성종 14년(995)에 尙書都省으로 고친 것은 唐의 관직명을 그대로 수용한 것이다. 성종 14년의 상서도성을 문종 때 상서성으로 고친 것은 당제의 상서성을 따른 것인지, 宋制의 상서성을 참작한 것인지 분명하지는 않다. 成宗 元年(982)에 설치한 御事都省을 성종 14년(995)에 尙書都省으로 개편한 것이 唐制를 수용한 것이라고 할 수 있는 것은,

68) 『구당서』 권43, 직관2 상서도성.

尙書都省이라는 명칭 그 자체가 당에서 가져온 것이기 때문이다. 당의 尙書都省은 尙書令 1員, 左·右僕射 各 1員, 左·右丞 각 1員, 左右司郎中 각 1員, 左右司員外郎 각 1員으로 구성되어 있다. 이것은 성종 14년에 개편된 고려의 尙書都省의 관원 구성과 거의 일치하므로 唐制를 수용한 것이 틀림없는 것이다. 성종 원년에 제정된 어사도성의 관원 구성에 대해서 기록은 없지만 그 사례로 보아 令·知都省事·左丞·郎中·員外郎 등으로 구성되어 있었던 것으로 여겨진다. 그런데 성종 14년에 개편된 상서도성의 관원 구성을 보면 左·右僕射, 左·右丞, 左·右司郎中, 左·右司員外郎, 都事 등으로 唐制와 거의 비슷하다. 이것은 성종 원년의 御事都省의 관원 구성과는 차이가 있고, 이후 문종 때 宋制를 참작하여 정비된 尙書省의 관원 구성과는 거의 일치한다. 또한 성종 14년에 개편된 상서도성은 이후 현종 대에 또 다른 새로운 개편이 이루어진 것으로 보아 당제가 그대로 문종 때 정비된 관제에 반영된 것이 아니었음을 알 수 있다. 그러한 면에서 본다면, 문종 때 정비된 『고려사』 백관지 상서성조에 표제어로 상서도성이라 하지 않고 상서성으로 나타나 있는 것은 송제를 참작하여 상서성이라 한 것으로 보는 것이 옳을 것 같다.

고려에는 일찍부터 송의 관제에 대해서 잘 알려져 있었다. 광종 13년에는 광평시랑 李興祐 등이 宋에 파견된 바 있고,[69] 광종 16년에 大丞 內奉令 王輅를 宋에 보내어 方物을 바치니 황제가 왕로에게 尙書左僕射를 제수하였다고 한다.[70] 그리고 광종 23년 8월에 宋에 파견된 使行 가운데 正使인 내의시랑 徐熙은 宋의 檢校兵部尙書를, 副使 내봉경 崔業은 檢校司農卿兼御史大夫를, 判官 광평시랑 康禮은 檢校小府少監을, 錄事 광평원외랑 劉隱은 檢校尙書金部郎中을 除授받은 바가 있다.[71] 이들 使行들이 송으로부터 받은 관직을 통해

69) 『고려사』 권2, 세가 광종 13년.
70) 『고려사절요』 권2, 광종 16년 2월.
71) 『고려사』 권2, 세가 광종 23년 8월.

서 보면 당시, 고려에는 宋의 職制에 대해 잘 알려져 있었다고 여겨진다. 성종 2년(983) 3월에는 송나라에서 大中大夫 光祿少卿 李巨原과 朝議大夫 將作少監 孔維를 보내와 왕을 책봉하고 조서를 내리면서 특별히 성종을 光祿大夫 檢校太保 使持節玄菟州諸軍事 玄菟州都督充大順軍使上柱國으로 봉하여 식읍 2,000호를 내리고 고려 국왕으로 책봉한 것은[72] 그러한 사실을 뒷받침하여 준다. 실제로 성종 10년에 병관시랑 韓彦恭이 송에 사신으로 갔다가 돌아와 송의 樞密院을 본떠서 처음으로 中樞院을 설치하였다.[73] 성종 대에는 宋制가 고려에 수용되고 있었음을 보여주는 것이다.

송나라는 唐制를 바탕으로 송의 실정에 맞게 제도를 정비하고, 고려에서는 "法唐體宋"이라 하여 唐制를 바탕으로 宋制를 참작하여 제도를 정비하였다. 고려는 성종 원년부터 唐制를 수용하기 시작하여 현종 대에 약간의 개편을 거쳐 문종 때 여러 문물제도가 거의 정비되었다. 문종 때 정비된 고려의 상서성 관원 가운데 知都省事를 제외하면 宋의 상서성 구성원과 완전히 일치한다.[74] 그리고 唐制를 수용한 성종 14년의 尙書都省과 尙書 6部는 현종 대에 약간의 개편을 거쳐 唐制를 바탕으로 宋制를 참작하여 문종 때 상서성 제도가 정비되었다.

성종 14년에 唐制를 수용하여 개편한 尙書都省과 尙書 6部는 이후 顯宗朝에 접어들면서, 이전에 보이지 않던 관직들이 새로이 등장하는 것이 주목된다. 현종 때 등장하는 상서도성의 尙書令에 임명된 최초의 사례는 현종의 아들 王緖(尙書令, 현종 18년 5월)이고, 6部의 判事에 임명된 최초의 사례는 崔士威(判尙書吏部事, 현종 12년 12월)이다. 이러한 사례는 성종 14년에 唐制를 수용하여 상서도성으로 개편한 이후에 아직도 尙書省의 制度가 제대로

72) 『고려사』 권3, 세가 성종 2년 3월.
73) 『고려사』 권76, 백관1 밀직사.
74) 『송사』 권161, 직관1 상서성.

갖추어지지 못한 사정을 반영하는 것이며, 그러한 사정은 尙書 6部에서도 마찬가지였다. 『고려사』 권76, 백관지에서는 성종 14년에 개편된 이후 현종 2년에 병부, 호부, 예부, 공부 등에 또 다른 개편이 이루어지고 있다. 戶部에서 "後並罷", 공부에서 "後廢"라 한 시기도 현종 2년의 사실로 여겨진다.[75] 이러한 사실은 성종 14년에 唐制를 수용하여 개편된 尙書都省과 尙書 6部에 이후 현종 대에 또 다른 개편이 이루졌음을 말해 주고 있다.

상서성의 知都省事 朴良柔가 성종 9년 12월에 工官御事知都省事에 임명된 사례가 있어[76] 주목이 된다. 尙書 6部의 判事와 知部事는 현종 12년부터 그 사례가 나타나기 시작하고[77] 그 이전에는 보이지 않는다. 이로 보아 判事와 知部事는 현종 대부터 임명되기 시작하여 문종 때 정비된 것이라 여겨진다. 즉, 성종 14년에 唐制를 수용하여 제도를 개편한 이후 현종 대에 접어들어 병부, 호부, 예부, 공부 등 6部의 屬官들에 대한 개편과 더불어 判事, 知部事, 尙書令 등이 새로이 등장하여, 그것이 제도적으로 정비되는 것은 문종 때라 할 수 있다.

그리고 백관지에 "文宗定"이라고 한 그 시기는 문종 15년(1061)이라 여겨진다. 內史令(內史省)을 宋制에 의거하여 문종 15년에 中書令(中書省)으로 고친 시기와 때를 같이 하여 尙書都省의 상서령을 尙書省의 尙書令이라 하였을 것으로 여겨진다. 尙書 6部 또한 백관지에는 "文宗定"이라고 기술되어 있는데, 이것 역시 문종 15년의 사실이라 여겨진다. 요컨대 고려의 3省 6部는

---

75) 兵曹 … 成宗十四年 改兵官爲尙書兵部 仍改庫曹爲尙書庫部 顯宗二年罷庫部.
戶曹 … 成宗十四年 改爲尙書戶部 仍改司度爲尙書度支 金曹爲尙書金部 倉曹爲尙書倉部 後並罷屬官.
禮曹 … 成宗十四年 改禮官爲尙書禮部 仍改祠曹爲尙書祠部 顯宗二年罷祠部.
工曹 … 成宗十四年 改工官爲尙書工部 仍改虞曹爲尙書虞部 水曹爲尙書水部 後廢虞水部.

76) 朴良柔工官御事知都省事(『고려사』 권3, 세가 성종 9년 12월).

77) 崔士威判吏部事(『고려사』 권4, 세가 현종 12년 12월).
徐訥爲國子祭酒知吏部事(『고려사』 권4, 세가 현종 12년 3월).

국초의 광평성, 내봉성, 내의성, 徇軍部, 兵部, 倉部 등 여러 관부를 통폐합하여, 唐制를 바탕으로 宋制를 참작하여 성종 원년에 3省(내사성, 문하성, 어사도성)과 御事 6官 → 성종 14년에 3省(내사성, 문하성, 상서도성)과 尙書 6部 → 문종 때(문종 15년)에 3省(중서성, 문하성, 상서성)과 尙書 6部로 정비되었다.

고려의 3省 6部는 唐制를 바탕으로 宋制를 참작하여 문종 15년에 정비되었다. 『新唐書』에는 백관지1에 宰相之職 아래 尙書省과 6部를 넣고, 백관지2에서 門下省, 弘文館, 中書省 순으로 설정하고 있다. 그런데 『宋史』에는 宰執(宰相之職) 아래 門下省, 中書省, 尙書省 순으로 3省을 설정하고 있다. 唐制에 尙書令·侍中·中書令이 정2품인 데 비하여 宋나라에서는 모두 종1품으로 하여 고려의 품계와 같다. 唐의 6部는 左·右司로 구분되어 있는 데 비하여 宋은 상서성 아래 6部가 예속되어 있다.[78] 唐의 상서성 조직은 중앙에 위치한 都堂을 중심으로 左·右司로 나뉘어, 그 중 좌사는 도당의 동편에 있는 이부·호부·예부를 통할하고 우사는 서편에 있는 병부·형부·공부를 통할하도록 되어 있었다. 그러나 고려의 尙書 6部는 唐과 달리 都省의 동편과 서편에 정렬되어 있지 않았고, 또 그들이 직접적으로 도성의 통할을 받은 것도 아니었다. 이처럼 체계는 달랐지만 조직은 유사하여 左司에 左丞·左司郎中·左司員外郎이, 右司에는 右丞·右司郎中·右司員外郎이 설치되어 있다. 문종 때 정비된 尙書 6部는 唐制와는 분명히 달랐고, 宋制를 참작한 것임을 유념할 필요가 있다.

宋의 3省 6部는 唐制와는 달리 고려의 3省 6部와 유사한 점이 있다. 문종 때 정비된 고려의 3省은 唐制를 그대로 수용한 것이 아님을 알 수 있다. 그렇

78) 尙書省 掌施行制命 … 曰吏部 曰戶部 曰禮部 曰兵部 曰刑部 曰工部 皆隸焉(『송사』 권161, 직관1 상서성).

다면 고려의 3省 6部은 宋制를 수용하였거나 아니면 唐制를 바탕으로 고려의 실정에 맞게끔 독자적으로 개편하여 정비된 것으로 볼 수밖에 없다. 宋의 元豊(1078) 新官制는 이전과는 달리 唐代의 3省 6部 조직으로 복원하여 3省에 시중, 중서령, 상서령을 두었다. 그러나 상서령을 除授하지 않고, 尙書省의 左僕射가 門下侍郎을 겸하여 시중의 직임을 맡고, 右僕射가 중서시랑을 겸하여 중서령직을 맡아 상서성의 左·右僕射가 실제적인 宰相이 되어 3省體制를 운영하였다.[79] 左·右僕射가 고려에서는 宋制와 같이 실질적인 큰 역할을 하지 못한 차이점이 있다. 그러나 고려에서도 상서령, 중서령의 除授를 극히 제한하고 적임자가 없으면 자리를 비워 두는 것은 宋制와 서로 유사한 점이 있다. 이러한 사실과 3省 장관의 품계(종1품) 및 3省 6部의 편제방식에 있어서는 고려의 3省 6部制가 宋制에 영향을 받은 것을 부정할 수는 없을 것 같다. 다 같은 平章事라도 성종 초에는 내사시랑평장사가 상위직이었으나, 문종관제에서는 문하시랑평장사가 상위직으로 바뀌고 있어 새로운 개편이 이루어졌음이 분명하다. 內史省을 문종 15년에 中書省으로 고친 것이 唐制에 의거한 것이 아니라 宋制를 참작한 것으로 보는 이유는 바로 이러한 차이점이 있기 때문이다. 다시 말하여, 唐制를 바탕으로 宋制를 참용하면서 고려의 독자적 요소를 반영하여 문종 15년에 정비된 것이라 여겨진다.

성종 14년을 전후하여 재신의 구성과 운영 면에서도 몇 가지 새로운 변화가 일어나고 있다. 첫째로 주목되는 변화는 성종 14년에 內史侍郎平章事로 졸한 후 내사령을 追贈받은 최량의 사례를 마지막으로 문하평장사가 상위직

---

79) 『宋史』 권161, 職官1 宰執 宰相之職.
和田 清 編著, 『支那官制發達史』, 汲古書院, 1942, 185쪽.
宮崎市定, 「宋代官制序說」, 佐伯富編, 『宋史職官志索引』, 東洋史硏究會, 1963, 18쪽.
申採湜, 『宋代官僚制硏究』, 三英社, 1981, 125쪽.
崔貞煥, 「고려초기의 政治制度와 3省 6部의 성립 및 變遷」, 100~101쪽.

으로 되고 내사시랑평장사가 하위직이 되는 변화가 일어났고,[80] 그와 더불어 문하시중이 宰府의 최고직으로 首相이 되고 평장사는 그 亞相으로 되었다는 것이다.

둘째, 종1품 내사령은 설립 당시에 실무직으로 출발하였으나, 성종 14년에 太保 內史令에 보임한 서희의 사례를 마지막으로 이후부터 주로 문하시중을 지낸 사람에게 실직, 가직, 치사직, 추증직 등으로 제수하는 변화가 일어나고, 종친에 대한 대우직으로는 현종 대부터 그 제수 사례가 나타나고 있다.[81] 중서령은 '人臣之極'이라 하여 그 除授를 극히 제한하고, 문하시중을 역임한 사람들에게 제수하는 최고의 영예직으로 되었다. 상서령 또한 일반 臣僚에게 그 除授를 극히 제한시키고, 封爵과 더불어 宗親에 대한 대우직으로 운영하였고,[82] 문하시중이 首相 즉 '冢宰'가 되어 주로 판이부사를 겸직하였던 것이다.

셋째, 정2품 평장사(4평장사)는 성종 12년 內史侍郎兼民官御事 同內史門

---

80) 성종의 師友였던 崔亮은 左散騎常侍·參知政事兼司衛卿이 되어 병으로써 관직에서 물러났다가 성종 12년 10월에 복직하여 문하시랑이 된 후 內史侍郎兼民官御事 同內史門下平章事 監修國史로 遷拜하였다가 성종 14년 4월에 內史侍郎平章事로 졸한 후 뒤에 내사령을 追贈받았다. (『고려사』 권3, 세가 성종 12년 10월.;『고려사절요』 권2, 성종 12년 10월.;『고려사』 권93, 열전 최량) 그런데 목종 9년에 내사시랑평장사였던 柳邦憲이 현종 즉위년 3월에 문하시랑평장사로 승진한 예에서 보여 주는 바와 같이, 목종 대부터 문하시랑평장사가 내사시랑평장사보다 상위직인 사례가 나타나고 있다. (金龍善 編著, 『高麗墓誌銘集成』, 17쪽.;『고려사』권4, 세가 현종 즉위년 3월) 이러한 사실이 성종 14년을 전후하여 내사성과 문하성의 관직운영에 새로운 변화가 일어난 것을 뒷받침하여 준다.

81) 고려시대 성종 원년(982)으로부터 충렬왕 원년(1275) 이전까지 일반 臣僚로서 중서령(내사령)에 除授된 사례는 16명(실직 11명, 가직 5명), 추증직 25명(합계 41명), 종실 8명 모두 49명의 사례 중에서 찾을 수 있다.
崔貞煥, 「고려전기 中書門下省 中書令職의 運營實態」, 『韓國中世社會의 諸問題』, 韓國中世史學會, 2001, 148~168쪽.
崔貞煥, 『譯註『高麗史』百官志』, 38~40쪽 및 119~120쪽.
朴龍雲, 『고려시대 中書門下省宰臣 연구』, 17~34쪽.

82) 崔貞煥, 「高麗時代 封爵制의 成立過程과 整備」, 『한국중세사연구』 14, 2003, 243~244쪽.
崔貞煥, 『譯註『高麗史』百官志』, 163쪽.
朴龍雲, 『高麗時代 尙書省 硏究』, 16~60쪽.

下平章事 최량의 사례에서 보여 주는 바와 같이 6部尙書나 僕射 등의 他官이 평장사에 임명되는 사례가 거의 없어졌다. 일부 그런 사례가 있으나, 이는 일반적인 현상이 아니었다. 평장사를 他官으로서 임명하는 그러한 사례는 없어지고, 평장사는 모두 宰相(亞相)으로 尙書 6部의 판사를 겸직하였다.

넷째, 종2품의 참지정사, 정당문학, 지문하성사는 시중과 평장사와는 달리 僕射, 6부상서 등의 실직을 지냈거나 혹은 그 직을 지니고, 참지정사, 정당문학, 지문하성사의 재상이 되어 재신으로서 겸직할 수 있는 尙書 6部 등의 판사를 겸직하여 唐·宋制와는 좀 다르게 재상제도를 운영하였다. 지문하성사는 唐制에 일시적으로 보이나 정당문학은 당·송제에서 찾아볼 수 없는 재상직이다.

성종 14년을 전후한 재상직 운영의 새로운 변화는, 內史省을 문종 15년에 中書省으로 고친 것이 唐制에 의거한 것이 아니라 宋制를 참작하여 고려에서 독자적으로 정비한 것으로 볼 수 있게 하는 또 하나의 이유이다. 고려의 宰相제도 역시 唐·宋制와는 차이가 있었다. 唐 초기에는 중서령, 문하시중, 상서령이 함께 國政을 의논하여 이를 宰相이라 하였다. 재상은 天子를 보좌하고 백관을 總領하며 萬事를 다스렸다. 후에 당 태종이 일찍이 상서령이었으므로 신하들이 이를 피하여 감히 그 직에 있을 수 없다고 하여, 僕射가 상서성의 장관이 되어 시중, 중서령과 더불어 宰相이라 칭하였다.[83] 唐 太宗 때 杜淹이 吏部尚書參議朝政, 魏徵이 祕書監參預朝政된 이후 參預朝政은 "參議得失", "參知政事"와 같은 유형으로 모두 宰相職이라 하였다.[84] 貞觀 8년(634)에 중

83) 宰相之職 佐天子總百官 治萬事 其任重矣 … 初唐因隋制 以三省之長中書令·侍中·尚書令共議國政 此宰相職也 其後以太宗嘗為尚書令 臣下避不敢居其職 由是僕射為尚書省長官 與侍中·中書令號為宰相(『신당서』 권46, 백관1 宰相之職).

84) 自太宗時 杜淹以吏部尚書參議朝政 魏徵以祕書監參預朝政 其後或曰 參議得失參知政事之類 其名非一 皆宰相職也(『신당서』 권46, 백관1 宰相之職).

서령(백관지에는 僕射로 되어 있음) 李靖이 질병으로 사임하자, 조서를 내려 질병이 조금 좋아지면 2·3일에 한번 中書門下에 이르러 사무를 처리하도록 하였다. 그리하여 "平章事"라는 이름은 여기서 시작되었다.[85] 宋은 唐制를 답습하여 中書門下平章事(同平章事)를 재상이라 하고,[86] 副宰相을 參知政事라 하였고, 특수하게 平章軍國重事와 使相도 재상이라 하였다.[87] 이러한 재상들이 政事를 의논하고 사무를 처리하는 곳을 정사당이라 하였다. 이로 보면 고려의 재상제도 또한 그 구성과 운영에 있어서 唐·宋制와는 달랐음을 알 수 있다. 唐制를 그대로 수용하여 정비된 것이 아니고 또한 宋制를 그대로 수용하여 정비된 것도 아니었다. 다시 말하여 唐制를 바탕으로 宋制를 참용하면서 고려의 독자적 요소를 반영하여 문종 15년에 정비된 것이라 여겨진다.

문종 15년에 중서성의 개편과 때를 같이 하여 尙書都省을 尙書省이라 하였을 것이라고 추측한 이유도 唐制와 宋制 사이에 차이점이 있기 때문이다. 이것은 단순한 추측이 아니라 『고려사』 백관지 상서성조에 성종 14년 개편할 당시에는 상서도성이라 표기되어 있지만, 이후 문종 대의 사실을 반영하는 表題語에는 상서성으로 나타나 있다. 상서도성의 상서령도 내사령을 중서령으로 고친 시기와 때를 같이하여 문종 15년에 정비된 것으로 여겨진다. 內史令에 임명된 최초의 인물은 성종 원년의 崔知夢(左執政·守內史令)이고, 宗室로서 최초로 內史令이 된 사람은 현종 11년의 王欽(현종 11년 4월)이다. 이러한 사례를 시발로 하여 현종 대에 점진적으로 내사령을 除授하다가 문종 15년 6월에 內史令을 中書令이라 고쳤다.[88] 그러나 백관지에는 "文宗改中書令一人秩從一品"이라고 하여 막연하게 문종 때 개편된 것으로 나타나 있다. 尙書令

85) 『신당서』 권46, 백관1 宰相之職.

86) 宋承唐制 以同平章事為真相之任(『宋史』 권161, 직관1 宰相之職).

87) 鄧小南, 「"祖宗之法"與官僚政治制度 - 宋」, 吳宗國 主編, 『中國古代官僚政治制度研究』, 北京大學出判部 2004, 243쪽.

88) 己卯 以弟內史令基 改爲中書令 其餘嘗爲內史者 皆改中書(『고려사』 권8, 세가 문종 15년 6월).

또한 현종 때 등장하며, 상서도성의 상서령에 임명된 최초의 사람은 王緒(현종 18년 5월)이다. 이로부터 점진적으로 상서령에 임명되는 사례가 보이면서 백관지에는 "文宗定尙書令一人 秩從一品"이라 하여 상서령 제도가 문종 때 정해진 것으로 나타나 있다. 여기서 "文宗定"이라 한 시기는 문종 15년이라 여겨지며, 중서령과 상서령은 다 같이 문종 15년에 정비된 것으로 이해된다. 그 이전부터 임명되는 사례가 보이지만, 이때에 와서 그 정원과 품질이 정해지면서 제도화된 것이라 여겨진다. 문종 15년에는 중서성, 상서성뿐만 아니라 문하성의 품질과 정원도 정해지고, 이를 바탕으로 하여 문종 30년에는 田柴科가 최종적으로 완비되고 녹봉제가 정비되었던 것이다.

고려의 녹봉제는 文武班祿을 비롯한 대부분의 祿俸制가 唐制보다는 宋制를 바탕으로 하여 문종 30년에 정비되었다.[89] 문종 30년에 정비된 文武班祿에 중서령, 상서령, 문하시중이 나란히 400석으로 규정되어 있다. 이것은 최소한 문종 30년 이전 어느 시기에 상서령을 비롯한 제도가 정비된 것임을 알려준다. 이러한 사실 역시 간접적으로나마 문종 30년 이전에 내사령을 중서령으로 개편한 문종 15년에 때를 같이하여 尙書省 제도가 정비된 것으로 볼 수 있게 하는 것이다. 상서령은 문종 30년에 정비된 文武班祿에는 400석으로 규정되어 있지만, 宗室祿에는 350석으로 나타나 있다.[90] 이후 개정된 仁宗祿制에서 중서령 문하시중은 종전대로 400석으로 규정되어 있지만, 상서령은 문무반록에서 빠지고 宗室祿에만 350석으로 규정되어 있다. 이러한 사실은 일반 臣僚에 대한 상서령 제수를 금지하고, 仁宗朝부터는 종친에 대한 대우로 350석을 받도록 제도가 바뀐 것으로 볼 수 있다. 그러나 실제로 일반 신료에

89) 崔貞煥, 「高麗 祿俸制의 整備와 運營 및 그 性格」, 『高麗 · 朝鮮時代 祿俸制 硏究』, 慶北大學校出版部, 1991.
崔貞煥, 『譯註 『高麗史』 百官志』, 61~70쪽.

90) 『고려사』 권80, 식화3 녹봉 문무반록 및 종실록.

대한 중서령과 상서령 제수는 극히 제한시키고, 追贈職이나 주로 종실에 대한 대우직으로 활용하였다.[91]

문종 30년에 제정된 更定田柴科에 중서령, 상서령, 문하시중이 나란히 田 100결, 柴 50결로 규정되어 있고,[92] 역시 문종 30년 정비된 文武班祿에 중서령, 상서령, 문하시중이 다 같이 400石을 받게 되어 있다. 또한『고려사』 선거지 명종 20년 판문에 中書令, 門下侍中, 尙書令의 儀從의 丘史 수가 나란히 22명으로 규정되어 있다.[93] 백관지의 문종 때 정해진 관제에는 중서령, 문하시중, 상서령이 나란히 종1품이라 명시하고,『高麗圖經』에 중서성, 문하성, 상서성의 건물이 별도로 병립되어 있었다고 하여 모두 3省制를 말하고 있다. 요컨대, 3省制는 문종 15년에 唐制를 바탕으로 宋制를 참작하여 고려의 실정에 맞게끔 독자적으로 정비되었다.

V. 맺음말

지금까지 고려전기 중앙관제의 2省制說과 3省制說에 대한 문제점을 살펴보고,『고려사』 백관지의 문제점과 그 오류를 검토하여 3省制의 성립과 정비과정을 살펴보았다. 그 결과를 요약하여 맺음말을 대신하고자 한다.

고려 건국 초기에는 신라와 태봉의 제도를 참용하여 통치기구를 갖추기 시작하였다. 국초의 여러 관부 가운데 이후 3省制의 성립과 연관을 가지는 것은 廣評省, 內議省, 內奉省이다. 성종 원년(982)에 발족한 3省은 문하성, 내사성, 어사도성이었다.

91) 崔貞煥,「高麗 祿俸制의 運營實態와 그 性格」.
92)『고려사』 권78, 식화1 전제 전시과.
93)『高麗史』 권72, 輿服志 鹵簿 百官儀從 明宗 20年判.

광평성은 국초 백관을 총령하던 서열 제1위의 광평시중이 광종의 개혁정치로 지위가 格下되면서 서열 3位로 밀린 적이 있었으나, 그 기능은 이후 과도기의 諸軍事 → 執政制로 이어지면서 경종 원년의 左·右執政兼內史令制로 개편되었다가 성종 원년에 唐制를 수용하여 문하성의 시중으로 그 기능이 흡수되면서 문하성으로 제도화되었다.

내사성은 국초 내의성을 개편하여 내사성이 된 것이 아니라 그 기능을 이어 唐制를 수용하여 제도화된 것이다. 태조 13년 이전의 어느 시기에 설립된 내의성이 광종의 개혁정치로 내의령은 서열 제1위로 올랐고, 內史·諸軍事·內議令 → 左·右執政兼內史令制로 이어지면서 성종 원년에 唐制를 수용한 내사성으로 개편하여 제도적으로 성립이 되었다.

국초의 행정과 인사 및 司正을 담당한 중요한 관부인 내봉성은 인사에 관한 업무는 御事 6官의 選官에 넘기고, 兵部, 倉部 등의 令·卿·郎中·員外郎을 통폐합하여 성종 원년에 御事都省과 御事 6官으로 발족하였다. 성종 원년에 발족한 御事都省과 6官은 조직 면에서는 唐制를 따른 것이라 할 수 있으나, 그 관원 구성에는 唐制와 차이가 있었다. 그러한 점에서 이 제도는 당제를 수용하기 위한 과도기적인 준비단계의 직제라 할 수 있다.

성종 원년에 발족한 內史省, 門下省, 御事都省의 3省은 이후 성종 14년(995)에 內史省, 門下省, 尙書都省으로 개편되었다. 성종 14년에 唐制를 수용하여 개편한 尙書都省과 尙書6部는 이후 현종 대에 또 다른 개편이 이루어졌다. 문종 15년에는 宋制를 참작하여 고려적인 尙書省과 6部制가 정비되었다. 성종 원년에 唐制를 수용하여 발족한 내사성과 문하성은 성종 14년을 전후하여 관원구성과 관직운영에 새로운 변화가 일어났다. 이러한 변화는 이전의 唐制에 바탕을 둔 제도가 그대로 고려에 수용된 것이 아니었음을 말해주는 것이다. 문종 15년에 정비된 고려의 3省 6部는 唐制를 바탕으로 宋制를 참작하여 고려의 실정에 맞게끔 독자적으로 정비되었다. 문종 15년에 정비된 3省은 中書省, 門下省, 尙書省이다.

문종 15년(1061)에는 내사성을 중서성으로 고쳐 중서성, 문하성, 상서성의 3省制가 정비되었다. 그러나 『고려사』 백관지 문하부조에는 이와는 달리 성종 원년의 '내사문하성'을 문종 15년에 '중서문하성'으로 개편한 것으로 기록되어 있다. 그 당시에 단일기구인 '내사문하성'을 '중서문하성'으로 개편한 것인지, 분리된 '내사·문하성'을 '중서·문하성'으로 고친 것인지 분명하지 않다. 만약에 전자의 경우라면 그것은 『고려사』 찬자의 오류라 여겨진다. 문종 15년 6월에 내사성을 중서성으로 고친 것이지, '내사문하성'을 '중서문하성'으로 고친 것이 아닌 것이다. 실제로 성종 원년에 발족한 문하성은 충렬왕 원년(1275)에 중서성, 문하성, 상서성의 3省을 병합하여 僉議府로 개편할 때까지 한 번도 개편된 적이 없었다. 백관지에 국초의 內議省을 성종 원년에 '내사문하성'으로 개편하였다고 한 것은 撰者의 오류였다. 또한 『고려사』 撰者는 상서성(어사도성)의 전신으로 광평성을 지목하여 오류를 범하였다. 이러한 여러 오류를 바로잡아 보면, 고려의 중앙관제는 2省 6部가 아니라 3省 6部라는 것을 확인할 수 있게 될 것이다.

그리고 3省 6部制의 바탕 위에서 고려 宰相職(宰執)의 운영 실태와 겸직관계를 이후의 변천과정과 관련하여 자세히 더 검토해 본다면, 고려전기의 중앙관제가 3省 6部制였음을 입증할 수 있는 근거를 더 찾을 수 있다. 특히 宰臣들이 政事를 의논하고 처리하는 곳인 政事堂의 구성원과 운영 실태를 唐·宋의 宰相制度와 비교하여 검토하는 것은 고려의 3省制를 이해하는 데 더 많은 도움을 줄 수 있다. 이러한 연구가, 고려의 중앙관제가 2省 6部가 아니라 3省 6部制였음을 입증하는 데 조그마한 보탬이 되었으면 한다.

제4장 | 高麗 宰相制度와 政事堂

Ⅰ. 머리말

필자는 오래전부터 고려 중앙관제의 2省 6部制說에 대해서 의문을 품어 온 연구자 가운데 한 사람이다.[1] 오늘날 우리 학계에서는 中書門下省을 단일기구로 보아 고려전기의 중앙관제는 3省 6部가 아니라 2省 6部라고 하고 이것이 정설로 되어 있다. 그동안 3省制에 대한 연구가 없었던 것은 아니었지만,[2] 2省制가 정설로 통용되게 된 근본적인 원인은 『고려사』 撰者들이 門下府와 상서성條에서 3省에 관한 연혁을 잘못 기록하였기 때문이다. 『고려사』 백관지 문하부조의 기록은 최후로 개편된 문하부를 기준으로 判門下(중서령)로부터 門下錄事·門下注書에 이르기까지 품계의 순서에 따라 여러 관직을 '中書門下省'(內史門下省)이라는 단일기구 안에 일괄적으로 정리해 놓았다. 이것은 '中書門下省'을 단일기구로 본 撰者의 잘못이라고 한때 파악하였다. 그러나 만약에 『고려사』 撰者가 '中書門下省'을 단일기구로 보지 않고, 분리된 기구인 중서성과 문하성의 합성어로 '中書·門下省'이라 하였다면 그것은

---

1) 崔貞煥, 「高麗 中書門下省의 祿俸規定」, 『韓國史研究』 50·51, 1985. ; 『高麗·朝鮮時代 祿俸制研究』, 경북대학교출판부, 1991.

2) 李貞薰, 「고려전기 3省制와 政事堂」, 『韓國史研究』 104, 1999. ; 『고려전기 政治制度 研究』, 혜안, 2007.

撰者의 오류가 아니었음을 새로이 깨닫게 되었다.

중서문하성은 중서성과 문하성으로 분리된 기구라는 것을 다각적으로 검토하여 그것이 단일기구가 아니었음을 입증할 수 있는 논거를 제시한 연구가 있고,[3] 국초의 여러 관부 가운데 이후 성종 원년에 발족한 內史省, 門下省, 御事都省의 3省制와 연관을 가지는 것은 內議省, 廣評省, 內奉省이라고 밝힌 연구도 나와 있다.[4]

그러나 '중서문하성'이 단일기구라는 학계의 정설과, 중서성과 문하성을 합쳐 '중서문하성'이라는 단일기구 안에서 중서성과 문하성이 구별된다는 2省制說의 논거로 제시하는 견해를 비롯하여, 3省制가 정설로 정립되기 위해서는 심층적으로 더 검토되어야 할 많은 문제들이 남아 있다. 이를 해명하기 위해서 2省制說과 3省制說에 대한 문제점을 재고찰한 연구도 나와 있다.[5]

본 장에서는 3省制의 바탕 위에 고려 宰相制度가 어떻게 운영된 것인지를 政事堂과 관련하여 고찰해 보고자 하였다. 이러한 考究作業을 위해 고려 宰相制度의 성립과정을 唐·宋制와 비교 검토하여 中書省과 政事堂의 실체를 밝혀 보고자 하였다.

고려전기 政事를 처리하는 중심이 된 기구는 中書省이었다. 중서성 회의에는 중서성과 문하성 소속의 宰臣과 省郎, 그리고 이에 속하지 않은 樞臣과 承宣들도 참석할 수 있고, 정사당에는 宰臣들만 참석하여 政事의 중심 기관이 되어 있었다. 고려시대 5宰는 門下侍中, 平章事, 參知政事, 政堂文學, 知門下省事였다. 이들 宰臣들 가운데는 중서성과 문하성에 소속된 재신도 있었지만, 兩省의 어느 省에도 소속되지 않은 참지정사와 정당문학을 포함해서 5宰로 宰府를 구성하였다. 이들이 政事를 의논하고 처리하는 곳을 政事堂이라 하였

3) 崔貞煥, 『譯註 『高麗史』 百官志 - 『高麗史』 百官志의 硏究 - 』, 京仁文化社, 2006.
4) 崔貞煥, 「고려초기의 政治制度와 3省 6部의 成立 및 變遷」, 『歷史學報』 192호, 2006.
5) 崔貞煥, 「고려전기 3省 6部制에 대한 재고찰」, 『한국중세사연구』 24, 2008.

다. 그러나 고려후기 충렬왕 원년에 3省을 통합 혁파하여 僉議府로 개편하면서부터 宰相職의 운영에 새로운 변화가 일어났다. 이러한 考究作業을 통해서, 학계에서 논란이 되고 있는 '중서문하성'이 단일기구가 아니었음을 밝힐 수가 있으리라 여겨졌다. 이 연구가, '중서문하성'이 단일기구가 아님을 입증하여 고려의 중앙관제가 2省 6部가 아니라 3省 6部制였음을 밝히는 데 조그마한 보탬이 되었으면 한다.

Ⅱ. 宰相制度의 성립과정

성종 원년(982)에 左執政·守內史令을 제수받아 신설된 내사성의 수내사령에 최초로 취임한 인물은 崔知夢이다.[6] 최지몽은 성종 3년에 이미 78세의 고령으로 이후 여러 차례 致仕를 청하였지만 왕은 朝參을 제외시켜 주면서까지 內史房에서 視事토록 조처하였고, 그 후 그는 성종 6년에 내사령으로 卒하였다.[7] 執政은 이에 임명된 최지몽의 사례로 보아 政事를 執行한 수상격에 해당하는 과도기 체제의 직제로 국초의 廣評侍中의 기능과 같았을 것으로 여겨진다.[8] 崔知夢에 이어 성종 2년에 李夢游가 左執政이[9] 된 사례를 마지막으로 과도기 체제의 執政制가 사라지고, 새로이 唐制를 수용한 內史令과 門下侍中을 임명하면서 고려의 宰相制度가 성립되기 시작하였다.

성종 6년에 내사령 최지몽이 卒한 후, 다음 해인 성종 7년에 門下守侍中을 제수받은 사람은 崔承老이다.[10] 최승로는 성종 2년 정월에는 門下侍郎平章事

6) 『고려사』 권92, 열전 최지몽. ; 『고려사절요』 권2, 성종 6년 3월.
7) 『고려사』 권92, 열전 최지몽. ; 『고려사절요』 권2, 성종 6년 3월.
8) 崔貞煥, 「고려초기의 政治制度와 3省 6部의 成立 및 變遷」, 『歷史學報』 129, 2006, 86~87쪽.
9) (成宗二年) 二月 正匡崔承老 左執政李夢游 兵官御事劉彦儒 左丞盧奕 … (『고려사』 권73, 선거1 과목 선장).

를[11] 역임한 후 성종 7년에 門下守侍中을 제수받았고, 성종 8년에 졸한 후 덕종 2년에 大匡 내사령을 追贈받았다.[12] 徐熙는 광종 23년에 내의시랑을 역임한 이후 성종 2년 5월에 兵官御事을 거쳐 동왕 12년 10월에 內史侍郎이 되었고, 이어서 동왕 13년 8월 平章事로 전임한[13] 후 太保 내사령이 되어, 질병으로 侍朝를 할 수 없게 되자 致仕祿을 받은 후 목종 원년(995) 졸하였다.[14] 이와 같이 내사령, 문하시중, 문하시랑평장사, 내사시랑, 평장사 등 唐制를 수용하여 신설된 3省制下에서 내사성과 문하성의 宰臣들을 임명하여 宰相制度가 성립되기 시작하였다. 이렇게 성립되기 시작한 재상제도는 성종 14년을 전후하여 그 운영에 새로운 변화가 일어났고, 그것이 제도적으로 정비된 것은 내사성이 중서성으로 개편되는 문종 15년이었다.[15]

성종의 師友였던 崔亮은 左散騎常侍·參知政事兼司衛卿이 되어 병으로 관직에서 물러났다가 성종 12년 10월에 복직하여 문하시랑이 된 후 內史侍郎兼民官御事 同內史門下平章事 監修國史로 遷拜되었다가 성종 14년 4월에 內史侍郎平章事로 卒한 후 뒤에 내사령을 追贈받았다.[16] 최량의 경우는 문하성의 좌산기상시로서 參知政事의 재신이 되어 사위경을 겸직한 후 복직하여 문하

---

10) 『고려사』 권3, 세가 성종 7년 12월. ; 『고려사절요』 권2, 성종 7년 10월. ; 『고려사』 권93, 열전 최승로.

11) 『고려사』 권3, 세가 성종 2년 정월. ; 『고려사절요』 권2, 성종 2년 정월. ; 『고려사』 권93, 열전 최승로.

12) 『고려사』 권3, 세가 성종 7년 12월. ; 『고려사절요』 권2, 성종 7년 10월. ; 『고려사』 권93, 열전 최승로.

13) 邊太燮, 『高麗政治制度史硏究』, 일조각, 1971, 66쪽에서 徐熙傳을 引用하여 成宗朝에 徐熙가 內史侍郎이었다가 뒤에 '轉平章事'라 한 것에 착안하여, 고려도 처음에는 侍郎과 平章事가 遊離되고 있었던 것으로 보았다. 그것이 유리되어 있었던 것은 사실이지만, 필자는 서희가 내사시랑에서 平章事로 轉任한 것은 재상이 되는 것을 의미하는 것이라 여긴다.

14) 『고려사』 권2, 세가 광종 23년 8월. ; 『고려사절요』 권2, 성종 13년. 8월. ; 『고려사』 권94, 열전 서희.

15) 崔貞煥, 「『高麗史』 百官志 門下府의 구성과 문제점」, 31~32쪽.

16) 『고려사』 권3, 세가 성종 12년 10월. ; 『고려사절요』 권2, 성종 12년 10월. ; 『고려사』 권93, 열전 최량.

시랑이 되었고, 성종 14년에는 내사시랑으로 승진하여 민관어사를 겸직하였고, 동내사문하평장사를 제수받았다. 내사령은 그가 졸한 후 추증직으로 받은 것이므로 이는 실무직이라 할 수 없다. 최량의 사례에서 보여 주는 이러한 재상직의 임명사례는 唐制를 수용한 것이다. 宋은 당제를 답습하여 동중서문하평장사(동평장사)를 재상, 참지정사를 부재상이라 하고, 唐制에 없는 특수한 平章軍國重事와 使相도 재상이라 하여 고려의 제도와는 다른 점이 있다. 고려의 재상제도는 唐制와는 유사성을 찾을 수 있으나 宋制와는 거리가 멀다.

崔亮이 左散騎常侍·參知政事兼司衛卿이 된 것은 唐 太宗 때 杜淹을 吏部尚書參議朝政으로, 魏徵을 祕書監參預朝政으로[17] 삼아 이부상서, 비서감 등 他官으로 하여금 參議朝政에 임명하여 宰相이라 한 것과 같은 운영방법이다. 즉 崔亮은 左散騎常侍로서 參知政事의 재신이 되어 司衛卿을 겸하고 있는 것이다. 또한 최량이 성종 12년 10월에 복직하여 문하시랑이 된 후 內史侍郎兼民官御事 同內史門下平章事 監修國史로 전임되어 간 것 역시 당제와 같은 운영방법이다. 즉 貞觀 8년(634)에 중서령(백관지에는 僕射로 되어 있음) 李靖의 사례에서 "平章事"라는 이름이 등장한 이래 고종 永淳 원년(682)에 黃門侍郎(문하시랑) 郭待擧와 兵部侍郎 岑長倩 등이 同中書門下平章事가 된 이후부터 '同平章事'를 재상이라 한 것과 같은 운영방법인 것이다.[18]

이러한 재상직의 운영방법은 3省制 바탕 위에서 타관으로 하여금 동중서문하평장사(동평장사)나 참지정사를 제수하여 宰相의 직무를 수행하게 하는 운영방법이다. 唐·宋制에는 재상직의 운영방법이 각 시기에 따라 서로 달랐다. 唐代에는 상서령, 중서령, 문하시중의 3省장관을 재상으로 삼고, 政事堂

17) 自太宗時 杜淹以吏部尚書參議朝政 魏徵以祕書監參預朝政 其後或曰 參議得失·參知政事之類 其名非一 皆宰相職也(『신당서』 권46, 백관1 宰相之職).
18) 『신당서』 권46, 백관1 宰相之職 및 陳茂同, 『中國歷代職官沿革史』, 百花文藝出版社, 2005, 231~232쪽.

에서 사무를 보았다. 政事堂은 먼저 門下省에 설치하고, 후에 中書省으로 옮겼다가 開元(713~741) 연간에 中書門下로 改稱하였다.[19)]

『宋史』職官志에 송은 당의 제도를 계승하였으나, 받아들이지 않은 것이 또한 많았다. 三師·三公은 항상 설치하지 않았으며, 宰相을 3省의 專任 長官으로 하지 않았고, 尙書·門下는 모두 밖에 두었다. 또한 별도로 禁中에 中書를 설치하여 이를 政事堂이라 하고, 樞密과 더불어 大政을 서로 맡았다.[20)] 상서성과 문하성을 황성 밖에 두고, 禁中에 별도로 中書省을 설치하여 이를 정사당이라 하고, 樞密院과 더불어 大政을 맡은 것으로 나타나 있다.

한편 『文獻通考』官制總序에서는 위의 내용과는 약간 다르게 기록되어 있다. 中書·門下는 밖에 병렬되어 있고, 또한 禁中에 中書를 별도로 설치하여 이를 政事堂이라 하고, 樞密院과 같이 大政을 관장하였다. 천하의 財賦, 내정의 諸司, 中外의 창고 관리는 모두 三司에 예속되었다.[21)] 즉 中書省과 문하성은 황성 밖에 나란히 있고, 禁中에 中書를 별도로 설치하여 이를 政事堂이라 하였다. 여기서 禁中에 설치한 '中書'는 '중서문하'를 簡稱한 것이다. 위의 두 기록을 종합해 보면 상서성, 문하성, 중서성을 그대로 두고 3省制를 유지하면서 禁中에 별도로 中書를 설치하여 이를 정사당이라 하였던 것이다. 당시의 가장 큰 특징은 중서문하와 추밀원이 三司와 더불어 民政, 軍政, 財政에 대한 職權을 원칙상 각각 독립적으로 행사하였다는 것이다.

中書門下를 簡稱한 中書는 정·부 宰相이 모여 政事를 처리하는 최고 행정기구이며, 그 처리하는 장소를 禁中에 설치하여 정사당이라 하였던 것이다. 宋代는 일반적으로 同中書門下, 平章事를 재상이라 하고, 송 태조 乾德 연간

---

19) 初三省長官議事于門下省之政事堂 其後裴炎自侍中遷中書令 乃徙政事堂於中書省 開元中 張說為相 又改政事堂號中書門下(『新唐書』 권46, 백관1 宰相之職).
20) 『宋史』 권161, 직관1 서문.
21) 『文獻通考』 卷47, 官制總序.

(963~967)에 설립된 參知政事를 부재상으로 삼아 재상을 보좌하도록 하여 다른 재상의 권한(相權)을 견제하는 작용을 하게 하였다.[22)]

宋初에는 비록 門下·中書·尙書 3省의 명칭은 예전 그대로였지만, 唐代의 제도와 이미 크게 달랐다. 먼저 재상이 3省의 장관에 專用되지 않은 것이고, 그 다음에는 3省의 職權이 변동한 것이다. 宋代 재상제도는 크게 다섯 차례 변동이 있었다.[23)]

제1차는 북송 초, 神宗 元豊 이전에 있었다. 名義上 唐代와 그다지 다른 것이 없지만 실제적으로 크게 구별이 되었다. 중요한 것은 송대에 中書·樞密·三司을 설치하여 政·軍·財 세 가지 큰 업무를 나누어 담당하고, 재상의 권력은 樞密使·三司使에 의해 分取되었다는 것이다. 宰相·樞密使·三司使 삼자의 事權은 서로 상하가 아니었으며, 서로 간에 통괄하지 않았다. 재상의 권력이 나누어져 줄어들었으며, 또한 參知政事를 설치하여 서로 견제하여 相權은 더욱 약해지고 皇權은 오히려 강화되었다. 또 다른 변화는 3省制가 衰落하고 職權의 변동으로 3省制가 소멸하게 되었다는 것이다.

제2차는 神宗 元豊(1078~1085) 연간에 있었고, 元豊改制의 시기이다. 元豊改制에서는 中書門下를 폐지하고, 唐初의 3省制度을 회복하여, 3省의 長官으로 尙書令·中書令과 門下侍中을 두었다. 그러나 이 세 官位는 단지 虛設이었으며, 일반 사람에게 수여하지 않았다. 또한 唐制를 모방하여 尙書左僕射·右僕射을 사용하여 尙書省의 職權을 대행하였다. 左僕射는 門下侍郞을 겸해서 侍中의 직무를 행하였으며, 右僕射는 中書侍郞을 겸해서 中書令의 職權을 代行하였다. 그들이 正宰相이다. 이때 參知政事를 없애고 4명의 副宰相을 증설하였는데, 바로 門下侍郞·中書侍郞·尙書左丞·尙書右丞이다.

---

22) 鄧小南, 「"祖宗之法"與官僚政治制度 - 宋」, 吳宗國 主編, 『中國古代官僚政治制度研究』, 北京大學出判部, 2004, 243쪽.

23) 陳茂同, 『中國歷代職官沿革史』, 百花文藝出版社, 2005, 309~310쪽.

제3차는 徽宗 政和 연간에 있었다. 蔡京이 재상을 맡자 스스로 太師라고 칭하며 門下·中書·尙書 3省의 사무를 총괄하였다. 尙書左右僕射을 고쳐 太宰·少宰라 하고, 太宰에 의하여 門下侍郞을 겸하도록 하고 少宰로 하여금 中書侍郞을 겸하도록 하였다. 欽宗 靖康 연간에 또한 太宰와 少宰을 폐지하고 尙書左僕射와 右僕射로 고쳤다.

제4차는 高宗 建炎 3년(1129)에 있었다. 정식으로 左僕射와 右僕射로서 同中書門下平章事를 겸하도록 하여 正宰相으로 삼았고, 또한 門下侍郞과 中書侍郞을 參知政事로 삼아 副宰相으로 하였다. 또한 尙書左·右丞의 官稱을 없애고, 대체적으로 宋初의 제도를 회복하였다.

제5차는 孝宗 乾道 8년(1172)에 있었다. 左右僕射가 同中書門下平章事를 겸하는 것을 바꾸어 左·右丞相으로 하였으며, 參知政事는 예전처럼 하였다. 中書令·侍中·尙書令의 虛稱을 없앴다. 門下는 中書에 합쳐 넣고 中書門下라 칭하였다. 左右宰相이 中書의 사무를 주관하였고 尙書省의 장관을 겸하였으며, 六部는 宰相에게 直屬하였는데 尙書省의 제도가 이미 무형으로 폐지되어 실제적으로 3省의 合一이나 마찬가지였다. 左右宰相은 전국 최고의 행정장관이 되었으며, 尙書省은 단지 六部만을 장악하여 명령을 받아 政務을 집행하였다. 당시 대신인 虞允文·梁克家는 처음으로 左右宰相을 맡고 아울러 樞密使를 겸하였다.

이상에서 보여 주는 바와 같이, 고려의 재상제도는 재신의 구성원과 그 운영 방법이 唐制와 다르고 宋制와도 차이가 있으며, 唐·宋制는 각각 그 시기에 따라 재상직의 운영방법이 달랐음을 알 수 있다.

고려에서도 성종 14년을 전후하여 내사성과 문하성 재신직의 운영방법이 달랐음을 발견할 수가 있다. 성종 12년 최량의 사례에서 보여 주는 바와 같이 성종 초에는 문하시랑에서 內史侍郞으로 승진해 갔다. 성종 원년에 3省이 발족한 이래 성종 14년에 이르기까지는 내사성(내사령)이 문하성(문하시중)보다 상위 기관이었다. 그러나 성종 14년에 內史侍郎平章事로 졸한 후 내사령을 追贈받은 최량의 사례를 마지막으로, 문하평장사가 상위직으로 되고 내사시랑평장사가 하위직이 되는 변화가 일어났다. 唐·宋制에 '左屬門下 右屬中書'로 되어 있는 바와 같이 문하성이 상위 관부가 되는 변화가 일어난 것이다. 목종 9년에 내사시랑평장사였던 柳邦憲이 현종 즉위년 3월에 문하시랑평장사로[24] 승진한 예에서 보여 주는 바와 같이 문하시랑평장사가 상위직으로 변하고 있다. 이와 함께 재신의 구성과 운영 면에서 몇 가지 새로운 변화가 일어나고 있다.

첫째로 주목되는 변화는 이미 지적한 바와 같이 성종 14년에 內史侍郎平章事로 卒한 후 내사령을 追贈받은 최량의 사례를 마지막으로, 문하평장사가 상위직이 되고 내사시랑평장사가 하위직이 되는 변화가 일어난 것이다. 그와 더불어 문하시중이 宰府의 최고직으로 首相이 되고, 평장사는 그 亞相으로 되었다.

둘째, 종1품 내사령은 설립 당시에 실무직으로 출발하였으나, 성종 14년에 太保 內史令에 보임한 서희의 사례를 마지막으로 이후부터 주로 문하시중을 지낸 사람에게 실직, 가직, 치사직, 추증직 등으로 제수하는 변화가 일어나고, 종친에 대한 대우직으로는 현종 때부터 그 사례가 나타나고 있다. 중서령은 '人臣之極'이라 하여 그 除授를 극히 제한하고, 문하시중을 역임한 사람들에게 제수하는 최고의 영예직으로 되었다. 상서령 또한 일반 臣僚에게 그 除授를 극히 제한시키고, 封爵과 더불어 宗親에 대한 대우직으로 운영하였고,[25]

---

24) "丙午(穆宗 9년) 制可內史侍郎平章事金紫光祿大夫." 金龍善 編著, 『高麗墓誌銘集成』 柳邦憲 墓誌銘, 17쪽.
以柳允孚爲門下侍中 柳邦憲爲門下侍郎平章事(『고려사』 권4, 세가 현종 즉위년 3월).
25) 崔貞煥, 「高麗時代 封爵制의 成立過程과 整備」, 『한국중세사연구』 제14호, 2003, 243~246쪽.

문하시중이 首相 즉 冢宰가 되어 주로 판이부사를 겸직하였다.

셋째, 정2품 평장사(4평장사)는 성종 12년 內史侍郎兼民官御事 同內史門下平章事 최량의 사례에서 보여 주는 바와 같이 6部尙書나 僕射 등의 他官이 평장사에 임명되는 사례가 거의 없어졌다. 일부 그런 사례가 있으나,[26] 이는 일반적인 현상이 아니었다. 평장사는 他官으로서 임명하는 것이 아니었고, 평장사는 모두 宰相(亞相)으로 尙書 6部의 판사를 겸직하였다.

넷째, 종2품의 참지정사, 정당문학, 지문하성사는 시중과 평장사와는 달리 僕射, 6부상서 등의 실직을 지냈거나 혹은 그 직을 지니고, 참지정사, 정당문학, 지문하성사의 재상이 되어 재신으로서 겸직할 수 있는 尙書 6部 등의 판사를 겸직하여 唐·宋制와는 다르게 재상제도를 운영하였다. 정당문학은 당·송제에서 찾아볼 수 없는 재상직이며, 지문하성사는 당제에는 보이나[27] 송제에서는 찾아볼 수 없다.

고려시대의 재상은 문하시중, 평장사, 참지정사, 정당문학, 지문하성사의 5宰를 宰臣·省宰·眞宰라 하고 中樞院의 樞臣(密直)과 구별하여 운영하였다. 문하시중은 문하성의 구성원이고, 평장사는 문하성과 중서성의 兩省에 병존한 관원이며, 참지정사와 정당문학은 어느 省에도 소속되지 않은 재상이다. 지문하성사는 말 그대로 문하성의 일을 맡는다는 뜻으로 문하성 소속의 재상으로 보아도 좋을 것 같다.[28] 이렇게 본다면 고려시대의 재신은 문하성 및

---

26) 以張瑩爲尙書左僕射同內史門下平章事(『고려사』 권4, 세가 현종 12년 6월.;『고려사절요』 권3, 현종 12년 6월).
以李龔爲尙書左僕射同內史門下平章事(『고려사』 권5, 세가 현종 15년 11월.;『고려사절요』 권3, 현종 15년 11월).

27) 以侍中魏徵爲特進 仍知門下省事(『신당서』 권3, 본기 제3 6월).
忌 魏征·房玄齡等 以他官政事者 皆云知門下省事(『新唐新語』 권10).
唐制의 知門下省事는 他官으로 政事에 참여하는 재상을 지문하성사라 하였다. 知門下省事는 위의 기사를 비롯하여 『舊唐書』, 『新唐書』, 『貞觀政要』, 『唐會要』, 『元史』, 『新元史』, 『唐兩京城坊考』, 『冊府元龜』, 『讀禮通考』 등 여러 곳에서 많이 산견되고 있다.

중서성의 관원과 어느 省에도 소속되지 않은 참지정사와 정당문학과 같은 관원들로써 宰府를 구성하였다고 볼 수 있다. 일반적으로 고려시대 中書省과 門下省은 2品 이상의 宰臣이 소속한 宰府와 3品 이하의 省郎(諫官·郎舍)으로 이중구조를 이루고 있는 것으로 알려져 있다. 그러나 엄격히 말하면 고려시대 宰臣(宰執)에는 중서성이나 문하성에 소속된 재신도 있었지만, 兩省의 어느 省에도 소속되지 않은 재신을 포함해서 5宰로 宰府를 구성하였다고 할 수 있다.

唐制에서는 3省이 상서성, 문하성, 중서성으로, 초기에는 3省장관을 재상으로 삼고 政事堂에서 사무를 보았다. 政事堂은 먼저 門下省에 설치하고, 후에 中書省으로 옮겼다가 그 후에 다시 中書門下로 改稱하였다. 宋은 초기에 唐制를 답습하여 3省制를 그대로 유지하였으나 3省의 장관을 전임으로 두지 않고, 中書(중서문하)를 정사당이라 하고, 中書, 樞密, 三司를 설치하여 정치 군사 재정의 업무를 나누어 담당하여 宰相制度를 운영하였다. 즉 당·송제에는 3省制 바탕 위에 '宰相之職'(宰執)을 별도로 설정하여 운영하였던 것이다. 『고려사』 백관지에서는 '宰相之職'(宰執)을 별도로 규정한 기록을 찾아볼 수 없다. 그렇다고 해서 고려시대에 '宰相之職'이 없었던 것은 아니었다.

고려시대에는 중서령과 상서령을 5宰의 재상직에 넣지 않았다.[29] 문하시중

28) 高宗年間에 趙敦을 金紫光祿大夫 知門下省事 吏部尙書 判三司事로 임명하는 麻制에 門下省의 일을 맡아(知事門下) 省中의 謀議에 참여하게 하였다고 한 것은 지문하성사가 문하성의 관원이었음을 알게 한다. (『東文選』 권26, 制誥 除宰臣林景肅蔡松年金敞趙敦樞密院使崔璘麻制)

29) 崔貞煥, 「고려전기 中書門下省 中書令職의 運營實態」, 『韓國中世社會의 諸問題』, 2001, 148~168쪽에서 고려전기 중서령은 ① 일반 臣僚의 實職 ② 致仕職 ③ 加職 ④ 追贈職 ⑤ 宗親의 대우직 ⑥ 封爵 등 다양한 방법으로 운영되었다고 한다.
崔貞煥, 「高麗 中書門下省 中書令職의 運營實態와 祿俸」, 『고려 정치제도와 녹봉제 연구』, 신서원, 2002, 301~306쪽에서 고려후기 충렬왕 원년(1275)에 僉議府로 개편되면서 일시 中書令을 폐지하였다가 충렬왕 21년에 都僉議令이 다시 설치된 이후부터는 中書令職을 追贈職이나 종실에 대한 대우직으로 운영하던 것은 사라지고, 실직만이 제도적으로 기능하게 되었다고 하였다.

을 首相, 평장사를 亞相, 참지정사를 3相, 정당문학을 4相, 지문하성사를 5相이라 하여 이를 5宰에 넣고 있다. 성종 원년(982)으로부터 충렬왕 원년(1275)에 첨의부로 개편되기 이전까지 재신직에 오른 사례를 보면 문하시중 36명, 평장사 218명, 참지정사 232명, 정당문학 43명, 지문하성사 54명으로 나타난다.[30] 그 가운데 가장 많은 숫자를 차지하고 있는 것은 참지정사와 평장사이다. 이로써 재신들 가운데 실질적인 宰執으로서의 많은 역할을 담당한 것은 평장사와 참지정사였음을 알 수 있다.

문하시중과 평장사(4평장사)는 문하성과 중서성의 관원이고, 이들은 僕射나 尙書 6部 등 他官의 실직을 지닌 예가 없이 宰臣이 되어, 재신으로 겸할 수 있는 尙書 6部의 판사를 겸직하였다. 이것은 唐制에 僕射가 상서성의 장관이 되어 시중, 중서령과 더불어 宰相이라 칭하였던 것과는 다르고, 宋代 元豊改制(1078~1085)에서 左僕射가 門下侍郎을 겸해서 侍中의 직무를 대행하고 右僕射가 中書侍郎을 겸해서 中書令의 職權을 代行하여 그들을 正宰相이라 한 것과도 다른 운영방법이었다. 참지정사, 정당문학, 지문하성사는 僕射나 6부상서 등의 실무직을 지냈거나 혹은 그 직을 지니고, 참지정사, 정당문학, 지문하성사의 재상이 되어 재신으로서 겸직할 수 있는 尙書 6部 등의 판사직을 겸직하였다. 이와 같은 재신직의 운영 방법은 충렬왕 원년(1275) 3省이 첨의부로 통합되기 이전까지 지속되었다.

참지정사는 唐 太宗 때 杜淹을 吏部尙書·參議朝政로, 魏徵을 祕書監·參預朝政으로 삼아 他官으로 하여금 參預朝政(參知政事)에 임명하여 宰相이라 한 것과 유사한 운영 방법이라 할 수 있다. 그러나 정당문학은 唐·宋制에

崔貞煥, 「高麗時代 封爵制의 成立過程과 整備」, 『한국중세사연구』 제14호, 2003, 243~244쪽에서 상서령은 일반 臣僚의 實務職으로는 그 除授를 극히 제한시키고, 封爵과 더불어 宗親에 대한 대우직으로 운영되다가 고종 이후 어느 시기에 혁파되었다고 하였다.

30) 朴龍雲, 『고려시대 中書門下省宰臣 연구』.

서 찾아볼 수 없는 재상직이고, 지문하성사는 唐制에 일시적으로 보이나 宋制에서는 찾아볼 수 없는 宰臣職으로 재신직의 운영 방법에 있어서는 고려의 제도와는 서로 달랐다. 송나라는 당제를 바탕으로 그들 나름대로의 운영 방법을 창안하였고, 고려는 당제를 바탕으로 송제를 참작하면서 독자적인 운영 방법을 창출해 갔던 것이다.

고려에서는 "法唐體宋"이라 하여 唐制를 바탕으로 宋制를 채용한 것이 많지만, 宰相制度는 唐制와 다르고 宋制와도 다른 차이점을 찾아볼 수 있다. 고려시대에는 2品 以上官을 宰相이라 하였다. 中書省과 門下省의 2品 이상 5宰를 宰臣 · 省宰 · 眞宰라 하고 中樞院(樞密院 · 密直司)의 7樞臣(密直) 가운데 2品職과 3品職을 포함하여 넓은 의미에서 宰相이라 하였다.[31] 그러나 여기서는 宰臣과 樞臣을 구별하여 살펴볼 필요가 있다. 樞臣은 尙書 6部의 판사를 겸한 적이 없고, 후술하겠지만 鳳閣(중서성)에 들어갈 수 없었다. 2品 이상의 官府로는 三師 · 三公과 中書省 · 門下省 · 尙書省 · 中樞院 등이 있었다. 三師 · 三公은 正1品이었지만 명예직으로 宗室과 臣僚(異姓諸君)들에게 封爵과 함께 除授된 대우직으로 실무직이 아니었다.[32] 3省의 장관으로 종1품의 내사령(중서령), 문하시중, 상서령이 있었으나, 내사령(중서령)과 상서령은 5宰에 넣지 않았다. 5省 즉 5宰에 대해서는 李齊賢이 『櫟翁稗說』(前集1)에서 侍中, 平章事, 參知政事, 政堂文學, 知門下省事의 5職으로 보았다. 李丙燾가 이 견해를 따르고[33] 邊太燮이 이에 동의하였다.[34] 趙浚은 中書令, 侍中, 平章事, 參知政事, 政堂文學의 5職을 5宰로 보았다.[35] 李基白은 성종 14년의 관제를 중심

---

31) 邊太燮, 「高麗宰相考 – 3省의 權力關係를 중심으로 – 」, 『歷史學報』 35 · 36 합집, 1967. ; 『高麗政治制度史研究』, 一潮閣, 1971, 76~77쪽.

32) 崔貞煥, 「高麗時代 封爵制의 成立過程과 整備」, 235쪽.

33) 李丙燾, 『韓國史』 中世篇, 진단학회, 乙酉文化社, 1961, 130쪽 및 132쪽.

34) 邊太燮, 「高麗宰相考 – 3省의 權力關係를 중심으로 – 」, 『歷史學報』 35 · 36 합집, 1967. ; 앞의 책, 77쪽.

으로 생각해야 한다는 기초 위에 內史令, 侍中, 內史侍郎平章事, 門下侍郎平章事, 參知政事의 다섯이 5宰에 해당하였을 것이라 하였다.[36]

『고려사』 백관지 諸司都監各色條에서는 도병마사의 구성원인 判事를 侍中 이하 知門下省事까지를 5宰라 하고, 使는 6樞密 및 職事三品 이상이라 하였다. 중서령과 상서령 및 樞臣은 尙書 6部의 判事를 겸한 예가 없고, 일반적으로 6부의 판사를 겸할 수 있는 5宰는 門下侍中, 平章事, 參知政事, 政堂文學, 知門下省事를 가리키며, 省宰라고도 하고 中樞院의 樞臣과 구별하여 眞宰라 하였다.[37]

Ⅲ. 中書省과 政事堂

성종 원년(982)에 左執政·守內史令을 제수받은 최지몽은 성종 3년에 이미 78세의 고령으로 이후 여러 차례 致仕를 청하였지만 왕은 朝參을 제외시켜 주면서까지 內史房에서 視事토록 조처하였고, 그 후 그는 성종 6년에 내사령으로 卒하였다.[38] 최지몽이 視事한 내사방은 政事를 돌보는 곳으로 내사성 안에 위치하고 있었을 것으로 추측된다. 내사성은 문종 15년에 중서성으로 개편되어 중서성과 문하성의 제도가 정비되었다. 政事堂은 인종 때 '議政之堂'이 있었다는 기록이 나타난다. 政事堂은 이미 그 이전에 존재했을 것이라 여겨지나, 자세히 알 수가 없다.

宣和 5년(고려 인종 원년, 1123년)에 고려에 사행으로 다녀간 徐兢이 쓴

35) 『高麗史』 권118, 열전 조준.
36) 『한국사』 5, 국사편찬위원회, 1975, 42쪽.
37) 邊太燮, 『高麗政治制度史硏究』, 76~77쪽.
崔貞煥, 『高麗·朝鮮時代 祿俸制 硏究』, 97~98쪽. ; 『譯註 『高麗史』 百官志』, 107~108쪽.
38) 『고려사』 권92, 열전 최지몽. ; 『고려사절요』 권2, 성종 6년 3월.

『고려도경』에, 宮殿 王府의 內府에 별도로 '議政之堂'이 있었다고 한다.[39] 상서성 서편, 春宮의 남쪽에 3廳事가 있는데 가운데가 中書省이고, 좌편에 門下省, 우편에 樞密院이 있으며, 國相·平章·知院이 治事하던 곳이라고 하였다.[40] 國相(문하시중)과 平章(4平章事)이 治事하던 곳은 문하성과 중서성을 지칭한 것이라 여겨지고, 知院은 知樞密院事를 비롯한 樞密院의 樞臣들이 治事하던 곳이라 여겨진다. 『고려도경』에 의하면 중서성과 문하성은 청사가 별개로 분리되어 있었고, 그 王府에 大臣들이 5일에 한 번씩 일을 보는 '議政之堂'이 별도로 있었다. 여기서 '議政之堂'은 政事堂을 의미하며, 政事堂이 별도로 설치되어 있었음은 다음의 기사를 통해서 확인해 볼 수 있다.

인종 9년(1131) 2월에 元子의 이름을 昌이라 하고, 使者를 보내 예물을 하사하면서 임시로 東宮의 位를 中書門下 廳事에 설치하여 조서를 받게 하니, 왕은 政事堂 동편의 帳殿에 거동하여 예식을 관람하고, 宰樞·臺諫과 향연을 하였다[41]고 한다. 여기서는 중서문하 청사와 정사당이 구별되어 있다. '中書門下' 청사라 한 것은 그것이 중서문하성이라는 단일기구의 청사를 뜻하는 것인지, 중서성과 문하성의 분리된 기구를 의미하는 것인지 분명하지 않다. 『고려도경』에 의하면 중서성과 문하성은 분리된 기구이다. 그것이 단일기구이든 분리된 기구이든 간에 정사당과는 구별되어 별도로 설치되어 있었음을 알 수 있다.[42] 정사당은 御所가 있는 帳殿 가까이 서편에 있었다. 문종 9년에

39) 大臣五日一見 別有議政之堂(『高麗圖經』 卷5, 宮殿 王府).

40) 自尙書省之西 春宮之南 前開一門 中爲中書省 左曰門下省 右曰樞密院 卽國相·平章·知院治事之所(『高麗圖經』 卷16, 官府 臺省).

41) 己卯 賜元子名昌 遣使賜禮物 權設東宮位於中書門下廳事受詔 王御政事堂東帳殿觀禮 仍宴宰樞·臺諫(『고려사』 권16, 세가 인종 9년 12월).

42) 李貞薰, 「고려전기 3省制와 政事堂」, 『한국사연구』 104, 55쪽에서 정사당을 中書라고도 불렀다. 中書가 중서성을 지칭할 때도 있었지만 중서문하성의 약칭으로 사용되기도 하였다 하고, 『고려전기 政治制度 硏究』, 혜안, 2007, 306쪽에서도 政事堂을 中書門下省이라 하였다.

박재우, 「고려전기의 國政運營體系와 宰樞」, 『歷史學報』 154, 1997, 89~92쪽. ; 『고려 국

까닭 없이 御所가 있는 帳殿 앞에까지 들어온 檢校衛尉少卿 崔成節을 처벌하기를 門下省에서 봉박했으나 왕이 不納한 사건은[43] 문하성과 중서성이 구별되어 있음을 말해 주고, 이를 통해서 유추하면 御所가 있는 帳殿의 서편에 정사당이 있었음을 알 수 있다.

중서성도 御所가 있는 政事堂 가까이에 인접해 있었다. 명종 26년 4월에 壽昌宮 中書省門이 저절로 무너졌다[44] 하고, 충렬왕 즉위년에 堤上宮 中書省을 史館으로 삼았다[45]고 한 것으로 보아, 중서성은 먼저 수창궁에 있다가 堤上宮으로 옮겨간 것 같다. 최소한 명종 26년 이후 고종 19년(1232)에 江華로 천도하기 이전 어느 시기에는 중서성이 제상궁에 있었던 것 같다. 수창궁은 현종 2년에 入御하여 현종 7년에 수창궁으로 移御한[46] 후 고려말에 이르기까지 인종, 의종, 명종, 고종 등 역대 가장 많은 왕들이 御居했던 곳이다. 중서성은 원래 수창궁에 있었다. 명종 17년 정월에 樞密院에서 불이 나 壽昌宮廊 20여 楹이 연소되었다고[47] 한다. 추밀원도 수창궁과 인접해 있었음을 알 수 있고, 또한 수창궁, 중서성, 추밀원이 모두 인접해 있었음을 알 수 있다. 명종 17년 7월에 曹元正이 中書省 公廨田租를 탈취한 죄로 공부상서로 좌천이

정운영의 체계와 왕권』, 신구문화사, 2005, 176쪽에서 중서문하성을 중서성과 문하성을 합친 단일관청으로 보아 재상의 회의기구인 정사당과는 별개의 기구라 하였다.
필자는 중서문하성은 중서성과 문하성의 합성어로 그것이 단일기구가 아니며, 중서성과 문하성의 청사가 별개로 분리되어 있었다는 『高麗圖經』의 지적이 옳았다고 여긴다. 중서성은 한때 壽昌宮에 있었고, 政事堂은 帳殿의 서쪽에 있었다. 고려전기 政事를 처리하는 중심이 되는 기구는 중서성이었다. 중서성에는 兩省의 宰臣과 省郎 그리고 兩府 宰樞 및 承宣도 참여할 수 있었으나, 정사당은 宰臣들만 政事에 참여할 수 있었다.

43) 乙丑 幸東池, 檢校衛尉少卿崔成節 無故入至帳殿前 王驚命下獄 法司奏 闌入御所者斬 王曰 雖律有正條 以此加刑 是爲苛政 又文筆有用 可原之 門下省駁奏 不納(『고려사』 권7, 세가 문종 9년 11월).

44) (明宗) 二十六年四月甲寅　壽昌宮中書省門 自頹(『고려사』 권54, 오행2).

45) 以堤上宮中書省爲史館 還都以來 未營史館 奉實錄假藏本闕佛堂庫(『고려사』 권28, 세가 충렬왕 즉위년 9월).

46) 乙卯 移御壽昌宮(『고려사』 권4, 세가 현종 7년 1월).

47) 『高麗史』 권53, 오행1 화.

되자, 그달 그믐날 무리 70여 인을 시켜 담을 넘어 壽昌宮에 들어가 樞密使 梁翼京 등 많은 사람을 살상하였다.[48] 이것 역시 수창궁과 추밀원은 인접해 있었음을 말해 준다. 앞서 인종 9년(1131) 2월에 임시로 東宮의 位를 '中書門下' 청사에 설치하였다고 한 것은 인접한 중서성과 문하성 청사에 설치한 것이라 여겨진다. 숙종 5년 10월에 태자가 遼의 사신을 門下省에서 향연하였다[49] 하고, 예종 6년 6월에 中書省의 앵두가 열매를 맺었는데 살구만 하고 속은 비어 씨가 없었다고[50] 한다. 이 기록은 문하성과 중서성이 분리되어 있었음을 말해 준다. 이상을 종합하여 정리해 보면, 수창궁에서 중서성과 문하성과 중추원은 모두 인접해 있었으나 각각 분리되어 있었다. 수창궁에 중서성이 있었고, 중서성 가까이에 인접한 帳殿의 서쪽에 정사당이 있었다. 이것은 『고려도경』에서 지적한 건물 배치와 상통하며, 또한 『고려도경』의 기록을 믿을 수 있게 해 주는 것이다.

당 초기에는 3省의 장관을 재상으로 삼고, 政事堂에서 사무를 보았다. 政事堂은 먼저 門下省에 설치하고, 후에 中書省으로 옮겼다가 그 후에 다시 中書門下로 改稱하였다. 宋은 초기에 唐制를 답습하여 3省制를 그대로 유지하였으나, 3省의 장관을 전임으로 두지 않고, 中書(중서문하)를 정사당이라 하였다. 고려 역시 중서성에 정사당을 두었다. 고려에서도 중서성을 '中書門下'라 칭하였을 것으로 생각하기 쉽지만 그렇게는 생각되지 않는다. '中書門下'는 단일기구가 아니라 중서성과 문하성으로 분리된 기구였다. 다만 중서성과 문하성의 관원이 중서성에서 同坐하여 政事에 참여하였기 때문에 중서성이

---

48) (明宗) 十七年七月 元正 又奪中書省 公廨田租 … 乃左遷工部尙書 … 是月晦日 夜二鼓 有賊七十餘人踰墻 入壽昌宮 殺樞密使梁翼京 · 內侍郎中李揆 · 李粲等 殺傷甚衆(『고려사』 권128, 열전 반역 조원정).

49) 己未 太子宴遼使于門下省(『고려사』 권11, 세가 숙종 5년 10월).

50) (睿宗) 六年六月 中書省櫻桃結子 大如杏子而中空無核(『高麗史』 권54, 오행2 목).

中書省과 門下省의 기능을 하였다고는 할 수 있겠다.

정사당을 '中書'라고 표현한 사례가 있다. 仁宗 때 李之氐를 金紫光祿大夫·政堂文學·兼太子少保에 임명하면서 내린 制誥에 "中書政事之堂"이라 하여 '中書'가 곧 政事堂이라 하고 있다.[51] 또한 예종 12년 2월에 북쪽 변방의 일을 宣問할 때 兩府宰樞 회의를 中書(중서성)에서 개최한 적이 있다.[52] 李之氐의 경우에는 '中書'가 政事堂이라 했고, 兩部宰樞 회의를 개최한 '中書'는 兩府宰樞들의 회의 장소였다. 이것은 중서성이 政事를 議政하는 곳이고, 또한 중서성이 곧 정사당이라고 해석할 수도 있는 것이다. 그러나 『고려도경』에서는 정사당(議政之堂)은 별도로 설치되어 있었다고 했다. 그렇다면 중서성과 정사당은 별도로 구분되어 있고, 정사당은 중서성 가까이 인접해 있어서 '中書'라 하면 곧 정사당을 지칭하는 것으로도 해석될 수도 있다.

'中書'라 하면 곧 정사당을 지칭하는 것으로 이해될 수 있다. 그러나 '中書'가 바로 정사당은 아님을 보여 주는 사례가 있다. 고종 15년 12월에 수태사, 문하시랑평장사, 판이부사를 역임한 崔甫淳에 관한 다음의 기록에서는, 밤에 직숙하던 '中書'와 정사를 처리하는 정사당을 구별하여 표현하고 있다.

㉮ ① 貞祐 8年(高宗 8년) 庚旋入中書 拜金紫光祿大夫 參知政事 集賢殿大學士同修國史 判禮部事.

其間四掌春場(『朝鮮金石總覽』(上) 崔甫淳墓誌).

② 戊子(高宗 15년) 冬 爲三韓壁上 … (判)吏部事 … 是年夏初 夜直中書 忽然感疾(『朝鮮金石總覽』(上) 崔甫淳墓誌).

③ (高宗 15年) 冬末 入政事堂 除吏(『朝鮮金石總覽』(上) 崔甫淳墓誌).

---

51) 太子天下之本 非保傅無以成元良 中書政事之堂 惟文學所以明道揆 兼是兩者 得非重歟(『東文選』 권25, 制誥 除任元厚門下平章崔湊中書平章李之氐政堂文學).

52) 甲子 命兩府宰樞會中書 宣問北邊事宜(『고려사』 권14, 세가 예종 12년 2월).

㉮ ①에서는, 고종 8년(1221)에 參知政事의 재신으로 판이부사를 겸직한 최보순이 '中書'에 들어가 春場을 네 번이나 관장하였다. 이 경우의 '中書'는 정사를 처리한 곳이다. 참지정사는 중서성과 문하성의 어느 省에도 소속되지 않은 宰臣으로 정사당에서 양성의 政事에 모두 參政할 수 있었다. 기존의 견해에 따르면 참지정사 최보순이 '中書'에 들어갔다고 하는 것은 정사당에 들어간 것인지 '중서문하성'을 약칭한 中書에 들어간 것인지 분명하지 않게 된다. 여기서는 일단 표현 그대로 중서성에 들어간 것으로 보아 둔다. 그는 고종 9년에 中書侍郎平章事 判兵部事가 되었고,[53] 이어 고종 11년에는 문하시랑동중서문하평장사로 승진하였다.[54] 그는 중서성과 문하성, 兩省의 평장사를 다 역임하였다. ㉮ ②에서는 고종 15년에 문하시랑동중서문하평장사의 재신으로서 판이부사를 겸직한 최보순이 여름에 '中書'에서 밤에 숙직을 하다가 병을 얻었고, 그해 12월 겨울에 政事堂에 들어가 관리를 임명하고 다음 해에 卒하였다. 그의 열전에는 최보순의 당시 벼슬이 수태사·문하시랑 평장사·판이부사로 나타나 있다.[55] 문하시랑평장사로서 중서성과 문하성 즉 兩省의 평장사를 겸하면 同中書門下平章事가 되며, 이를 平章事로 略稱하기도 하였다. ㉮ ②, ③에서 최보순은 문하시랑동중서문하평장사의 재신으로 판이부사를 겸하여 中書에서 夜直을 하였고, 정사당에 들어가 政事를 처리하기도 하였다. 최보순이 직숙하였던 中書를 곧 정사당으로 본 견해도 피력되어 있다. 그러나 여기서는 그가 직숙하던 中書와 정사를 처리하는 정사당을 구분하고 있는 것으로 보아야 할 것 같다. 이것은 문하시랑평장사로서 판이부사를 겸한

53) 壬午(高宗 9年) 拜中書侍郎平章事判兵部事 修文殿大學士(『朝鮮金石總覽』(上) 崔甫淳墓誌).
54) 甲申(高宗 11년) 冬 爲守大尉 門下侍郎同中書門下平章事 加守大傅修國史柱國(『朝鮮金石總覽』(上) 崔甫淳墓誌).
55) 崔甫淳加守太師判吏部事(『고려사』 권22, 세가 고종 15년 12월).
高宗朝 累官至守太師門下侍郎平章事判吏部事卒(『고려사』 권99, 열전 崔均, 崔甫淳).

최보순이 中書에 夜直을 한 사례이지만, 후술할 참지정사 金顯의 경우에는 문하성에서 直宿을 한 사례가 있다.

『고려도경』에서 보여 주는 바와 같이 정사당은 따로 있었고, 중서성에 인접하여 정사당이 위치하여 있었으며, 둘 다 정사에 참여하였기 때문에, 앞서 이지저의 경우에는 "中書政事之堂"이라 표현하였을 것으로 여겨진다. 이렇듯 中書와 정사당, '중서문하성'과 문하성 및 중서성과의 관계에는 판단하기 미묘한 어려운 문제가 있다. 그러나 '중서문하성'은 중서성과 문하성의 합성어로 중서성과 문하성은 분리되어 있었던 기구이고, 그 중서성에 인접하여 정사당이 있었다고 여겨진다.

㉯ ① 甲子 內史門下省火 延燒會慶殿東南廊(『고려사』 권8, 문종 14년 12월).

② 丁酉 以去年門下省直宿日有火灾 降參知政事金顯爲左僕射 右散騎常侍崔爰俊判少府監事(『고려사』 권8, 문종 15년 3월).

㉰ 後改內史門下省爲中書門下省 以冲爲中書令致仕 冲雖居家 軍國大事 悉就咨焉(『고려사』 권95, 열전 최충).

㉯ ①에서는 문종 14년 12월에 '內史門下省'에 화재가 발생하여 會慶殿東南廊까지 연소되었다고 한다. 당시에 내사성과 문하성에 화재가 난 것인지 단일기구인 內史門下省에 화재가 난 것인지 분명하지 않다. ㉯ ②에서는 지난해에 화재가 발생한 사건에 대해서 문하성에서 直宿하고 있었던 사람들에게 책임을 물어 참지정사 金顯을 左僕射로, 우산기상시 崔爰俊을 判少府監事로 좌천시켰다. 기록 그대로라면 내사문하성에 화재가 난 사건에 대해서 문하성에 直宿하고 있었던 사람들에게 책임을 묻고 있는 것이다. 내사성과 문하성은

인접해 있었고, 회경전 동남랑까지 모두 연소되었다면 그 전체가 불에 휘말릴 수 있다. 그렇다면 내사성과 문하성은 분리된 기구로 볼 수 있다. 그러나 이 경우에 숙직한 문하성은 내사문하성을 약칭한 것으로 보아 단일기구인 '내사문하성'에 화재가 난 것으로 보는 견해가 있다. 당시 문하성에서 직숙한 관원으로 참지정사 김현은 兩省의 어느 省에도 소속되지 않는 재신이고, 우산기상시 최원준은 중서성 소속의 관원이다. 우산기상시는 중서성 소속의 직원으로 문하성에서 직숙하다가 문책을 당하고 있다. 중서성의 직원이 왜 문하성에서 직숙을 하였는지 잘 이해가 가지 않는다. 이 점을 고려하여, 숙직한 문하성을 곧 '내사문하성'을 약칭한 것으로 보아 단일기구인 '내사문하성'에 화재가 난 것으로 보면 그 나름대로 논리는 맞아들어간다. 그 개연성도 충분히 생각할 수 있다. 그렇지만 문하성에 직숙한 사람들을 문책한 것은 그것이 분리된 기구였기 때문으로 보아야 할 것 같다. 앞서 문하시랑동중서문하평장사의 재신으로 中書에서 夜直을 한 최보순과, 참지정사 金顯과 우산기상시 崔爰俊이 문하성에서 直宿을 한 예는 중서성과 문하성이 분리된 기구였음을 말해 준다. 하여튼 위의 기록을, 숙직한 문하성과 내사성을 합칭한 내사문하성에 화재가 난 것으로 보면, 『고려도경』에서 말하는 건물배치도와 서로 맞아들어간다.

㉰는 최충 열전에 나타나는 기록으로, '내사문하성'이 뒤에 '중서문하성'으로 개편되었다고 하여 단일기구인 것같이 기록되어 있다. 이 기록을 그대로 믿어야 할 것인지, 아니면 내사성만 중서성으로 개편된 것인지 분명하지 않다. 최충 열전에서 그의 仕路를 보면, 靖宗朝에 尙書左僕射參知政事가 된 이후 內史侍郎平章事로 승진하고 이어 門下侍郎平章事에 遷拜되는 식으로 兩省의 평장사를 다 역임하였다. 문종이 즉위하자 門下侍中에 除拜되고 中書令으로 致仕한 후 그의 집에서 軍國의 大事를 모두 나아가 자문하였다고 한다.

최충은 軍國의 大事를 정사당도 '中書'도 아닌 자기 집에서 자문하였다. 이로 보면 國事에 대한 자문은 반드시 정사당에서만 이루지는 것은 아니었다. 최충이 致仕한 중서령은 문하성에 없는 중서성의 관직이다. 최충은 내사성(중서성)과 문하성의 宰臣職을 두루 역임하였는데, 그의 열전에 '내사문하성'과 '중서문하성'이 단일기구인 것으로 기록한 것은 의문이 간다. 내사성이 중서성으로 개편된 것을 '내사문하성'이 '중서문하성'으로 개편된 것처럼 기록한 백관지의 기록과 같은 오류를 범한 것이 아닌지 의문이 간다. 『고려사』 백관지 문하부조의 기록은 그대로 믿을 수 없다. 중서성은 10職, 문하성은 13職으로 그 관원 구성에 차이가 있고, 관직에 임명된 사례와 변천 과정 등을 고려하여 백관지 문하부조의 기록을 다각적으로 분석해 본 결과, 문종 15년에는 내사성을 중서성으로 개편한 것이고, '내사문하성'을 '중서문하성'으로 개편한 것이 아니었다. 문하성은 설립된 이후 충렬왕 원년에 첨의부로 개편될 때까지 한 번도 개편된 적이 없었고, 그 사이 문종 15년에 내사성만 중서성으로 개편된 것이다.[56)]

㉣ ① 高宗十二年 崔瑀置政房於私第 擬百官銓注 選文士屬之 號曰必者赤 舊制 吏部掌文銓 兵部掌武選 … 謂之政案 中書擬升黜以奏之 門下承制勅以行之(『高麗史』 권75, 選擧3 銓注).

② 吏部掌文銓 兵部掌武選 第其年月 分其勞佚 標其功過 論其才否 具載于書 謂之政案 中書擬升黜以奏之 門下承制勅 以行之國家之法 盖與中原同也(『櫟翁稗說』 前集1).

㉣ ①은 고종 12년(1215)에 최우가 私第에 政房을 두고 백관의 銓注를

56) 崔貞煥, 「『高麗史』 百官志 門下府의 구성과 문제점」, 31~32쪽.
崔貞煥, 「고려전기 3省 6部制에 대한 재고찰」, 49~50쪽.

다룬 기록이다. '舊制'에는 吏部에서 문반의 인사를, 兵部에서 무반의 인사를 관장하고, 政案을 중서성에서 升黜하여 아뢰면 문하성에서 制勅을 받들어 이를 시행하는 것이라 하였다. 정방이 설치되기 이전 舊制에서는 3省이 각각 제 기능을 다하고 있었음을 말해 주고 있다. 다시 말하여 '舊制'에는 중서성과 문하성의 기능이 각각 분립되어 있어 중서문하성이 단일기구가 아님을 입증해 주는 것으로 볼 수 있다. 또한 그것은 최우가 사사로이 정방을 설치하여 백관의 인사가 '舊制'대로 시행되지 않았음을 반영하고 있는 것이다. 정방에서 인사문제가 모두 이루어졌다면 3省과 정사당의 기능이 제대로 발휘될 수도 없는 것은 당연한 것이다. 선거지 銓注條의 이 기록대로라면 '舊制'에는 3省이 엄연히 병립되어 있었다고 할 수 있다.[57)]

㉣ ②의 『櫟翁稗說』에서는 吏部에서 문반의 인사를, 兵部에서 무반의 인사를 관장하고, 政案을 중서성에서 升黜하여 아뢰면 문하성에서 制勅을 받들어 이를 시행하는 것이 國法이고 이는 中原의 제도와 대개 같았다고 한다. 이 기록 역시 내용면에서 앞서 선거지 銓注條의 기록과 거의 비슷하다. 문무 관리의 인사에 상서성(吏部·兵部)과 중서성 및 문하성이 각각 독립하여 그들의 기능을 행사하는 것이 국법이었음을 보여 준다. "中書에서 擬升黜하고, 門下에서 承制勅"하는 이 법이 그대로 시행된 것인지는 다소 의문이 간다. 하지만 고려시대 재신들은 尙書 6部의 판사를 겸하게 되어 있고, 다음에서 보여 주는 바와 같이 二部의 판사가 정사당에서 실제로 인사문제의 검열에 참여하고 있다.

---

57) 『高麗史』 권75, 選擧3 銓注에 나오는 이 기사에 대해서 邊太燮은 『高麗 政治制度 硏究』, 26쪽에서 "중서성과 문하성이 각각 독립하여 그 기능이 달랐으며 상서성과 함께 3省體制를 이루고 있음을 증명하는 것이라" 하였다. 그럼에도 불구하고 같은 책 29쪽에서는 고종 12년에 엄연히 중서문하성이 존재하였으므로 '舊制'라고 쓴 것은 중서문하성 체제라고 해석하여, 3省 분립의 기능은 행해지지 않았고 중서문하성은 단일기구라 하였다.

神宗 5년에 崔忠獻이 私第에서 문무관을 銓注하여 아뢰면 왕은 머리를 끄덕이고, 二部의 判事는 '政堂'에 앉아 다만 검열만 할 뿐이었다고 한다.[58] '政堂'에 앉아 검열한 二部判事는 判尙書吏部事와 判尙書兵部事를 지칭한 것으로 이해되며, 재신이 겸직하는 관직이었다. 최충헌이 政柄을 잡고 인사행정을 전단함으로써 '政堂'에서 재신들은 단순히 검열만 하고 제대로 역할을 수행하지 못하였음을 반영해 주는 것이지만, 정사당의 실체를 인정할 수 있는 자료이다.

그러나 무신집권기에 반드시 그렇게만 이루진 것은 아니었다. 고종 때 任景肅을[59] 金紫光祿大夫 · 政堂文學 · 吏部尙書 · 判工部事 · 太子少傅로 임명하면서 내린 敎書에, 임경숙은 '政堂'으로 나아가 정당문학으로서 國事를 논의하고, 選部(吏部)에서 인재를 가려내고, 判工部事로서 工部(冬官)의 일을 처리한 바 있었다.[60] 위에서 언급한 '政堂'은 곧 政事堂을 지칭한 것으로, 吏部尙書와 工部判事를 겸직한 宰臣이 정사당에서 실제로 政事를 처리하였던 것이다.

政事堂을 '政堂', '政事之堂', '議政之堂'이라고도 하였음은 이미 지적한 바 있었지만, 무신집권기가 끝나고 왕정복고가 된 개경 還都 이후에도 議政之堂이 있었다. 李穀의 禁內廳事重興記에 원종 11년(庚午 1270) 개경 환도 이후에 文翰職을 세울 겨를이 없어 이에 옛 議政之堂을 복구해 주었다고 한다.[61] 왕정이 복고된 개경 환도 이후에도 議政之堂이 존재했음을 알 수 있다. 文翰

---

58) (神宗) 五年 忠獻始在私第 與內侍吏部員外郞盧琯注擬文武官以奏 王頷之 二部判事坐政堂 但檢閱而已 忠獻獨專政柄(『고려사』 권129, 열전 최충헌).

59) 고종 37년 5월에 평장사 임경숙이 知貢擧가 된 바 있다. (『고려사』 권73, 선거 과목 選場)

60) 進寵政堂 議事竚憑學問之精 選部甄人 亦倚銓平之妙 翊扶春禁 剖判冬官(『東文選』 권26, 除宰臣朴文成李子晟宋恂任景肅 麻制).

61) 國初設官 置六局禁中爲文翰職 … 庚午復都之後 未遑營構 以文翰官不可一日無其所 乃賜舊議政之堂(『東文選』 卷70, 禁內廳事中興記).
大臣五日一見 別有議政之堂(『高麗圖經』 卷5, 宮殿 王府).

官의 소임은 하루라도 없어서는 아니 되므로 議政之堂을 복구해 주었다고 한 것으로 보아, 文翰官과 議政之堂은 밀접한 관계가 있었음을 알 수 있다. 충렬왕 즉위년에 堤上宮 中書省을 史館으로 삼았는데 還都 이래 史館을 경영하지 못하여 실록을 본궐(堤上宮)의 佛堂庫에 임시로 보관하였다고 한다.[62] 여기서는 堤上宮 中書省을 史館으로 삼았다 하고, 앞서 이곡은 文翰官의 소임을 위해 옛 議政之堂을 다시 복구하였다고 하였다. 중서성에는 史館이 있었고, 국초 禁中에 있었던 文翰職의 文翰官은 還都 이후에는 議政之堂에서 그 소임을 수행하려 하고 있음을 알 수 있다. 국초 時政의 기록을 관장하던 史館의 監修國史는 시중이 겸직하는 재상의 관직이었다.[63] 충렬왕 34년에 충선왕이 史館(春秋館)을 文翰署와 병합하여 藝文春秋館이라 하였다.[64] 이러한 史館과 文翰官을 위에서는 중서성에 관련지어 논급하기도 하고, 議政之堂에 관련지어 설명하기도 하고 있다. 이것은 중서성이 곧 議政之堂이라고 해석할 수도 있는 것이다. 앞서 정당문학 李之氏의 사례에서는 "中書政事之堂"이라고 하였다. 이렇게 보면 中書가 '政事之堂'이고 또한 '議政之堂'이라고 해석할 수 있는 것이다. 그렇다면 中書가 '政事之堂', '議政之堂'으로 곧 정사당과 연결지을 수 있는 것이다. 그러나 중서성에는 宰臣과 省郎들이 다 참여할 수 있었지만, 政事堂 '政堂'은 재신들만 참여할 수 있는 차이가 있다. 중서성과 정사당은 구별이 되어야 한다.

중서성은 명종 26년 4월에 "壽昌宮中書省門"이라 하여 이전에 수창궁에 있었음을 앞서 지적한 바 있었지만, 강화 천도 이전 어느 시기에 堤上宮으로 옮겨간 것 같다. 최소한 명종 26년 이후 고종 19년(1232) 江華 천도 이전의

62) 以堤上宮中書省爲史館 還都以來 未營史館 奉實錄假藏本闕佛堂庫(『고려사』 권28, 세가 충렬왕 즉위년 9월).

63) 春秋館 掌記時政 國初稱史館 監修國史侍中兼之(『高麗史』 권76, 백관1 춘추관).

64) 春秋館 … 忠烈王三十四年 忠宣 併於文翰署爲藝文春秋館(『高麗史』 권76, 백관1 춘추관).

어느 시기에는 중서성이 제상궁에 있었던 것 같다. 제상궁은 명종 13년에 義昌宮으로부터 제상궁에 移御하였다.[65] 개경 환도 이후 원종 15년에 원종이 제상궁에서 죽었고, 충렬왕 원년에 제상궁을 뜯어 五大寺를 수리하였다[66] 한다. 이로 보아 충렬왕 원년에 첨의부로 개편되면서 중서성에 어떤 변화가 일어난 것이 아닌가 한다. 이와 더불어 고려후기에 충렬왕 5년에 도병마사가 도평의사사로 개편되어 兩府宰樞로 구성되는 都堂의 기능이 강화되면서부터 정사당에 관한 기록은 보이지 않는다.

Ⅳ. 中書省의 實體와 中書門下省

『고려사』 백관지 문하부조에는 "成宗元年改內史門下省 文宗十五年改中書門下省"이라 하여, 내사문하성이 중서문하성으로 개편된 것은 문종 15년이라 하였다. 이와 더불어 중서문하성(내사문하성)에 대한 기록으로는 앞서 문종 14년 12월에 "內史門下省火"라 한 것과 崔沖 열전에 "後改內史門下省爲中書門下省"한 것, 그리고 인종 9년(1131) 2월에 임시로 東宮의 位를 中書門下 청사에 설치한 것 등 외에도 여러 곳에 보이고 있다. 오늘날 우리 학계에서는 이 '중서문하성'을 단일기구로 정리하여, 이것이 정설로 되어 있다.[67] 또한

65) 『고려사』 권20, 세가 명종 13년 윤11월.
66) 『고려사』 권28, 세가 충렬왕 원년 8월.
67) 邊太燮, 「高麗의 中書門下省에 대하여」, 『歷史教育』 10, 1967. ; 『高麗政治制度史研究』, 48쪽에서 고려의 중서문하성은 성종 원년부터 문종 15년까지의 內史門下省 시기에는 '門下省'이라 약칭하고 문종 15년 이후 충렬왕 원년까지의 中書門下省 시기에는 '中書省'으로 약칭되기도 하였다 하고, 초기의 문하성과 후기의 중서성이라 하는 것은 내사문하성과 중서문하성의 略稱인 것으로 보아 이를 단일기구라 하였다.
朴宰佑, 「고려전기의 國政運營體系와 宰樞」, 『고려 국정운영의 체계와 왕권』, 176쪽에서 역시 중서문하성을 단일기구로 보았다.

『고려사』와 『고려사절요』에 '門下省奏', '中書省奏', '中書門下省奏'라는 用例도 많이 산견되고 있다. 중서성에 대한 올바른 해명이 이루어진다면 '中書門下省'을 비롯한 나머지 다른 문제들도 따라서 해명될 수 있으리라 여겨진다.

고려전기 3省體制下에서 政事의 중심이 되는 기구는 중서성이었다. 중서성의 관원과 문하성의 관원들은 중서성에서 정사를 보았다. 정사당은 그 중서성에 인접해 있었다. 중서성과 문하성 소속의 宰臣과 이에 속하지 않은 재신을 포함한 5宰들은 정사당에서 政事를 처리하였다. 중서성과 문하성의 省郎과 중추원의 樞臣 그리고 상서성의 관원들은 정사당에 참여할 수 없었다.

인종 초에 중서령 李資謙이 中書省에 앉아 宰樞 文武常參 이상은 階上에서, 7품 이하는 階下에서 줄을 이어 陳賀하였다고 한다.[68] 여기서 중서성은 政事를 처리하는 곳임을 알 수 있다. 중서령 이자겸뿐만 아니라 명종 때 문하시중 鄭仲夫가[69] 冢宰로서 중서성에 있었다고 하고,[70] 명종 9년에 참지정사 李光挺이 京市署令 王寵夫를 中書省에 오게 하여 크게 꾸짖었다고 한다.[71] 명종 21년경에 首相(判吏部事)인 杜景升과 亞相(同中書門下平章事·判兵部事)인 李義旼이[72] 中書에 同坐하여 서로 勇力을 자랑한 바 있다.[73] 神宗 4년에

朴龍雲, 「高麗時代의 門下侍中에 대한 검토」, 『震檀學報』 85, 1998. ; 『고려시대 中書門下省宰臣 연구』, 48~49쪽에서 중서성과 문하성은 분리된 기구가 아닌 단일기구로 보았다. 崔貞煥, 「『高麗史』 百官志의 구성과 문제점」, 27~28쪽에서 『韓國史通論』을 비롯한 각종 概說書는 물론 중·고등학교 국사 교과서에까지 그 이론이 반영되어 정설로 되어 있음을 지적한 바 있다.

68) 資謙 釋服上官 坐中書省 宰樞文武常參以上階上 七品以下階下 綴行陳賀(『고려사』 권127, 열전 반역 이자겸).

69) 壬午 以鄭仲夫爲門下侍中 陳俊參知政事 慶珍知門下省事 奇卓成知樞密院事 宋有仁 爲樞密院副使兵部尙書 李光挺爲樞密院副使御史大夫(『고려사』 권19, 세가 명종 4년 12월).

70) 初 仲夫爲冢宰 在中書省 有仁以親嫌 未登相位 在樞密累年 潛托內人 拜守司空尙書僕射 及仲夫致仕 乃拜門下侍郎平章事(『고려사』 권128, 열전 반역 정중부).

71) (明宗) 九年 光挺參知政事 嘗以事 囑京市署令王寵夫 寵夫不聽 光挺遣電吏 誘至中書省 呵叱之(『고려사』 권128, 열전 반역 정중부, 이광정).

72) 甲辰 以杜景升判吏部事修國史 李義旼判兵部事 李奕莛爲中書侍郎平章事 權節平參知政事判戶部事趙永仁參知政事政堂文學翰林學士承旨(『고려사』 권20, 세가 명종 21년 12월).

문하시랑동중서문하평장사 奇洪壽와 참지정사 車若宋이[74] 중서성에 앉아 주고받은 말 가운데 宰相의 職은 '論道經邦'이라 하였다.[75] 이와 같이 중서령, 문하시중, 평장사, 참지정사 등 宰臣들이 중서성에 同坐하여 政事를 처리하였다. 그 중서성을 앞서 仁宗 때 정당문학 李之氐의 사례에서 "中書政事之堂"이라 하여 中書를 정사당이라 하였다. 고종 때 政堂文學 · 吏部尙書 · 判工部事에 임명된 임경숙은 '政堂'(정사당)으로 나아가 정당문학으로서 國事를 논의한 바 있었다. 여기서 中書와 政事堂을 구별하여 생각해 볼 필요가 있다.

이미 살펴온 바와 같이 중서성에서는 중서성의 관원과 문하성의 관원이 同坐하여 政事를 처리하였고, 兩省의 어느 곳에도 소속되지 않은 참지정사와 정당문학도 중서성에 同坐하여 政事를 보았다. 그러나 상서성의 관원은 중서성에 들어갈 수 없었다. 尙書左僕射 文孝軾이 親嫌으로 오랫동안 南省(상서성)에 머물러 中書(중서성)에 들어가지 못하였다고 하고,[76] 尙書右僕射 崔甫淳은 中書에 들어가 參知政事가 되었다고 한다.[77] 이와 같이 상서성의 관원들은 재신직을 띠지 않고는 중서성에 들어갈 수 없었다.

그러나 중서성에는 宰臣들만 同坐한 것이 아니라 省郎도 참여하였다. 인종 14년에 문하성의 起居注 崔諴과 起居郎 鄭知常이[78] 中書에 同列해 있었다[79] 하고, 李侃은 中書에 들어가 正言 · 司諫 · 起居舍人 및 起居郎이 되어 항상 制誥를 관장하였다.[80] 기거주, 기거랑은 문하성 소속이고, 기거사인은 중서성

73) 義旼與杜景升 同坐中書(『고려사』 권128, 열전 반역 이의민).
74) 奇洪壽爲門下侍郎同中書門下平章事 … 金晙爲中書侍郎平章事 車若松守司空參知政事 崔忠獻爲樞密院使吏兵部尙書御史大夫(『고려사』 권21, 세가 신종 4년 12월).
75) 奇洪壽 · 車若宋 坐中書省 … 宰相之職 在於論道經邦(『고려사절요』 권14, 신종 4년 춘정월).
76) 久淹南省 未入中書(『東國李相國集』 33, 司空左僕射文孝軾三度乞致仕 依允敎書).
77) 貞祐 8年(高宗 8년) 庚旋入中書 拜金紫光祿大夫 參知政事(『朝鮮金石總覽』(上) 崔甫淳墓誌).
78) 甲戌 起居郎鄭知常奏(『高麗史』 권16, 세가 인종 11년 11월).
79) (仁宗) 十四年 加起居注吏部郎中 … 公之在中書同列有鄭知常者(『朝鮮金石總覽』(上) 崔諴墓誌).
80) 入中書爲正言 · 司諫 · 起居舍人及郎 常掌制誥(『朝鮮金石總覽』(上) 李侃墓誌).

의 관원이다. 이들은 모두 省郎(諫官·郎舍)들로서 中書에 들어갔다고 하는 것은 중서성에 들어가 그들의 소임을 수행하기 위한 것이라 여겨진다. 이와 같이 宰臣과 省郎들 그리고 다음에 언급할 承宣도 중서성에 들어간 예는 있으나, 省郎이 정사당에 참여한 예는 보이지 않는다.

예종 7년에 承宣 韓皦如를 중서성에 보내어 北邊 방어책을 의논한 바 있고,[81] 예종 12년 2월에 兩府宰樞 회의를 中書에서 개최하여 北邊問題를 宣問한 바 있다.[82] 예종 12년 3월에 遼의 침략에 대비하여 왕이 兩府·臺省·侍臣·知制誥·문무 3품·도병마판관 이상에게 명하여 중서성에서 회의를 개최한 바 있다.[83] 神宗 2년에 舊制에는 비록 학사직을 띠었어도 臺諫이나 知制誥가 아니면 시종에 참여할 수 없었으나, 이에 이르러 中書에 上奏하여 학사직을 띤 자는 모두 侍臣의 반열에 참여함을 허가하도록 고쳤다.[84] 예종 원년에 『海東祕錄』의 正本을 御府에 소장하고 副本을 중서성에 보내어 보관하게 하였다.[85] 중서성에서는 공해전을 받고 있었고,[86] 國印을 중서성에서 갖고 있었다.[87] 중서성은 양부 재추와 省郎들 뿐만 아니라 승선들, 그리고 臺省·知制誥·문무 3품·도병마판관도 이에 참여하여 北邊 문제를 논의한 바 있다. 그리고 학사직, 대간, 지제고 등이 侍臣의 반열에 참여하는 문제를 중서성에서 모두 처리하였다. 실록과 『海東祕錄』을 비롯한 圖書를 보관하고 國印을 소장하는 등 고려시대 政事의 중심이 되는 기관이 중서성이었다. "百揆庶務"와 諫諍

81) 己卯 遣承宣韓皦如于中書省 問禦邊之策(『고려사』 권13, 세가 예종 7년 11월).
82) 甲子 命兩府宰樞, 會中書 宣問北邊事宜(『고려사』 권14, 세가 예종 12년 2월).
83) 王 命兩府·臺省·侍臣·知制誥·文武三品·都兵馬判官以上 會議中書省(『고려사』 권14, 세가 예종 12년 3월).
84) 神宗二年 凡帶學士職者 並許參侍臣之列 舊制雖帶學士 非臺諫·知制誥 則不得與侍從 至是中書奏改之(『고려사』 권76, 백관1 諸館殿學士).
85) 刪定陰陽地理諸家書 編爲一冊以進 賜名海東祕錄 正本藏於御府 副本賜中書省·司天臺·太史局(『고려사』 권12, 세가 예종 원년 3월).
86) 樞密副使曺元正 奪中書省公廨田租(『고려사절요』 권13, 명종 17년 7월).
87) 宮闕災 … 又至 中書省出國印(『고려사절요』 권12, 명종 원년 10월).

封駁을 하는 門下府의[88] 관장 업무뿐만 아니라 제반 政事를 중서성에서 모두 처리하였던 것이다. 이러한 중서성을 학계에서는 그것이 '중서문하성'을 약칭한 것으로 보아 '중서문하성'을 단일기구로 정리하고 이것이 정설로 되어 있다.

唐制에는 중서성을 '鳳閣', 문하성을 '鸞臺'라 칭하였다.[89] 고려에서도 역시 중서성을 '鳳閣', 문하성을 '鸞臺'라 하였다. 『동문선』 除任元厚門下平章事條에 임원후가 門下侍郎同中書門下平章事에 제수된 것에 대하여 鳳閣과 鸞臺의 兩省을 겸하였다[90] 하고, 文公元 墓誌에도 鸞臺와 鳳閣을 구별하고 있으며,[91] 명종 때 文克謙의 경우 "兼中書門下兩省判兵部事"라[92] 하여 중서성과 문하성을 兩省으로 구별하였다.

李奎報가 고종 때 樞密院副使·右散騎常侍에서 知門下省事로 入相하자[93] 鴻樞(樞密院)에서 鳳閣(中書省)에 超參하였다고[94] 하였는데, 鳳閣은 중서성을 의미한다. 또한 그것은 추밀원의 樞臣이 鳳閣에 들어갈 수 없음을 말해 준다. 鄭克溫도 鳳閣에 올라 知門下省事가 되었다[95] 하고, 崔甫淳도 參知政事가 되자 鴻樞에서 鳳閣에 擢登되었다[96] 하고, 또한 최보순은 鳳池에 들어가 左右正言·司諫·起居舍人 3職을 역임하였다 한다.[97] 左正言은 문하성, 우정언은 중

---

88) 門下府 掌百揆庶務 其郎舍掌諫諍·封駁(『고려사』 권76, 백관1 문하부).

89) 垂拱元年 改門下省曰鸞臺 … 光宅元年改 中書省曰 鳳閣(『신당서』 권47, 백관2 문하성 및 중서성).

90) 是用金印紫綬 領太尉而贊萬機 鳳閣·鸞臺兼兩省長百辟 以鎭譚譚之府 以增赫赫之瞻 可特授守太尉門下侍郎同中書門下平章事(『東文選』 권25, 制誥).

91) 凡歷官 皆不出鸞臺·鳳閣(『朝鮮金石總覽』(上) 文公元墓誌).

92) (明宗) 十五年 判禮部事 … 明年 兼中書門下兩省判兵部事 尋權判尙書吏部事(『고려사』 권99, 열전 문극겸).

93) 特授樞密副使右散騎常侍進知門下省事戶郎尙書集賢殿大學士 陞政堂文學守太尉參知政事(『고려사』 권102, 열전 이규보).

94) 方佩銀章光 拜鴻樞之寵 遽腰金印 超參鳳閣之遊(『東國李相國集』 권31, 謝金紫光祿大夫知門下省事 戶部尙書集賢殿大學士表).

95) 登鳳閣知門下省事 於鳳閣 遷資爲參知政事兼判禮部(『東國李相國集』 권35, 鄭克溫墓誌).

96) 直越鴻樞 擢登鳳閣(『東國李相國集』 33, 崔甫淳 讓金紫光祿大夫參知政事集賢殿大學士同修國史判禮部事 不允敎書).

서성, 起居舍人은 중서성 소속이다. 여기에 나타나는 鳳閣과 鳳池는 중서성을 지칭하고 있는 것이다. 이 鳳閣은 중서문하성의 宰府를 가리키는 것이라는 견해가 피력되어 있다.[98] 그러나 그렇게는 생각되지 않는다. 鳳閣은 중서성을 지칭하는 것으로, 여기서 지문하성사, 참지정사 등의 재신과 이하 중서성과 문하성의 省郞들도 모두 政事에 참여하였던 것이다. 省郞이 중서성 즉 鳳池에 참여한 예는 있으나 정사당에 참여한 예는 보이지 않는다.

고려말 趙浚의 상서문에 중서령, 시중, 평장사, 참지정사 정당문학의 5宰가 모두 '中書'에 속해 있었다 하고, 李齊賢은 중서성과 상서성을 개편하여 僉議府로 되었다고 하였다. 그러나 『고려사』 백관지 門下府와 尙書省條에는 '중서문하성'과 상서성을 병합하여 僉議府가 된 것으로 기록하여 그 차이점을 보이고 있다.

㉤ ① 本朝之制 中書則曰令 · 曰侍中 · 曰平章 · 曰參政 · 曰政堂 五者法天之五星也(『고려사』 권118, 열전 조준)

② 以本國官制 有同於上國 改中書省 · 尙書省 並爲 僉議府(『益齋亂藁』 9, 上)

③ 文宗十五年 改中書門下省 忠烈王元年 倂尙書省爲僉議府(『고려사』 권76, 백관1 문하부).

④ 尙書省 … 忠烈王元年 倂于中書門下爲僉議府 幷罷員吏(『고려사』 권76, 백관1 상서성)

조준이 말하는 중서성에 소속된 5宰 가운데 중서령은 중서성 소속이고,

---

97) 始入鳳池 歷登左右正言 · 司諫至起居舍人 皆兼三字(『朝鮮金石總覽』(上) 崔甫淳墓誌).

98) 邊太燮, 『高麗政治制度史硏究』 52~53쪽에서 고려에서도 唐制와 같이 문하성을 鸞臺, 중서성을 鳳閣이라 하였다고 하면서 또한 鳳閣(중서성)이란 중서문하성을 표시하는 것이라 하여 그것이 단일기구임을 증명하려 하였다.

시중은 문하성, 평장사는 兩省의 평장사, 참지정사와 정당문학은 어느 省에도 소속되지 않은 宰臣이다. 중서령을 빼고 지문하성사를 넣어 5宰라 하는 이제현의 지적도 있지만, 이들은 모두 宰相之職(宰執)으로 중서성과 정사당에서 政事에 참여할 수 있었다. 그러므로 조준은 그가 지적한 5宰 모두를 '中書'에 소속된 관원으로 표현하고 있다. 이제현이 중서성과 상서성을 개편하여 僉議府가 되었다고 한 그 '중서성' 역시, 政事의 중심이 되는 중서성에 兩省의 재신들이 모두 참정하고 있었기 때문에 중서성이라고 했을 것이라 여겨진다.[99]

『고려사』 백관지 문하부條에는 충렬왕 원년에 '중서문하성'과 상서성을 병합하여 첨의부로 개편하고, 상서성條에는 상서성과 '中書門下'를 병합하여 첨의부가 된 것으로 나타나 있다. '중서문하성'과 상서성을 병합하여 僉議府가 되었다고 하는 '중서문하성'은 중서성과 문하성의 합성어로, 이를 단일기구로 볼 수가 없다. 요컨대, 중서성과 문하성의 省郎들과 재신들이 모여 政事를 처리하는 곳이 중서성이고, 그 안에는 재신들이 議政하는 정사당이 있었다. 따라서 백관지 문하부조의 기록 '中書門下省'은 중서성과 문하성의 합성어이며, 충렬왕 원년에 중서성, 문하성, 상서성의 3省을 병합하여 僉議府로 개편된 것으로 정리할 수 있다.

『고려사』 백관지 문하부조에 의하면 충렬왕 원년에 중서령은 일시 폐지하여 두지 않았고, 문하시중을 僉議中贊으로 개편하여 좌우 각 1인을 두었다. 평장사는 전기의 門下侍郎平章事, 中書侍郎平章事, 門下平章事, 中書平章事의 4평장사를 僉議侍郎贊成事, 僉議贊成事로 개편하여, 문하성과 중서성의 구별을 없애고 이를 통합하여 첨의부 소속의 찬성사로 나타나고 있다. 참지정사는 僉議參理로, 정당문학은 參文學事로, 지문하성사를 知僉議府事로 개편

99) 邊太燮, 위의 책, 49쪽에서 趙浚이 지적한 '中書'와 李齊賢이 말한 中書省은 중서문하성을 가리키는 것이라 하였다.

하여 모두 첨의부 소속의 관원이 되었다. 전기의 참지정사와 정당문학은 중서성과 문하성의 兩省에 다 참정을 하는 재신이었는 데 비하여, 충렬왕 원년에 첨의부로 통합된 이후부터는 첨의부 소속의 재신이 된 것이다. 省郞은 전기에 "左門下右中書"라는 좌·우직으로 구분이 되었으나, 충렬왕 원년(1275)에 僉議府로 개편된 이후부터는 첨의부라는 단일기구 안에서 좌·우직으로 구분되었다.[100)]

V. 맺음말

지금까지 살펴본 바를 요약하여 맺음말을 대신하고자 한다. 성종 원년(982)에 崔知夢이 수내사령에 임명된 예를 시초로 하여 문하시중, 평장사, 참지정사 등 唐制를 수용하여 신설된 3省制하에서 내사성과 문하성의 宰臣들이 점차적으로 임명되면서 宰相制度가 성립되기 시작하였다. 이렇게 성립되기 시작한 재상제도는 성종 14년을 전후하여 그 운영에 변화가 일어났고, 그것이 제도적으로 정비된 것은 내사성이 중서성으로 개편되는 문종 15년이었다.

고려에서는 "法唐體宋"이라 하여 唐制를 바탕으로 宋制를 채용한 것이 많지만, 宰相制度는 唐制와 다르고 宋制와도 다른 차이점이 있었다. 唐 초기에는 상서령, 중서령, 문하시중의 3省 장관을 재상으로 삼고, 政事堂에서 사무를 보았다. 政事堂은 먼저 門下省에 설치하고, 후에 中書省으로 옮겼다가 開元(713~741) 연간에 中書門下로 改稱하였다. 송은 3省制를 유지하면서 禁中에 별도로 中書(中書門下)를 설치하여 이를 정사당이라 하였다. 唐·宋制

100) 崔貞煥, 「『高麗史』 百官志 門下府의 구성과 문제점」, 42~48쪽.

에서는 중서성을 정사당이라 하고 中書門下라고도 하였다. 고려의 재상제도는 唐制와는 유사성을 찾을 수 있으나 宋制와는 거리가 멀다.

고려시대 중서령과 상서령 및 樞臣은 尙書 6部의 判事를 겸한 예가 없고, 일반적으로 6부의 판사를 겸할 수 있는 5宰는 門下侍中, 平章事, 參知政事, 政堂文學, 知門下省事였다. 이를 省宰라고도 하고, 中樞院의 樞臣과 구별하여 眞宰라 하였다. 고려시대 宰臣은 중서성과 문하성에 소속된 재신도 있었지만, 兩省의 어느 省에도 소속되지 않은 재신을 포함해서 5宰로 宰府를 구성하였다. 이들이 政事를 의논하고 처리하는 곳을 政事堂이라 하였다.

『고려도경』에 중서성과 문하성의 청사가 분리되어 있고, 王府의 內府에 大臣들이 일을 보는 '議政之堂'(政事堂)이 별도로 있었다고 한 것은 올바른 지적이었다. 중서성은 壽昌宮에 있었고, 정사당은 御所가 있는 帳殿의 서편에 있었다. 중서성은 한때 壽昌宮에 있다가 堤上宮으로 옮겨간 적이 있다.

고려전기 3省體制下에서 政事의 중심이 되는 기구는 중서성이었다. '中書'를 '議政之堂', '中書政事之堂'이라 하여 중서성에 비정되기도 하였지만, 대체로 정사당을 지칭한 것이었다. 宰樞와 省郎 등이 政事에 참여하는 중서성과 宰臣들로 구성되는 政事堂은 서로 구별이 되었다. 고려시대에는 唐制에서와 같이 중서성을 '鳳閣', 문하성을 '鸞臺'라 하여 서로 구별하였다. 省郎들이 중서성(鳳池)에 참여한 바는 있으나, 정사당에 참여한 예는 보이지 않았다.

중서성에서는 宰樞와 省郎 및 承宣 · 臺省 · 知制誥 · 문무 3품 · 도병마판관 등이 北邊 문제를 논의한 바 있고, 學士職, 臺諫, 知制誥의 侍臣 반열에 참여하는 문제 등 제반 政事를 논의하여 처리하였다. 또한 중서성은 『실록』과 『해동비록』을 비롯한 圖書를 보관하고 國印을 소장하는 등 政事의 중심기관이었다. "百揆庶務"와 諫諍, 封駁을 하는 門下府의 관장업무뿐만 아니라 제반 政事를 중서성에서 모두 처리하였던 것이다. 이러한 중서성을 학계에서는 그것이 '중서문하성'을 약칭한 것으로 보아 '중서문하성'을 단일기구로 보는 것이 정설로 되어 있다. 그러나 '중서문하성'은 중서성과 문하성의 합성어로 단일기구가 아니었다.

『고려사』 백관지 문하부와 상서성조에 '중서문하성'과 상서성을 병합하여 僉議府로 개편한 것같이 기록했는데, '중서문하성'은 중서성과 문하성의 합성어로 단일기구로 볼 수가 없다. 충렬왕 원년에는 중서성, 문하성, 상서성의 3省을 병합, 혁파하여 僉議府로 개편하였다. 宰臣은 물론 省郎들 모두 첨의부라는 단일기구 안에 편성되었다. "左屬門下 右屬中書"라는 좌·우직의 구분도 첨의부라는 단일기구 안에서 그러한 구분이 이루어졌다.

고려후기에 宰相職의 운영에는 새로운 변화가 일어났다. 전기에 일부 재신은 僕射나 6部 尙書 등의 실직을 지냈거나 지니고 재신이 되어, 재신으로 겸할 수 있는 판사직을 겸직하였다. 그러나 충렬왕 원년 이후부터 재신이 상서 등 실무직을 지니는 예는 점점 사라지고 최종적으로 문하부로 개편되어 갔다. 후기에 宰樞로 구성되는 도당의 구성원이 변화하고 그 기능이 확대 강화되면서 정사당에 관한 기록은 보이지 않았다. 정사당과 도당의 관계를 새로이 해명하는 문제는 재상의 국정운영과 그 변화과정을 이해하는 데 간과할 수 없는 중요한 문제이다. 이 연구가, 고려의 중앙관제가 2省 6部가 아니라 3省 6部制임을 밝히는 데 조그마한 보탬이 되었으면 한다.

제5장 | 『高麗史』 百官志 門下府의 構成과 問題點

Ⅰ. 머리말

筆者는 『高麗史』 백관지를 譯註하는 과정에서 그 先行作業으로 『高麗史』 백관지에 대해서 연구한 바 있다. 歷代의 中國史書인 『舊唐書』, 『新唐書』, 『宋史』 및 『元史』를 비교 검토하여 『고려사』 백관지의 체제와 구성에 대해서 먼저 살펴보고, 이어서 그동안 학계에서 정설로 통용되고 있는 기존 학설에 대한 오류와 『고려사』 撰者의 오류 및 백관지에 내포되어 있는 여러 가지 문제점들을 살펴보았다. 『고려사』의 체제와 백관지의 구성, 2省 6部制說, 王室과 封君에 대한 문제, 外職條의 구성과 문제점 등 기왕의 연구와 비교하여 여러 가지 다른 문제점을 찾을 수 있었다. 그 가운데 가장 문제되는 것은, 中書門下省을 단일기구로 보아 고려의 중앙관제는 3省 6部가 아니라 2省 6部라 하는 것이 정설로 되어 있는 것이다. 제5장에서는 중서문하성이 단일기구인지 분리된 기구인지를 구체적으로 밝히고, 나아가 문하부조에 나타난 撰者의 여러 오류를 살펴서 이를 바로잡아 봄으로써 3省 6部 문제도 함께 검토할 수 있으리라 여겨진다.

2省 6部가 정설로 통용되게 된 근본적인 원인은 『고려사』 撰者들이 門下府條에 중서성과 문하성의 연혁을 잘못 기록하였기 때문이다. 중서문하성은

단일기구가 아니라 중서성과 문하성으로 분리된 기구였다. 『新唐書』 백관지와 『宋史』 직관지를 비교하고, 『고려사』 백관지와 식화지, 선거지, 여복지 및 기타 관계자료와 임명사례 등을 다각적으로 분석하여 그 성립과정과 변천을 세밀히 검토해 본 결과, 중서문하성이 단일기구가 아니었음을 입증할 수 있는 확실한 논거를 찾을 수 있었다. 이러한 논거는 고려전기의 중앙관제가 2省이 아니라 3省임을 밝히는 데 핵심이 되는 것이다.

본래의 목적은 『고려사』 백관지 문하부의 체제와 구성 및 내용을 상서성과 비교하여 고려의 중앙관제가 3省 6部制였음을 밝혀보고자 하는 것이었다. 고려시대 중앙 정치제도와 행정체계를 새로운 시각으로 연구하는 데 조그마한 보탬이라도 되었으면 하는 마음에서 이 글을 쓰게 되었다.

Ⅱ. 門下府의 官員構成과 整備過程

고려시대 중앙 정치제도인 3省 6部가 처음으로 정해진 시기에 대해서는 『고려사』 백관지 서문과 세가에 다음과 같이 기록되어 있다.

㉮ ① (太祖) 2년에 3省·6尙書·9寺·6衛를 설치하였는데 대체로 唐制를 본뜬 것이다.[1]

② (성종 2년 夏5월) 처음으로 3省·6曹·7寺를 정하였다.[2]

㉮ ①의 『고려사』 백관지 서문에서는 3省 6尙書가 태조 2년에 설립되었다

1) (太祖) 二年 立三省·六尙書·九寺·六衛 略倣唐制(『고려사』 권6, 백관지 서문).
2) (成宗 二年 夏五月) 始定三省·六曹·七寺(『고려사』 권3, 세가).

고 한다. 이 기록은 『고려사』 撰者의 착오임을 두루 알고 있는 내용이다. 태조가 즉위한 지 6일 만인 원년(918) 6월에 단행된 인사개편에서는 廣評省, 內奉省, 徇軍部, 兵部, 倉部, 義刑臺, 都航司, 物藏省, 內泉部, 珍閣省, 白書省, 內軍의 순서로 5省 · 4部 · 1臺 · 1司 · 1軍 등 12官署가 나타난다. 그 가운데 3省 · 6尙書 · 9寺 · 6衛는 찾아볼 수가 없다. 『高麗史』 撰者의 착오로 인한 기록의 잘못임이 분명한 것이다.

㉮ ②에서는 3省 6部가 성종 2년에 처음으로 정해졌다고 한다. 그런데 이러한 내용과는 달리 백관지에는 국초의 內議省이 성종 원년에 '內史門下省'으로 개편되고[3] 廣評省도 성종 원년에 御事都省(상서성)으로 되었다고 한다.[4]

---

3) 門下府 … 國初稱內議省 成宗元年改內史門下省 文宗十五年改中書門下省(『고려사』 권76, 백관1 문하부).
내의성을 성종 원년에 '내사문하성'으로 개편하였다고 한 문하부조의 이 기록은 찬자의 잘못이라 여겨진다. 국초의 內議省이 '內史門下省'으로 개편된 것이 아니라, 국초의 내의성은 없어지고 내의성의 기능을 계승하여 唐制를 수용한 내사성으로 제도화된 것이다. (崔貞煥, 「『高麗史』 百官志의 硏究」, 『譯註 『高麗史』 百官志』, 경인문화사, 2006, 27~29쪽.)

4) 尙書省 太祖仍泰封之制 置廣評省 摠領百官 有侍中 · 侍郞 · 郞中 · 員外郞 【太祖時又有內奉省 三國史云 內奉省卽今都省 沿革與此不同】 成宗元年改廣評省 爲御事都省 十四年改尙書都省 文宗定尙書令一人 秩從一品(『고려사』 권76, 백관1 상서성).
『고려사』 찬자들은 상서성의 전신으로 광평성을 지목하면서도, 또한 金富軾이 撰進한 『三國史記』(弓裔傳)에는 內奉省이 都省(御事都省 · 尙書都省 · 尙書省)의 전신이라는 사실도 附記하여 스스로 거기에 의문을 표시하고 있다. 결과적으로 『고려사』 찬자는 상서성의 전신을 광평성으로 지목하여 오류를 범하였다. (李泰鎭, 「高麗 宰府의 성립 - 그 制度史的 考察 -」, 『歷史學報』 56, 1972, 9쪽.)
국초 광평성의 관원은 侍中 · 侍郞 · 郞中 · 員外郞 등으로 구성되어 있고, 내봉성의 관원은 令 · 卿 · 內奉監 · 內奉理決 · 評察 등으로 구성되어 있다. 이후 성종 원년에 발족한 문하성의 관원은 문하시중, 문하시랑평장사(이하생략) 등 侍中과 侍郞으로 구성되어 있고, 역시 성종 원년에 발족한 어사도성의 관원은 知都省事 · 左丞 · 郞中 · 員外郞으로 구성되어 있다. 이러한 관원 구성의 연혁으로 보아 상서성의 전신을 광평성으로 지목한 『高麗史』 찬자의 기록은 그대로 믿기 어렵고, 내봉성으로 지목한 『三國史記』 찬자의 기록이 올바른 지적이었다고 여겨진다. 국초의 광평성은 성종 원년 이전의 어느 시기에 혁파되고, 백관을 摠領하던 광평성의 侍中은 '左執政守內史令制'라는 과도기 체제의 執政과 관련된 것으로 그것은 門下省의 侍中으로 그 기능이 연결되어 갔다. (崔貞煥, 「『高麗史』 百官志의 硏究」, 『譯註 『高麗史』 百官志』, 경인문화사, 2006, 55~58쪽.)

물론 이 기록의 내용에는 撰者의 오류가 介在되어 있다고 여겨지지만, 3省 6官이 성종 원년에 모두 정해졌다는 사실을 알 수 있다. 위 두 기록에 연유하여 학계에서는 일반적으로 3省 6部가 정해진 시기를 성종 원년과 2년으로 보고 있다. 그러나 성종 원년에 崔知夢이 守內史令에 임명되고,[5] 崔承老가 성종 원년에 行選官御事에, 성종 2년에 門下侍郎平章事로 임명된 사례로[6] 보아 3省 6部는 성종 원년에 이미 발족된 것으로 보아야 할 것 같다. 성종 2년에 이몽유가 左執政으로 知貢擧가 된 사례가 있어,[7] 당시까지 문하부가 발족하지 못하고 과도기 체제가 성종 2년까지 그대로 지속된 것으로 볼 수도 있다. 그러나 백관지 문하부조에 '內史門下省'으로 개편된 것은 성종 원년이라고 하고 있다. 唐制를 수용하여 제도를 개편함에 있어서 내사성과 어사도성 및 御事 6官은 이미 성종 원년에 발족하였는데 유독 문하성만은 성종 2년에 수용하였다고 보기에는 논리적으로 맞지 않는다. 이몽유가 左執政으로 知貢擧가 되어 성종 2년에까지 과도기 체제가 유지되었다고 할지라도 3省이 제도적으로 처음 발족한 것은 성종 원년으로 보아야 할 것 같다. 성종 원년에 발족한 3省은 내사성, 문하성, 어사도성(상서도성)을 말한다.

후술하겠지만 성종 원년(995)에 唐制를 수용하여 발족한 내사성과 문하성은 문종 15년(1061)에 내사성을 중서성으로 고쳐 중서성, 문하성, 상서성의 3省制로 정비되었다. 그러나 상서성의 경우는 이와는 좀 달랐다. 尙書省은 성종 원년에 발족한 御事都省과 御事 6官이라는 과도기 체제를 거쳐 성종 14년에 唐制를 수용하여 尙書都省으로 개편되었다가 문종 때 宋制를 참작하

---

5) 『고려사』 권92, 열전 최지몽. ; 『高麗史節要』 권2, 성종 6년 3월.

6) 『고려사』 권3, 세가 성종 2년 정월. ; 같은 책, 세가 성종 7년 12월. ; 『고려사』 권93, 열전 최승로.

7) (成宗二年) 二月 正匡崔承老 左執政李夢游 兵官御事劉彦儒 左丞盧奕取進士(『고려사』 권73, 선거1 과목 선장).

여 상서성 제도가 정비되었다.[8] 상서성에 관한 것은 접어 두고 門下府의 관원 구성을 唐·宋制와 비교하여 〈表5-1〉과 같이 정리해 볼 수 있다.

〈表5-1〉 門下府의 官員構成 비교표

高麗史(百官志, 文宗朝)			宋史(職官志, 元豊官制)			新唐書(百官志)		
門下府			宰執(宰相之職) : 平章軍國重事 · 使相 · 參知政事					
	門下省	中書省	門下省	中書省	비고	門下省	中書省	비고
종1품	門下侍中	中書令	侍中	中書令	종1품	侍中	中書令	정2품
정2품	門下侍郎平章事 門下平章事	中書侍郎平章事 中書平章事	門下侍郎	中書侍郎	정2품	門下侍郎	中書侍郎	정3품
종2품	參知政事, 政堂文學, 知門下省事							
정3품	左散騎常侍	右散騎常侍	左散騎常侍	右散騎常侍		左散騎常侍	右散騎常侍	정3품하
종3품	直門下							
정4품	左諫議大夫	右諫議大夫	左諫議大夫(종4품)	右諫議大夫	종4품	左諫議大夫	右諫議大夫	정4품하
종4품	給事中	中書舍人	給事中(4인, 정4품)	中書舍人(4인)	정4품	給事中	中書舍人	종5품상
종5품	起居郎 起居注	起居舍人	起居郎(1인, 起居注)	起居舍人	정7품	起居郎	起居舍人	종6품상
정6품	左補闕(左司諫)	右補闕(右司諫)	左司諫	右司諫	정7품	左補闕	右補闕	종7품상
종6품	左拾遺(左正言)	右拾遺(右正言)	左正言	右正言	종7품	左拾遺	右拾遺	종8품상
종7품	門下錄事	中書注書				門下錄事	中書注書	종7품상
						主事	主事	종8품하

고려시대 문하부의 관원구성을 唐·宋制와 비교해 보면 대충 비슷한 점이 많다. 그러나 차이점은 있다. 하나의 공통점은 중서성과 문하성이 단일기구가 아니라 분리된 기구였다는 것이다. 고려의 중서성과 문하성은 唐制를 바탕으로 宋制를 참작하여 문종 15년에 정비되었다. 『고려사』 백관지에 국초의 內議省을 성종 원년에 '內史門下省'으로 개편하였다고 하는데 內史省은 당제를 수용한 것이라 여겨진다. 唐制에 武德 3년(620)에 內書省을 고쳐 中書省이라 했고, 光宅 원년(684)에 중서성을 고쳐 鳳閣이라 하고, 中書令을 內史라 하였다.[9] 성종 원년(982)의 내사성은 이러한 唐制의 內史省과 관련된 것이라 여겨

8) 崔貞煥, 「『高麗史』 百官志의 硏究」, 『譯註 『高麗史』 百官志』, 경인문화사, 2006, 55~61쪽.

진다. 龍朔 2년(662)에 문하성을 東臺라 하고 侍中을 左相이라 하였다.[10] 이와 같이 唐制에서는 내사성(중서성)과 문하성이 분리되어 있었다. 3省의 장관이 처음에 문하성의 政事堂에서 국사를 의논하였는데, 후에 政事堂을 중서성으로 옮기고 開元(714~741) 연간에는 정사당의 칭호를 고쳐 '中書門下'라 칭하였다.[11] 이렇게 고려의 내사성과 문하성은 성종 원년에 당제를 수용한 것이라 여겨진다. 그러나 문종 15년에 정비된 문하부의 관원구성은 唐制보다 宋制에 더 가깝다. 『宋史』에 "宋承唐制"라[12] 한 바와 같이 송나라는 唐制를 承襲하였고, 고려에서는 "法唐體宋"[13]이라 한 바와 같이 唐制를 바탕으로 宋制를 많이 채택하였으므로 그 제도가 서로 비슷한 것은 당연한 사실이다.

『新唐書』에서는 百官志1에서 三師三公 아래 尙書省·6部를 상위에 두고, 백관지2에 門下省, 弘文館, 中書省 순으로 설정하고 있는 데 비하여, 『宋史』 직관지에서는 三師·三公 아래 宰執(宰相之職)을 두고, 문하성, 중서성, 상서성 순으로 되어 있다. 宰執(宰相之職)으로는 平章軍國重事·使相·參知政事를 두고 있다. 그런데 『고려사』에서는 三師·三公 아래 『宋史』에서와 같은 宰執(宰相之職)을 별도로 설정한 규정은 보이지 않고, 문하성과 중서성을 두고 문하시중, 중서령 아래 4平章事와 그 아래에 參知政事·政堂文學·知門下省事를 두고 있는 차이가 있다. 그리고 『고려사』에 보이는 直門下가 『新唐書』와 『宋史』에 보이지 않고, 또한 『고려사』의 門下錄事·中書注書가 『新唐書』

---

9) 武德三年 改內書省曰中書省 內書令曰中書令 … 光宅元年 改中書省曰鳳閣 中書令曰內史(『신당서』 권47, 백관2 중서성).

10) 龍朔二年 改門下省曰東臺 侍中曰左相(『신당서』 권47, 백관2 문하성).

11) 初三省長官議事于門下省之政事堂 其後裵炎自侍中遷中書令 乃徙政事堂於中書省 開元中張說 又改政事堂號中書門下(『신당서』 권47, 백관2 宰相之職).
고려에서도 政事堂을 中書門下省이라고 불렀다고 한다. (이정훈, 「고려전기 三省六部制와 各司의 運營」, 연세대학교 박사학위논문, 2004, 223쪽.)

12) 『宋史』 卷161, 職官1 三師三公.

13) 李穀, 『稼亭集』 卷9, 賀崔寺丞登第詩序.

에는 보이나 『宋史』에는 보이지 않으며 품계상에도 서로 차이가 있다. 이러한 차이는 "宋承唐制"라[14] 한 바와 같이 송나라는 당제를 승습하여 송의 실정에 맞게 적용시켰고, 고려는 唐制를 참작하여 고려의 실정에 적용시켰기 때문으로 여겨진다. 이러한 약간의 차이점을 제외하면 『高麗史』 백관지와 『신당서』 및 『宋史』 직관지는 외형상 관직구성으로 보면 비슷한 점이 많다.

고려의 제도와 唐·宋制를 비교해 보면 성종 원년에 설립한 내사성과 문하성은 당제를 수용한 것 같고, 문종 15년에 정비된 문하부의 관원구성은 唐制보다는 宋制에 더 가깝다. 성종 원년의 내사성을 문종 15년에 중서성으로 고친 것은 宋制에 의거한 것이 아닌가 한다. 물론 唐制에도 중서성이 없었던 것은 아니지만, 내사성은 당제에는 있으나 宋制에는 보이지 않는다. 唐制에는 문하성의 시중과 중서성의 중서령이 정2품인 데 비하여 고려와 宋制에서는 다 같이 종1품으로 그 품계가 같다. 당제의 문하시랑과 중서시랑이 정3품인 데 비하여 고려에서는 정2품으로 宋制와 서로 같다. 이로 보아 문종 15년에 정비된 문하부의 관원구성은 宋制를 채용한 것이라 여겨진다.

그러한 사실은 문하부보다 尙書省의 정비과정에서 더 명료하게 드러난다. 尙書省은 성종 원년에 발족한 御事都省과 御事 6官이라는 과도기 체제를 거쳐 성종 14년에 唐制를 수용하여 尙書都省과 尙書 6部로 개편되었다가 문종 때 정비되었다. 문종 때 정비된 상서성은 성종 14년에 唐制를 바탕으로 한 그대로의 제도가 아니었다. 이후 현종 2년에 병부, 호부, 예부, 공부 등에 또 다른 여러 가지 개편이 이루어졌다. 이러한 사실은 당제에 의거한 그대로의 제도가 아니었음을 말해 주는 것이다. 그러므로 문종 때 정비된 고려의 尙書省과 6部는 宋制를 참용하여 고려의 독자적인 요소를 가미하여 정비된 것이라 할 수 있다.

---

14) 『宋史』 卷161, 職官1 三師 三公.

고려의 제도가 唐制보다 宋制에 더 가까운 것은 사실이나, 실제로 관직 운영의 실태는 서로 달랐다. 宋의 元豊(1078) 新官制는 이전과는 달리 唐代의 3省 6部 조직으로 복원하여 3省에 시중, 중서령, 상서령을 두었다. 그러나 이를 除授하지 않고, 尙書省의 左僕射가 門下侍郎을 겸하여 시중의 직임을 맡고, 右僕射가 중서시랑을 겸하여 중서령직을 맡아 상서성의 左·右僕射가 실질적인 宰相이 되어 3省體制를 운영하였다.[15] 宋의 3省體制下에서는 문하성과 중서성을 엄격히 구별하여 문하성에는 시중과 문하시랑으로부터 左正言에 이르기까지, 중서성에는 중서령과 중서시랑으로부터 右正言에 이르기까지 관료조직이 구성되어 있다. 다만 시중, 중서령, 상서령을 임명하지 않고 상서성의 左·右僕射가 실질적인 宰相의 직임을 맡고 있는 것이 특징이라 할 수 있다. 이러한 宋制는 기본적으로는 唐의 3省體制의 바탕 위에서 관직운영의 방법은 송나라 실정에 맞게 운영해 간 것이다. 고려에서는 宋制와 같이 운영된 것은 아니지만, 상서성의 左·右僕射나 6部尙書가 실직을 지니고 참지정사, 정당문학, 지문하성사 등의 宰臣職을 겸직한 예가[16] 많이 보이고 있는 것은 宋制와 유사한 점이 있는 것이다.

고려에서도 宋制와 같이 기본적으로 3省體制 바탕 위에서 고려의 실정에 맞게 관직운영이 이루어졌을 것으로 여겨진다. 그러나 『고려사』 백관지에서는 宋制와 다르게, 門下府 아래 문하성과 중서성이 '中書門下省'으로 통합되

15) 神宗新官制 於三省置侍中·中書令·尙書令 以官高不除人 而以尙書令之貳左 右僕射爲宰相 左僕射兼門下侍郎 以行侍中之職 右僕射兼中書侍郎 以行中書令之職(『宋史』 권161, 職官1 宰執 宰相之職).
和田 清 編著, 『支那官制發達史』, 汲古書院, 1942, 185쪽.
宮崎市定, 「宋代官制序說」, 佐伯富編, 『宋史職官志索引』, 東洋史硏究會, 1963, 18쪽.
申採湜, 『宋代官僚制硏究』, 三英社, 1981, 125쪽.

16) 崔貞煥, 「高麗 中書門下省의 祿俸規定」, 『韓國史硏究』 50·51, 1985. ; 『高麗·朝鮮時代 祿俸制 硏究』, 慶北大學校 出版部, 1991, 93~98쪽.
朴龍雲, 『고려시대 中書門下省宰臣 연구』, 일지사, 2000, 242~412쪽.

어 단일기구인 것같이 기술되어 있다. 이러한 사실은 『고려사』 찬자들이 고려 후기의 사실을 기준으로 전기의 내용을 기술한 오류에서 기인된 것이라 여겨진다. 이것은 고려전기의 중앙관제가 3省 6部인가 아니면 2省 6部인가를 해명하는 데 관건이 되는 중요한 문제인 것이다.

『고려사』 백관지 문하부조에는 국초의 內議省이 성종 원년에 內史門下省으로 개편되고, 이후 여러 차례의 개편을 거쳐 최종적으로 門下府로 개편되어 중서문하성이 단일기구인 것같이 기술되어 있다. 이러한 門下府條의 기록에 대해서 의문을 제기하지 않을 수 없다. 충렬왕 원년에 中書省과 門下省이 僉議府로 개편되기 이전에, 이것이 '中書門下省'이라는 단일기구였던가 아니면 中書省과 門下省이 분리된 기구였던가를 구체적으로 검토해 보아야 할 문제인 것이다.

『고려사』 백관지 문하부조의 기록은 최후로 개편된 관부와 관직의 칭호를 기준으로 判門下(중서령)로부터 錄事·注書에 이르기까지 품계의 순서에 따라 나열하고 있다. 성종 원년의 '내사문하성'이 여러 차례 개편을 거쳐 최후로 개편된 門下府를 기준하여 각 관직의 품계 순서에 따라 중서성과 문하성을 단일기구로 보아 일괄적으로 정리해 놓았다. 그러나 문하부조의 기록을 자세히 검토해 보면 〈表5-1〉에서 정리한 바와 같이 중서성과 문하성이 단일기구가 아님을 보여 주고 있다. 宋制에 "左屬門下 右屬中書"[17]라고 한 바와 같이 고려에서도 宋制와 같이 左職은 문하성, 右職은 중서성으로 구별하여 문하성과 중서성이 분리된 기구임을 분명히 알 수 있다. 예를 들어 문하성에는 직문하(종5품)를 설정한 데 비하여 중서성에는 그것이 없다. 문하성에는 급사중(종4품)을 설정한 데 비해서 중서성에는 중서사인을, 또한 문하성에는 기거랑

17) 右散騎常侍 右諫議大夫 右司諫 右正言 與門下省同 但左屬門下右屬中書(『宋史』 권161, 職官1 中書省).

과 기거주를 설정한 데 비하여 중서성에는 기거사인을 설치하고, 문하성에는 문하녹사(종7품)를 둔 데 비하여 중서성에는 중서주서를 두고 있다. 食貨志에서는 그들의 田柴와 녹봉도 구별하여 규정하고 있다. 이러한 것은 문하성과 중서성이 별개의 독립기구임을 입증하는 것이다. 그리고 그 관장업무도 각각 달랐을 것으로 여겨진다. 예를 들어 종4품 문하성의 급사중과 중서성의 중서사인, 종5품 문하성의 기거랑과 중서성의 기거사인은 그 업무가 서로 달랐다. 『고려사』 백관지에는 그 관장업무를 구체적으로 기록하지 않아 자세히 알 수 없지만, 唐·宋制에서는 그 관장업무가 서로 달랐던 것으로 기록하고 있다. 唐制에는 문하성의 급사중은 여러 관청의 奏抄를 侍中이 이미 심사한 것에 대해 잘잘못을 교정하고, 중서사인은 詔旨, 制勅 등을 기초하여 進書해 올리는 업무를 맡았으며, 문하성의 기거랑은 천자의 起居와 法度를 기록하는 업무를 맡았고, 중서성의 기거사인은 史抄를 기록하는 업무를 맡았다.[18] 宋制에서는 문하성의 급사중은 中外의 출납을 관장하였으며, 중서사인은 命令을 制詞하는 업무를 담당하였고, 문하성의 기거랑은 天子의 言動을 기록하는 업무를 관장하였으며, 중서성의 기거사인은 문하성의 기거랑과 같은 업무를 관장하는 것으로 되어 있다.[19] 그리고 左·右職의 경우에도 唐制에서 문하성의 좌산기상시는 規諷의 過失과 侍從, 顧問을 맡았고, 중서성의 우산기상시는 우간의대부, 우보궐, 우습유와 더불어 관장 업무가 문하성과 같은 것으로 되어 있다.[20] 그리고 顯慶 2년(657)에 좌산기상시와 시중을 左貂로 삼고, 우산기상시와 중서령을 右貂로 삼아[21] 문하성과 중서성을 분명히 구별하였다. 宋制에서는 문하성의 좌산기상시가 좌간의대부, 좌사간, 좌정언과 더불어 다 같이

18) 『新唐書』 卷47, 百官2 門下省 및 中書省.
19) 『宋史』 권161, 職官1 門下省 및 中書省.
20) 『新唐書』 卷47, 百官2 門下省 및 中書省.
21) 『新唐書』 卷47, 百官2 左散騎常侍.

諫諍하는 업무를 맡은 것으로 되어 있고, 중서성의 우산기상시는 우간의대부, 우사간, 우정언과 더불어 그 관장 업무가 문하성과 同一한 것으로 나타나 있다.[22] 이와 같이 唐·宋制에서는 좌·우직의 경우 그 기능과 역할이 같으면서도 "左屬門下 右屬中書"라 하여 문하성과 중서성을 분명히 구별하였다.

고려에서는 문하성의 관원구성에서 중서성과 함께 宋制에 없는 지문하성사(종2품)와 직문하(종5품)를 더 두었고, 또한 중서성에 없는 급사중, 기거랑, 기거주를 두어 문하시중으로부터 문하녹사에 이르기까지 左職을 중심으로 설정하였다. 그런데 중서성은 문하성에 없는 중서사인과 기거사인을 두고, 중서령에서 중서주서에 이르기까지 右職을 중심으로 설정하여, 문하성과 중서성을 확연히 구별하고 있다. 그리고 『고려사』 찬자는 성종 원년에 내사문하성이 설치될 당시에 내사성과 문하성이 분리된 기구라는 사실을 고려하지 않은 채 門下府條에서 일괄적으로 정리하였다. 최종적으로 개편된 후기의 관부를 기준으로 하여 전기의 사실을 반영하다 보니 그렇게 정리할 수밖에 없었던 것으로 여겨진다. 실제로 중서성과 문하성 및 상서성이 처음으로 통합된 것은 충렬왕 원년이었다. 충렬왕 원년에 중서성과 문하성을 병합하여 僉議府로 개편되기 전까지 중서성과 문하성은 분리된 기구였다.

국초의 內議省을 성종 원년에 '내사문하성'으로 개편할 당시부터 내사성과 문하성은 분리된 기구였다. 백관지 문하부조에 "국초의 內議省을 성종 원년에 '내사문하성'으로 개편하였다"라고 한다.[23] 『고려사절요』에서도 內史門下省(中書門下省)의 前身으로 내의성을 지목하고 있다.[24] 이것은 국초의 내의성을 '내사문하성'으로 개편한 것이 아니라, 성종 원년에 제도를 개편할 당시에 국초의 내의성과 諸軍事 및 左·右執政 內史令의 기능까지 포괄해서 이를

22) 『宋史』 권161, 職官1 門下省 및 中書省.
23) 門下府 … 國初稱內議省 成宗元年改內史門下省(『高麗史』 권76, 百官1410).
24) 成宗元年春三月 改百官號 以內議省爲內史門下 廣評省爲御事都省(『高麗史節要』 권2).

계승할 수 있는 唐制의 내사성과 문하성을 수용하여 개편한 것이라 여겨진다.

여기서 『고려사』와 『고려사절요』의 撰者는 內史門下省(中書門下省)의 전신으로 내의성을 지목하고 있다. 이에 대해서 政事의 협의·간쟁 등을 맡아 국왕의 고문기관과 같은 역할을 수행했던 내의성의 기능이 내사문하성과 연결을 가지는 것은 사실이지만, 그렇다고 내사문하성이 곧 내의성의 후신인 것은 아니라는 지적이 있다.[25] 이와는 달리 내사문하성은 계통상 직접적으로 唐制와 관련된 것으로 본 견해도 피력되어 있다.[26]

『고려사』 찬자의 견해대로 內史門下省의 전신으로 내의성을 지목할 수는 없을 것 같다. 내사성과 문하성은 설립 당시부터 분리된 기구였다. 실제로 성종 원년(982)에 崔知夢이 左執政·守內史令을 제수받아 신설된 내사성의 수내사령에 최초로 취임한 예가 있고,[27] 이어서 성종 2년에 이몽유가 左執政이 되어 수내사령과 좌집정을 분리하여 임명한 예가 있다.[28] 또한 이어서 성종 2년 정월에는 崔承老가 門下侍郞平章事에[29] 임명된 후 성종 7년에 門下守侍中을 제수받은 예가 있다.[30] 최지몽이 제수받은 수내사령과 최승로가 문하수시중에 임명된 사례는 내사성과 문하성이 설립 당시부터 분리된 기구임을 입증하는 것이다. 이에 앞서 광종 16년(965)에 伷를 正胤(太子)으로 책봉함과 동시에 그에게 '內史諸軍事內議令'이라 하여 '內史·諸軍事·內議令'의 직함을 내리고 있다.[31] 여기서 內史(令)는 당시에 실재한 관직이 아니었지만, 내의

25) 李泰鎭, 「高麗 宰府의 成立 - 그 制度史的 考察 -」, 『歷史學報』 56, 1972.
26) 邊太燮, 「고려초기의 政治制度」, 『韓㳓劤停年紀念 史學論叢』, 지식산업사, 1981.
27) 『고려사』 권92, 열전 최지몽.; 『高麗史節要』 권2, 성종 6년 3월.
28) (成宗二年) 二月 正匡崔承老 左執政李夢游 兵官御事劉彦儒 左丞盧奕 … (『고려사』 권73, 선거 1 과목 선장).
29) 『고려사』 권3, 세가 성종 2년 정월.; 『고려사절요』 권2, 성종 2년 정월.; 『고려사』 권93, 열전 최승로.
30) 『고려사』 권3, 세가 성종 7년 12월.; 『고려사절요』 권2, 성종 7년 10월.; 『고려사』 권93, 열전 최승로.
31) 『고려사』 권2, 세가 광종 16년 2월.; 『고려사절요』 권2, 광종 16년 2월.

령은 광종 16년 당시에 실재한 관직이므로 내의령(내의성)을 개편하여 內史令(내사성)이 된 것이 아님을 알 수 있다. 또한 王銑이 執政이 된 데 이어, 景宗 원년(976)에 筍質과 申質을 각각 左·右執政에 임명하고 모두 내사령을 겸하도록 하였다.[32] 그렇다면 이러한 執政과 內史令이라는 관직은 어떠한 관직이었을까?

먼저 내사령에 대해, 국초 태조 때의 관제에 광평성, 내봉성, 내의성, 순군부, 병부 등은 있어도 內史令은 보이지 않는다. 앞서 지적한 바와 같이 唐制에 武德 3년(620)에 內書省을 고쳐 中書省이라 했고, 光宅 원년(684)에 중서성을 고쳐 鳳閣이라 하고, 中書令을 內史라 하였다. 성종 원년(982)의 내사령은 이러한 唐制를 수용한 內史(중서령)와 관련된 것이라 여겨진다.

다음으로 執政에 대해서는, 이에 임명된 왕선, 최지몽 등의 사례로 보아 政事를 집행하는 수상격에 해당하는 과도기 체제의 직제라 여겨진다. 執政制의 시원은 광종의 개혁정치와 연관하여 그 실마리를 풀어볼 수 있다. 광종 11년에 국초의 徇軍部를 軍部로[33] 개편하여 군권을 장악한 이후 광종 16년(965)에 아들 伷를 正胤(太子)으로 책봉함과 동시에 그에게 '內史·諸軍事·內議令'의 직함을 내리고 있다.[34] 이것은 호족세력을 억압하고 군권을 장악하여 왕권을 강화하려는 광종의 개혁정책과 관련된 조처라 여겨진다. 또한 국초에 백관을 摠領하던 廣評侍中의 기능을 약화시키고[35], 諸軍事와 內議令의 기

---

32) 放執政王詵于外 … 及是 詵托以復讎 矯殺太祖子天安府院郎君 於是 貶詵仍禁擅殺復復讎 以荀質·甲質爲左右執政 皆兼內史令(『高麗史』 권2, 세가 경종 원년 11월).

33) 光宗十一年 改徇軍部爲軍部(『고려사』 권76, 백관1, 병조).
徇軍部가 軍部로 개편된 것은 ① 순군부의 권한의 약화를 의미한다는 견해, ② 호족의 兵權을 박탈했다는 견해, ③ 병마권의 축소에 따른 결과라는 견해가 있다.
① 李基白, 「高麗京軍考」, 『高麗兵制史研究』, 一潮閣, 1968, 61쪽.
② 李泰鎭, 「高麗 宰府의 성립 - 그 制度史的 考察 - 」, 『歷史學報』 56, 1972, 13쪽.
③ 邊太燮, 「고려초기의 政治制度」, 『韓沽劤停年紀念 史學論叢』, 지식산업사, 1981, 178쪽.

34) 『고려사』 권2, 세가 광종 16년 2월. ; 『고려사절요』 권2, 광종 16년 2월.

35) 태조 원년의 官府에서 서열 1위였던 廣評省이 광종 11년에는 內議省, 內奉省, 廣評省 순으

능 외에 새로이 內史令制를 도입하여 軍事와 정치를 摠領할 수 있는 새로운 제도로 개편하기 위한 모색작업의 시초라 여겨진다. 광종 16년의 內史·諸軍事·內議令制에 이어 景宗 원년에 王銑이 執政이 되었으나 추방당하고, 그를 대신하여 景宗 원년(976) 11월에 筍質과 申質을 각각 左·右執政에 임명하고 모두 내사령을 겸하도록 하였다.[36] 당시에는 左·右執政이 실질적인 수상의 역할을 맡게 되었을 것으로 여겨진다. 그 執政의 前身은 백관을 摠領하던 국초의 廣評侍中의 기능과 같았을 것으로 여겨진다. 그러나 이러한 職制는 성종 원년(982)에 唐制를 수용하여 內史省과 門下省이 설치되기 이전의 사실로서, 새로운 제도를 도입하기 위한 과도적인 수상(執政)에 대한 職制라 여겨진다.

앞서 본 바와 같이 새로이 설치된 내사성의 장관으로 성종 원년에 최지몽이 '左執政·守內史令'을 除授받은 것이 그 최초의 예이다. 최지몽에 이어 성종 2년에 이몽유가 左執政이 되었다. 최지몽이 받은 '左執政'은 문하성의 장관인 시중과 같은 역할을 맡았을 것으로 추측되며, '守內史令'은 새로운 唐制에 의거한 내사성의 장관인 내사령의 기능이라 여겨진다. 이러한 최지몽과 이몽유의 사례 역시 과도기적인 職制라 할 수 있으며, 그 執政의 前身은 백관을 摠領하던 국초의 廣評侍中의 기능과 같았을 것으로 여겨진다. '左執政·守內史令'이라는 과도기 체제를 거쳐서 門下侍中과 內史令으로 제도화되어 간 것이라 여겨진다.

최지몽은 성종 3년에 이미 78세의 고령으로 이후 여러 차례 致仕를 청하였지만 왕은 朝參을 제외시켜 주면서까지 內史房에서 視事토록 조처하였고, 그 후 그는 성종 6년에 내사령으로 卒하였다.[37] 이로 보아 성종 2년 당시의

로 지위가 格下되었다. (金大植, 「고려전기 中央官制의 成立과 六典制의 影響」, 成均館大學校 博士學位論文, 2003, 32~34쪽.)

36) 以荀質·甲質爲左右執政 皆兼內史令(『고려사』 권3, 세가 경종 원년 11월).

'守內史令'은 최지몽이었고 좌집정은 이몽유였다. 이것은 좌집정과 내사령을 분리하여 임명되고 있음을 말해 준다. 최지몽에 앞서 경종 원년에 왕선이 執政이 된 예가 있고, 그가 추방당하자 筍質과 申質을 각각 左·右執政에 임명하고 모두 내사령을 겸하도록 하였다. 이렇게 左·右執政과 內史令은 분리하여 임명하면서 내사령을 겸하도록 하였다. 이렇게 보면 광종 16년에 그의 아들에게 '內史·諸軍事·內議令'의 직함을 내린 것처럼, 새로운 제도로 개편하기 위한 모색작업은 경종 대의 과도기를 거쳐 성종 원년과 성종 2년에까지 지속된 셈이다.

이상에서 보면, 內史門下省의 전신으로 내의성을 지목한 것은 『고려사』 찬자의 잘못이었다. 門下府條에 "國初稱內議省 成宗元年改內史門下省"이라 한 것은, 국초의 내의성을 개편하여 내사문하성으로 고친 것이 아니라 내의성의 기능을 계승하고 이를 대신할 수 있는 唐制를 수용하여 내사성과 문하성으로 개편한 것이다. 즉 이전의 '內史·諸軍事·內議令'과 '左·右執政兼內史令'에서 나타나듯이 내의령을 포함한 諸軍事·左右執政·內史令의 기능까지 대신해서 계승할 수 있는 唐制의 내사성과 문하성을 수용하여 성종 원년에 개편된 것이라 여겨진다. 기능적으로 보면 政事의 협의·간쟁 등의 역할을 수행했던 국초의 내의성의 기능과 諸軍事 및 政事를 집행하는 執政의 기능을, 唐制의 내사성과 문하성을 수용하여 개편한 것이라 여겨진다.

'內史門下省'을 단일기구로 기록한 『고려사』 撰者의 견해와 2省制說을 주장하는 학자들의 입장에서 본다면, '左·右執政兼內史令'라는 과도기 체제를 거쳐 '內史門下省'이라는 단일기구로 제도화된 것이라고 생각해 볼 수도 있다. 또한 '內史門下省'이란 단일기구 안에서 좌·우직의 구분이 이루어진 것이라고도 가상해 볼 수 있다. 그러나 그렇게 생각할 수 없는 것이, 우선

37) 『고려사』 권92, 열전 최지몽.; 『고려사절요』 권2, 성종 6년 3월.

'左·右執政兼內史令'의 경우 그것이 '兼內史令'이라 하여 겸직임을 분명히 하고 있다. 집정과 내사령의 겸직은 그것이 분리된 기구로 단일기구가 아님을 의미하는 것이다. 만약에 '內史門下省'이라는 단일기구 안에서 좌·우직으로 구별된 것이라고 가정해 보더라도, 문하성과 중서성의 실체를 부정할 수는 없는 것이다. 문하성이 없는데 문하시중을 비롯한 문하부의 관원구성이 있을 수 없고, 중서성이 없는데 중서령을 비롯한 관원구성이 존재할 수가 없는 것이다. 또한 문하성과 중서성이 분명히 분리되어 있었던 唐·宋制를 수용함에 있어서 이를 통합하여 '內史門下省'이라는 단일기구로 수용하였을 것이라고도 생각할 수도 없는 것이다. 만약 그것이 통합된 단일기구라면 좌우로 구별이 되지 않는 직문하 등의 관원구성은 있을 수가 없는 것이다. 이러한 전기의 관원구성을 모두 개편한 후대의 첨의부나 문하부 체제에서와 같이 일관성 있게 체계화된 '內史門下省'의 관원구성이 이루어졌다면, 그것은 단일기구로 볼 수 있을 것이다. 이를 뒷받침할 수 있는 기록도 보인다. 崔冲 열전에 "'내사문하성'을 뒤에 '중서문하성'으로 개편하였다"라고 하여, 백관지의 기록을 뒷받침할 수 있을 듯하다.[38] 그러나 문종 15년에 정비된 문하성과 중서성의 관원구성은 그와 같이 정비된 것이라고는 볼 수 없다. 이에 임명된 실제의 사례나 그 성립과 정비 및 변천과정을 자세히 살펴보면,

---

38) 後改內史門下省爲中書門下省 以冲爲中書令致仕 冲雖居家 軍國大事 悉就咨焉(『고려사』 권95, 열전 최충).
최충 열전에 '내사문하성'이 뒤에 '중서문하성'으로 개편되었다고 하여 단일기구인 것같이 기록되어 있다. 최충 열전에서 그의 仕路를 보면 靖宗朝에 尙書左僕射參知政事가 된 이후 內史侍郎平章事에 陞職하고 이어 門下侍郎平章事에 遷拜되었다. 문종이 즉위하자 門下侍中에 除拜된 후 中書令으로 致仕하여, 그의 집에서 軍國의 大事를 모두 자문하였다고 한 바와 같이 최충은 내사성(중서성)과 문하성의 宰臣職을 두루 역임하였는데, 그의 열전에 '내사문하성'과 '중서문하성'이 단일기구인 것으로 기록되어 있는 것은 의심스럽다. 내사성이 중서성으로 개편된 것을 백관지의 기록과 같이 '내사문하성'이 '중서문하성'으로 개편된 것으로 오해하여 기록한 것이 아닌지 의심이 간다.

성종 원년에 唐制를 수용하여 성립될 당시부터 내사성과 문하성은 단일기구가 아니었다.

『고려사』 권3, 世家에는 3省·六曹·七寺가 성종 2년에 처음으로 정해진 것으로 나타나는데 그것은 唐制를 모방한 것이라 하였다.[39] 3省이 정해진 것이 여기서는 성종 2년이라고 하지만 실제로는 성종 원년이었음을 앞서 지적한 바가 있다. 성종 원년의 3省은 내사성, 문하성, 어사도성이었다. 먼저 내사령, 문하시중, 상서령에 임명된 사례를 보면, 內史令에 임명된 사례는 성종 원년 이전에 王佡·筍質·申質 등이 있었음은 앞서 지적한 바 있다. 그러나 성종 원년 新制에 의해 임명된 최초의 인물은 崔知夢이다. 성종 원년에 최지몽이 左執政·守內史令을 除授받았고, 宗室로서 최초로 內史令이 된 사람은 王欽(현종 11년 4월)이다. 이러한 중서령(내사령)에 대해서 중서령은 宗室과 宰臣에 除授한 致仕職이나 追贈職이고, 實務職이 아니었다고 밝힌 연구가 있다.[40] 또한 중서령(내사령)을 除授받은 구체적인 사례를 자세히 검토하여, 實務職이 아니었음이 거의 확실하다고 확인한 연구도 나와 있다.[41] 그리하여 중서령은 실직이 아니라는 견해가 연구자들에 의해 정설처럼 통용되게 되었다. 이러한 논리는 중서령이 종실에 대한 대우직이고, 실무직이 아니면 제도적으로 성립될 수 없다는 모순에 빠지게 된다. 중서령이 종실에 대한 대우직이든 일반 신료의 실직이 아니든 간에 중서령 제도가 없었던 것은 아닌 것이다. 즉 중서

39) (成宗 2年 夏5月) 始定三省·六曹·七寺(『高麗史』 권3, 世家).
3省 6部가 성종 2년에 처음으로 정해졌다는 이 기록과 함께, 백관지 서문에는 "(太祖) 二年 立三省六尙書九寺六衛 略倣唐制"라 하여 태조 2년에 3省 6尙書가 설립되었다고 하여 그 시기가 서로 맞지 않다. 3省 6部가 태조 2년에 설립되었다고 하는 백관지의 기록은 찬자의 오류임이 분명하지만, 唐制를 모방한 것이라는 기록은 성종 2년의 사실로 보면 믿을 수 있게 된다.

40) 邊太燮, 「高麗宰相考 - 3省의 권력관계를 중심으로 -」, 『歷史學報』 35·36합, 1967. ; 『高麗政治制度史研究』, 一潮閣, 1971.

41) 朴龍雲, 『고려시대 中書門下省宰臣 연구』, 일지사, 2000, 21쪽.

성이 없는데 중서령이 존재할 수 없는 것이다. 이러한 모순적 논리에 대해서 중서령의 경우는 ① 일반 宰臣에게 除授되는 實職 ② 宗親의 待遇職 ③ 致仕職 ④ 追贈職의 4종류로 구분하여 파악하고, 그 결과 실직의 중서령이 실재했다는 지적도 있었다.[42] 이를 더 분명하게 파악해 보기 위하여 필자가 중서령에 除授된 사례를 ① 일반 臣僚의 實職 ② 致仕職 ③ 加職 ④ 追贈職 ⑤ 宗親의 대우직 ⑥ 封爵 등 6가지로 분류하여 검토해 본 결과 중서령직은 다양한 방법으로 운영되었음을 알 수 있었다. 중서령의 치사직은 실직에서 물러난 사실 그대로의 致仕職이었고 대우직이 아니었다. 致仕란 실직을 전제로 하지 않고는 있을 수 없다. 그리고 나아가서 충렬왕 원년에 僉議府로 개편되면서 追贈職이나 종실에 대한 대우직으로 이용되던 中書令職의 운영방법은 사라지고, 실직만이 제도적으로 기능하게 된 것임을 밝힌 바 있다.[43]

문하시중에 임명된 최초의 인물은 崔承老이다. 崔承老는 성종 2년 정월에 門下侍郎平章事에 임명되었고,[44] 이어 성종 7년에 門下守侍中을 제수받았다.[45] 상서령에 임명된 최초의 인물은 宗室로서 王緖이다. 그가 현종 18년 5월에 상서령이 된 이후 고종 때 王侹에 이르기까지 종실로서 상서령에 임명된 사례는 18명이다.[46] 일반 臣僚로서 상서령에 임명된 경우는 崔維吉·李資謙·金位·蔡洪哲의 祖父가 있다.[47] 이러한 사실에 대해서 변태섭은 尙

42) 崔貞煥, 「高麗 中書門下省의 祿俸規定과 그 運營實態」, 『韓國史研究』 50·51, 1985.;『高麗·朝鮮時代 祿俸制研究』, 慶北大出版部, 1991.
43) 崔貞煥, 「고려전기 中書門下省 中書令職의 運營實態」, 『韓國中世社會의 諸問題』, 韓國中世史學會, 2001.;『고려 정치제도와 녹봉제 연구』, 신서원, 2002.
44) 『高麗史』 권3, 세가 성종 2년 정월.;『高麗史節要』 권2, 성종 2년 정월.;『고려사』 권93, 열전 최승로.
45) 『高麗史』 권3, 세가 성종 7년 12월.;『高麗史節要』 권2, 성종 7년 10월.;『高麗史』 권93, 열전 최승로.
46) 朴龍雲, 『高麗時代 尙書省 研究』, 경인문화사, 2000, 61쪽 〈자료 1〉 尙書令.
47) 崔維吉, 『高麗史』 권95, 列傳 崔沖, 崔惟善.;『補閑集』 上, 文憲公於成宗.
李資謙, 『高麗圖經』 권8, 人物 守太師尙書令李資謙.

書令은 宗親에게만 수여되는 명예직이라 하였다.[48] 박용운은 종친의 경우, 封爵에 따른 명예직, 人臣에게는 致仕職이나 贈職으로 수여된 것이라 하여 상서성의 장관과는 거리가 먼 직위라 하였다.[49] 이러한 논리는 역시 상서령이 명예직, 치사직, 추증직이었으므로 제도적으로 성립될 수 없다는 모순에 빠지게 된다.

崔貞煥은 상서령에 대해 350석의 宗室祿이 주어진 것으로 보아 단순한 명예직에 불과한 것이 아니라 宗親에게 封爵 대신에 상서령을 除授하여 대우직으로 이용한 것으로 보았다. 그리고 최정환은 중서령, 문하시중, 상서령이 문종 30년 更定田柴科에 나란히 田 100결·柴 50결, 文武班祿 400석으로 규정되어 있고, 宗室祿에 상서령은 300석(文宗祿制)과 350석(仁宗祿制)으로 규정되어 있는 것으로 보아, 일반 臣僚의 상서령은 田柴와 文武班祿 400석을, 종친의 상서령은 宗室祿 300석(인종 때 350석)을 받도록 제도적으로 규정하여 놓고, 일반 신료는 물론 종실의 상서령 除授도 극히 제한시킨 것으로 보았다.[50] 또한 그는 封爵制 연구를 통해 고려전기에 宗室은 尙書令·中書令을 겸하기도 하고, 大尉·司徒·司空을 띠기도 하였지만, 후기에 이르러 宗室이 尙書令·中書令을 겸하는 제도는 없어졌다고 하였다.[51] 고려후기 충렬왕 원년 이전에 尙書令은 혁파되고,[52] 고려후기 中書令은 모두 실무직으로 되었다고

金位, 『高麗墓地銘集成』, 401쪽, 金周鼎墓地銘.
蔡洪哲, 『高麗墓地銘集成』, 508쪽, 蔡洪哲墓地銘.

48) 邊太燮, 「高麗宰相考」, 『歷史學報』 35·36, 1967, 123쪽.
49) 朴龍雲, 『高麗時代 尙書省 硏究』, 19쪽.
50) 崔貞煥, 「高麗 祿俸制의 運營實態와 그 性格」, 『慶北史學』 2, 1980. ; 『高麗·朝鮮時代 祿俸制 硏究』, 慶北大學校 出版部, 1991.
51) 崔貞煥, 「高麗時代 封爵制의 成立過程과 整備」, 『한국중세사연구』 14, 한국중세사학회, 2003.
52) "文宗定尙書令一人 秩從一品 … 忠烈王元年 倂于中書門下爲僉議府 幷罷員吏 二十四年忠宣 設左右僕射於僉議府 … 恭愍王五年革三司復置尙書省 並復文宗舊制 維不置知省事 … 十一年罷尙書省復置三司"(『고려사』 권76, 백관1, 상서성)라 한 바와 같이 상서령은 공민왕 11년에 완전

하였다.[53] 그러므로 상서령 중서령이 실무직이든 종친에 대한 대우직이든, 어떠한 형태라도 내사령(중서령), 문하시중, 상서령이 제도적으로 실재한 것은 사실이므로 이를 3省制를 부정하는 논거로 삼을 수는 없는 것이다.

문종 30년에 제정된 更定田柴科에 중서령, 상서령, 문하시중이 나란히 田 100결, 柴 50결로 규정되어 있고, 역시 문종 30년 정비된 文武班祿에 중서령, 상서령, 문하시중이 다 같이 400石을 받게 되어 있다.[54] 또한 『고려사』 선거지 명종 20년 판문에 中書令 · 門下侍中 · 尙書令의 儀從의 丘史 수가 나란히 22명으로 규정되어 있다. 백관지의 문종 때 정해진 관제에는 중서령, 문하시중, 상서령이 나란히 종1품이라 명시하였고,[55] 『高麗圖經』에 중서

혁파되었다. 상서령은 인종 宗室祿에 반영된 이후 고종 때 王侹이 상서령에 임명된 예를 마지막으로 충렬왕 원년에 혁파되었다. 공민왕 5년에 文宗舊制로 尙書省이 일시 복구될 당시 知省事만 두지 않은 것으로 되어 있어 상서령이 복구된 것으로 해석할 수 있으나, 당시 상서령에 임명된 예는 나타나지 않는다. 상서성은 공민왕 11년에 완전 혁파되었다.

53) 崔貞煥, 「高麗 中書門下省 中書令職의 運營實態와 祿俸」, 『고려 정치제도와 녹봉제 연구』, 신서원, 2002, 301~312쪽.

"文宗 改中書令定一人 秩從一品 忠烈王元年 廢不置 二十一年 置都僉議令 以金方慶爲之"(『고려사』 권76, 백관1, 판문하)라 한 바와 같이 중서령은 忠烈王 원년에 혁파되었다가 同王 21년에 都僉義令으로 개편되면서 전기에서와 같이 宗親이 겸직하는 제도는 사라지고 모두 실무직으로 되었다.

54) 中書令 門下侍中 尙書令의 田柴科와 祿俸

田柴科	穆宗元年 改定田柴科			文宗 30年 更定田柴科		
	田	柴	受田者	田	柴	受田者
	100結	70結	內史令 侍中	100結	50結	中書令, 尙書令, 門下侍中

祿俸		구분	祿額	受祿者
	文武班祿	文宗祿制	400石	中書令, 尙書令, 門下侍中
		仁宗祿制	400石	門下侍中, 中書令
	致仕官祿	仁宗祿制	300石	門下侍中, 中書令
	宗室祿	文宗祿制	460石10斗 公, 400石 侯, 350石 尙書令, 300石 守太尉侯, 240石 守司徒 · 司空伯, 200石 司空	
		仁宗祿制	600石 國公, 350石 諸公 尙書令, 300石 諸侯, 240石 諸伯, 220石 諸守司空	

성, 문하성, 상서성의 건물이 병립해 있었다고 하여 모두 3省制를 말하고 있다.

『高麗圖經』에는 "承休門 안에 상서성이 있고, 이 상서성의 서쪽과 春宮의 남쪽 앞의 한 문을 열면 중서성·문하성·추밀원의 세 관아가 나란히 서 있다" 라고 한다. 『高麗圖經』의 기사를 인용하여 邊太燮은 이는 3省이 각각 독립된 관아를 가지고 있었음을 보여 준다고 하였고, 또한 이것은 중서문하성이 단일 관청이라는 사실을 깨끗이 부정하는 기사라 하였다. 그러면서도 邊太燮은 결론에서 『高麗圖經』을 쓴 徐兢은 송나라에서 온 사신으로 고려에서 중국 제도를 실시하였을 것이라는 선입관에서 그렇게 서술했을 가능성이 많다고 하여, 『高麗圖經』의 기사는 徐兢이 잘못 기록한 것으로 보아 중서문하성은 단일기구인 것으로 간주하였다.[56] 그러나 고려에서도 宋制와 같이 중서성과 문하성은 분리된 기구로, 『高麗圖經』의 기사는 고려의 3省制를 입증할 수 있는 신빙성 있는 중요한 자료로 보아야 할 것이다.

『고려사』 選擧志 銓注에는 고종 12년(1215) 기사에서 舊制에 吏部·兵部에서 문·무관의 政案을 올리면 중서성에서 升黜하고 문하성에서 制勅을 받들어 실행하였다고 하여, 고종 12년 이전의 舊制에서는 3省이 각각 제 기능을 다하고 있었음을 말해 주고 있다.[57] 選擧志 銓注條의 이 기사는 고종 12년(1215)에 최우가 私第에 政房을 두고 백관의 銓注를 다룬 것에 대한 기록으로, '舊制'에는 吏部에서 문반의 인사를, 兵部에서 무반의 인사를 관장하는 것으로 되어 있고, 중서성에서 升黜하여 아뢰면 문하성에서 制勅을 받들어 이를 시행하는 것이었음을 알 수 있다. 다시 말하여 '舊制'에는 중서성과 문하

---

55) 『高麗史』 권72, 輿服志 鹵簿 百官儀從 明宗 20年判.

56) 邊太燮, 『한국사』 13, 국사편찬위원회, 1993, 26쪽 및 29쪽.

57) 高宗十二年 崔瑀置政房於私第 擬百官銓注 選文士屬之 號曰必者赤 舊制 吏部掌文銓 兵部掌武選 … 謂之政案 中書擬升黜以奏之 門下承制勅以行之(『高麗史』 권75, 選擧3 銓注).

성의 기능이 각각 분립되어 있어 중서문하성이 단일기구가 아님을 입증해 주는 것이다. 또한 그것은 고종 12년 당시 최우가 사사로이 정방을 설치하여 백관의 인사가 '舊制'대로 시행되지 않았음을 반영하고 있는 것이다. '舊制'에는 중서성과 문하성이 분리되어 있었고 각각 그 기능도 달랐다. 이와 같이 '舊制'에는 3省이 엄연히 병립되어 있었다.[58]

『櫟翁稗說』에서는 문무관리의 인사에 상서성(吏部 · 兵部)과 중서성 · 문하성이 각각 독립하여 그들의 기능을 행사하였다고 한다.[59] 이와 같이 중서성(내사성)과 문하성은 설립 당시부터 분리된 기구였으며, 무인정권기에 인사문제는 政房에서 이루어져 3省이 제대로 기능을 발휘하지 못하다가 충렬왕 원년에 상서성과 더불어 僉議府에 통합되었던 것이다.

충렬왕 원년에 중서성과 문하성 그리고 상서성을 병합하여 僉議府로 개편하고 상서성의 員吏를 혁파함으로써 고려의 3省體制는 붕괴되었다. 충렬왕 원년의 僉議府는 충렬왕 19년에 都僉議使司로 개편되었고, 그 후 공민왕 5년에 중서성과 문하성 및 상서성을 복구하여 일시적으로 3省體制가 복구되기는 하였으나, 공민왕 11년에 상서성을 혁파하고, 중서성과 문하성은 다시 都僉議府로 개편되었으며, 이 都僉議府가 공민왕 18년에 다시 門下府로 되었던 것이다. 요컨대, 고려전기의 중서성, 문하성, 상서성은 충렬왕 원년에 병합하여 僉議府로 개편하기 이전까지는 3省制였던 것이다. 그러므로 고려전기의 중서성과 문하성은 단일기구가 아니라 분리된 독자적인 기구였음을 확인할 수

---

58) 『高麗史』 권75, 選擧3 銓注에 나오는 이 기사에 대해서 邊太燮은 같은 책 26쪽에서 "중서성과 문하성이 각각 독립하여 그 기능이 달랐으며 상서성과 함께 3省體制를 이루고 있음을 증명하는 것이라" 하였다. 그럼에도 불구하고 같은 책 29쪽에서는 고종 12년에 엄연히 중서문하성이 존재하였으므로 '舊制'라고 쓴 것은 중서문하성 체제라고 해석하여, 3省 분립의 기능은 행해지지 않았고 중서문하성은 단일기구라고 주장하였다.

59) 吏部掌文銓 兵部掌武選 第其年月 分其勞佚 標其功過 論其才否 具載于書 謂之政案 中書擬升黜以奏之 門下承制勅 以行之國家之法 盖與中原同也(『櫟翁稗說』 前集1).

있는 것이다.

이러한 고려의 3省體制에 대해, 지금 학계에서는 중서문하성을 단일기구로 보아 고려의 중앙관제는 3省 6部가 아닌 2省 6部라고 하는 것이 정설로 되어 있다. 고려에서는 중서성과 문하성이 분립된 것이 아니라 하나의 '中書門下省'으로 통합된 단일기구라는 학설이 1967년에 邊太燮에 의해 처음 제기되어[60] 고려의 중앙관제를 3省制가 아닌 2省體制로 인식하게 되었고, 그 이론은 概說書인 『韓國史通論』(1986)에 반영되었다. 朴龍雲은 1985년에 쓴 『高麗時代史』(上)에서 변태섭의 논문을 인용하여 "고려는 엄밀히 말하면 3省制가 아니라 中書門下省과 尙書省의 二省體制였다"라고 하여 2省制를 뒷받침하였다. 변태섭이 중서문하성을 단일기구로 인식하여 제시한 中書門下省의 인원구성표를 박용운은 『高麗時代史』(上)에 그대로 반영하였다. 그 후 변태섭은 1993년에 쓴 「중앙의 정치조직」에서, 3省制를 뒷받침하는 여러 가지 증거가 있음에도 불구하고 중서성과 문하성은 단일기구로 중서문하성을 이루고 있음이 확실하다고 하였다.[61] 이후 朴龍雲이 2000년에 쓴 『고려시대 中書門下省宰臣 연구』와 『高麗時代 尙書省 硏究』, 「高麗時代 中書門下省에 대한 諸說 검토」 등[62] 이와 관련된 모든 연구물은 모두 2省制를 바탕으로 기술되어 있다. 고려의 중앙관제는 2省制가 아닌 3省制라는 연구가 없었던 것은 아니었지만,[63] 이상과 같은 주된 연구에 의해 고려의 중앙통치 체제는 2省 6部 체제라는 것이 정설로 확고히 자리 잡게 되었다. 그뿐만 아니라 『韓國史通論』을

60) 邊太燮, 「高麗의 中書門下省에 대하여」, 『歷史教育』 10, 1967. ; 『高麗政治制度史研究』, 一潮閣, 1971, 47~56쪽.

61) 邊太燮, 「중앙의 정치조직」, 『한국사』 13, 국사편찬위원회, 1993, 25~31쪽.

62) 朴龍雲, 『고려시대 中書門下省宰臣 연구』, 일지사, 2000. ; 『高麗時代 尙書省 硏究』, 경인문화사, 2000. ; 「高麗時代 中書門下省에 대한 諸說 검토」, 『韓國史研究』 108, 2000.

63) 崔貞煥, 「高麗 祿俸制의 運營實態와 그 性格」, 『경북사학』 2집, 1980. ; 『高麗 · 朝鮮時代 祿俸制 研究』.
李貞薰, 「고려전기 3省制와 政事堂」, 『韓國史研究』 104, 1999.

비롯한 각종 概說書는 물론 중·고등학교 국사 교과서에까지 그 이론이 반영되었다.[64] 최근에 발행된 고등학교 『국사』 교과서에 "고려의 통치 체제는 성종 때에 마련된 2省 6部制를 토대로 하였다."라고 기술하고 나아가 2省 6部의 도표(고려의 중앙 관제)까지 그려져 있다.[65] 이러한 것은 심각하고 중대한 문제가 아닐 수 없다. 각종 개설서와 국사 교과서에 잘못 반영된 이러한 내용은 엄격한 檢正을 통해서 시급히 시정되어야 할 것으로 생각된다. 여기서 분명히 말할 수 있는 것은 고려의 중앙관제는 전기에는 3省 6部制이고, 후기에는 첨의부에서 문하부에 이르기까지 여러 번 개편을 거쳐 1府 4司制에서 1府 6司制로 바뀌어 갔다는 것이다.

중서문하성이 단일기구가 아니라는 것에 대해서는 위에서 지적한 것들 외에도 백관지 문하부조의 기록을 자세히 분석해 보면 확실한 증거를 더 찾아 볼 수 있다. 『고려사』 백관지 문하부의 관직구성과 변천을 〈表5-2〉와 같이 정리해 볼 수 있다.

64) 姜萬吉 등, 「『국사』 敎科書의 問題點」, 『創作과 批評』 9-2, 1974.
李元淳 등, 「中·高等學校用 國定國史敎科書의 分析的 考察」, 『歷史敎育』 16, 1974.
李元淳 등, 「歷史敎育의 基本敎科圖書 : 歷史敎科書」, 『歷史敎育論』, 三英社, 1980.
朴龍雲, 「高麗時期 中央政治體制에 대한 硏究動向과 『국사』 敎科書의 敍述」, 『歷史敎育』 44, 1988.

65) 고등학교 『국사』, 교육 인적 자원부, 2002.
국사교과서에 반영된 내용을 보면 1946년 발행된 『국사교본』, 진단학회, 조선교학도서주식회사, 1946.에는 3省 6部로 나타나 있다. 1965년에 이홍직이 쓴 『우리나라 문화사』, 민교사, 1965.에는 "3省이라 함은 내사성(뒤에 중서성이라 함), 문하성, 상서성을 일컫는 것이지만, 내사성과 문하성은 실상 합쳐서 내사문하성이라고 불렀다."라고 하여 2省 6部說이 반영되어 있다. 같은 해 조좌호가 쓴 『우리나라 문화사』, 영지문화사, 1965.에는 "중앙에는 왕의 詔勅을 맡아보는 中書省(內史省), 왕명을 심의하고 정책을 세우는 門下省, 정책을 운영하는 尙書省의 3省이 있고, 그 위에 도병마사라는 회의기관이 있었다."라고 하는 3省 6部說이 반영되어 서로 혼란을 빚기 시작한 이래 많은 개편을 거치는 과정에서 2省 6部가 정설로 반영되게 되었다.

〈表5-2〉 門下府의 官員構成 변천표

관부	문하성 · 중서성		僉議府(충렬,원년)	文宗舊制(공민,5년)	門下府
왕대	성 종	문 종	都僉議使司(충렬,19년)	都僉議府(공민,11년)	공민왕 18년
判門下	內史令	中書令	폐지(충렬,원) 都僉議令(충렬,21) 版都僉議使司事 領都僉議(後改)	中書令(공민,5) 領都僉議(공민,11)	領門下 (공민,18) 判門下(신우)
侍中	門下侍中	門下侍中	僉議左右中贊(충렬,원) 都僉議侍中(충렬,24) 政丞(충렬,34)	門下侍中(공민,5) 僉議左右政丞(공민,11) 僉議左右侍中(공민,12)	門下左右侍中(공민,18) 侍中, 守侍中 (신창)
贊省事	內史侍郎平章事 門下侍郎平章事	門下侍郎平章事 中書侍郎平章事 門下平章事 中書平章事	僉議侍郎贊成事 僉議贊成事 ※中護(충렬,34) ※贊省事(後改)	文宗舊制(공민,5) 平章政事(공민,9) 僉議贊成事(공민,11)	門下贊成事 (공민,18)
評理	參知政事(목종)	參知政事	僉議參理(충렬,원) 評理(충렬,34) 參里(충숙,17)	參知政事(공민,5) 僉議評理(공민,11)	參知門下政事(공민,18) 門下評理 (공민,21)
政堂文學		政堂文學	參文學士(충렬,원)	政堂文學(충렬,16) 忠宣罷 後復置	
知門下府事		知門下省事	知僉議府事(충렬,원)	知門下省事(공민,5) 知都僉議事(공민,11)	知門下府事 (공민,18)
常侍	左 · 右常侍(목종)	左 · 右常侍	左右常侍(後改) 左右散騎常侍(충렬,24)	左右散騎常侍(공민,5)	左右常侍 (공민,11) 左右散騎常侍 (공민,18) 左右常侍 (공민,21)
直門下		直門下	罷(충렬,24) 直都僉議(공민,원)	直門下(공민,5) 直都僉議(공민,11)	直門下(後改)
司議大夫	左 · 右諫議大夫 (목종)	左 · 右諫議大夫	左右司議大夫(後改) 左右諫議大夫(충렬,24)	諫議大夫(공민,5)	左右諫議大夫 (공민,18) 左右司議大夫 (공민,21)
給事中		給事中	中事(後改) 給事中(충렬,24)	中事(공민,원), 곧 革罷	
舍人	內史舍人	中書舍人	都僉議舍人(충렬,24)	中書舍人(공민,5) 內書舍人(공민,11)	門下舍人 (공민,18)
起居注		起居注		起居注(공민,5)	
起居郎		起居郎		起居郎(공민,5)	
起居舍人		起居舍人		起居舍人(공민,5)	
獻納	左 · 右補闕(목종)	左 · 右司諫(예종)	左 · 右補諫(後改) 左右司諫(충렬,24) 左右獻納(충렬,34)	左右司諫(공민,5) 左右獻納(공민,11)	左右司諫 (공민,18) 左右獻納 (공민,21)
正言	左 · 右拾遺(목종)	左 · 右正(예종,11)	思補(충렬,34)	左右正言(공민,5)	
錄事	門下錄事(목종)	門下錄事	都僉議錄事(충렬,24)	門下錄事(공민,5) 僉議錄事(공민,11)	門下錄事 (공민,18)
注書	內史注書(목종)	中書注書	都僉議注書(충렬,24)	門下注書(공민,5) 僉議注書(공민,11)	門下注書 (공민,18)

Ⅲ. 宰臣의 構成과 變遷

中書令(判門下)은 성종 때 내사령을 문종 15년에 중서령이라 하였다. 내사령에 임명된 최초의 인물은 崔知夢이다. 성종 원년에 崔知夢이 左執政·守內史令을 除授받은 사례가 그 처음이다.[66] 따라서 백관지 문하부조에 "成宗元年改內史門下省"이라고 한 그 연대의 기록은 믿을 수 있다. 그러나 실제로 內史門下省은 단일기구가 아니라 내사성과 문하성으로 분리된 기구였다. 성종 원년의 최지몽 외에 내사령직을 띤 사례는 그 이전에도 보인다. 광종 16년(965)에 伷를 正胤(太子)으로 책봉함과 동시에 그에게 '內史·諸軍事·內議令'의 직함을 내리고 있다.[67] 이것은 역시 內史令制 도입의 시원적인 단계라 하겠다.

내사령을 중서령으로 고친 시기를 『고려사』 백관지 判門下條에는 문종 때라 하고,[68] 門下府條에는 문종 15년이라 하며,[69] 문종 世家에는 문종 15년 6월로 나타나 있다.[70] 판문하부조 기록에서 내사령을 문종 때 중서령으로 고친 것은 사실로 인정할 수 있겠으나, 문하부조 기록에서 성종 원년의 '내사문하성'을 '중서문하성'(문종 15년)으로 고쳤다고 한 기록은 『고려사』 찬자의 오류라 여겨진다. 문종 15년에 내사성을 중서성으로 고친 것이지 '내사문하성'을 '중서문하성'으로 고친 것이 아니다. 문하성은 성종 원년에 관제를 개편할 당시에 문하성이라 하였다. 世家의 기록에 文宗 15년(1061) 6월에 내사령을 고쳐 중서령이라 하고, 그 나머지 이전에 '內史'라 한 것을 모두 '中書'로

---

66) 『高麗史』 권92, 열전 최지몽. 『高麗史節要』 권2, 성종 6년 3월조에 실려 있는 그의 卒記에는 그해가 즉위년으로 되어 있어 약간의 차이가 있다.
67) 『高麗史』 권2, 세가 광종 16년 2월. ; 『고려사절요』 권2, 광종 16년 2월.
68) 判門下 … 成宗改內史令 文宗改中書令(『고려사』 권76, 백관1).
69) 門下府 … 成宗元年改內史門下省 文宗十五年改中書門下省(『고려사』 권76, 백관1).
70) 己卯 以弟內史令基 改爲中書令 其餘嘗爲內史者 皆改中書(『고려사』 권8, 세가 문종 15년 6월).

고쳤다고 한다. 문종 15년 6월에 개편된 世家의 내용은 중서성의 개편에 대한 기록이지 문하성에 관한 기록은 아니다. 이러한 사실은 중서성과 문하성이 분리된 기구임을 인식하지 못한 『고려사』 찬자의 오류에서 기인된 것이다. 그리고 내사성을 중서성으로 고칠 당시의 文宗官制는 唐制를 수용한 것이 아니라 송제를 받아들인 것이라 여겨진다. 『고려사』 백관지의 구성을 보면 『新·舊唐書』보다는 『宋史』에 더 가깝고,[71] 〈表5-1〉에서 보여 주는 바와 같이 고려의 중서성과 문하성(문하부)의 관원구성을 보면 『송사』 직관지의 관원구성과 거의 일치한다. 고려의 중앙관제는 처음에 唐의 제도를 수용하여 내사령이라 하였으나, 문종 15년에 제도를 정비할 시기에는 앞서 지적한 바와 같이 송나라 제도를 받아들여 중서령이라 했던 것으로 여겨진다.

중서령은 충렬왕 원년에 일시 폐지하였다가 동왕 21년에 다시 두어 都僉議令이라 하고 이후 判都僉議使司, 領都僉議로 개편된 후 공민왕 5년에 중서령으로 복구되었다가 동왕 11년에 領都僉議, 동왕 18년에 領門下, 우왕 때 최종적으로 判門下라고 칭하였다. 이것은 고려전기의 중서성과 문하성이 충렬왕 원년에 첨의부에 통합된 이후 중서령의 명칭이 여러 차례 개편을 거쳐 최종적으로 判門下가 된 것을 말해 주고 있다. 최후로 중서령을 領門下·判門下라 칭한 것은 공민왕 18년에 都僉議府가 門下府로 개편될 당시에 門下府의 칭호는 중서성에서 따온 것이 아니라 문하성에서 가져온 것임을 알 수 있게 한다. 다시 말하여 중서성은 완전히 혁파되고 그 산하의 기구는 문하부에 통합되었음을 알 수 있게 하는 것이다. 判門下(중서령)를 새로 개편된 문하부의 최고 상위직에 두고 그 아래 門下侍中을 두어 차례대로 새로운 문하부의 직제를 편성하게 된 것이다.

門下侍中은 성종 때 처음 설치된 이래 최종적으로 문하부의 侍中에 이르기

71) 崔貞煥, 『譯註 『高麗史』 百官志』 23쪽, 〈表5〉百官志 構成 비교표.

까지 가장 많은 개편이 이루어졌다. 성종 때 설립될 당시의 문하시중은 문종조를 거쳐 충렬왕 원년 僉議中贊으로 개편되기 이전까지는 문하시중이라 칭했다. 충렬왕 원년에 중서성, 문하성을 합쳐 僉議府로 통합함과 동시에 문하시중을 中贊이라 칭하여 左·右中贊 각 1인을 두고, 대신에 중서령을 일시 혁파하였다.[72] 충렬왕 원년(1274)에 僉議府로 개편된 이후 공민왕 18년(1369)에 門下府로 되기까지 95년간은 기본적으로 1府體制로 운영되었다. 공민왕 5년에서 11년 사이 6년간 文宗舊制로 일시 복구된 적은 있으나 기본적으로는 1府體制로 약 90여 년간 지속되었던 것이다. 그 사이 문하시중은 충렬왕 원년에 中贊 → 충렬왕 24년에 都僉議侍中(뒤에 다시 中贊으로 고침) → 충렬왕 34년에 政丞 → 충숙왕 17년에 中贊(뒤에 다시 左右政丞으로 고침) → 공민왕 3년에 侍中(뒤에 다시 左右政丞으로 고침) → 공민왕 5년에 門下侍中·守侍中 → 공민왕 11년에 僉議左右政丞 → 공민왕 12년에 僉議左右侍中 → 공민왕 18년에 門下左右侍中 → 申昌(昌王) 때 侍中·守侍中으로 개편되어 갔다. 공민왕 18년에 都僉議府를 門下府로 개편할 당시에 문하부라고 칭한 것은 충렬왕 원년의 僉議府가 누차의 개편을 거쳐 門下府라 칭한 것이다. 그 문하부는 중서성과 문하성을 통폐합하여 문하성의 이름을 따서 문하부라 칭한 것이다. 그러므로 충렬왕 원년에 첨의부로 개편되기 이전 고려전기에는 중서성과 문하성은 분리된 기구로 각각 독자적인 관료조직을 구성하고, 僉議府로부터 門下府에 이르기까지 118년간은 中書省과 門下省을 합친 단일기구로 개편하여 최종적으로는 최고위의 判門下로부터 하위의 門下錄事·門下注書에 이르기까지 문하부의 관료조직을 편성하게 되었던 것이다.

최종적으로 개편된 문하부의 관직구성에 判門下(중서령)에 이어 문하시중으로부터 知門下府事에 이르기까지의 재신직에는 문하시중에만 좌·우직을

72) 判門下 … 忠烈王元年 廢不置(『고려사』 권76, 백관1 문하부).

두었다. 그리고 그 이하 左·右常侍, 左·右諫議大夫, 左·右司諫 등 郎舍職에도 좌·우직을 두었다. 이러한 것은 전기와는 달리 문하부라는 단일기구 내에 좌·우직의 구별을 둔 것이다. 이러한 현상은 충렬왕 원년에 첨의부로 개편된 당시부터 나타난다. 요컨대 고려전기(성종~충렬왕 원년 이전)에는 중서성, 문하성, 상서성의 3省體制였고, 고려후기(충렬왕 원년~고려말) 충렬왕 원년에 중서성과 문하성을 합하여 僉議府로 개편하게 됨으로서 전기의 3省體制는 붕괴되었다고 할 수 있다. 고려후기 첨의부로 개편된 이후 일시적으로 공민왕 5년에 전기의 文宗舊制로 3省이 복구된 적은 있으나, 공민왕 11년에 상서성은 완전히 혁파되었다.[73] 중서성과 문하성은 都僉議府로 통합된 이후 공민왕 18년에 門下府로 개편되었던 것이므로 3省體制는 충렬왕 원년에 혁파된 것이나 다름이 없다. 다시 말하여 고려전기에는 3省制라 할 수 있고, 후기에는 1府制[(1司; 僉議府·都評議使司, 충렬왕 원년~공민왕 5년 이전)·(都僉議府·門下府, 공민왕 11년~고려말)]라 할 수 있는 것이다. 요컨대 고려의 중앙관제는 전기에는 3省 6部制이고, 후기에는 첨의부로부터 문하부에 이르기까지 여러 번 개편을 거쳐 1府 4司制에서 1府 6司制로 바뀌어 갔다.

平章事(贊成事)에 대해, 성종 때 내사시랑평장사와 문하시랑평장사를 두었다고 한다. 平章事의 직제가 마련된 것은 성종 원년(982)에 내사성의 성립과 때를 같이하였다고 여겨진다. 사례로 보면 성종 2년 정월에 崔承老가 門下侍郎平章事에 임명된 것이 처음이다.[74] 평장사의 職制는 내사성과 문하성에서 확연히 구분되어 나타난다. 성종 12년 10월에 徐熙가 內史侍郎, 崔亮이 門下侍郎에 동시에 在任한 사례는 이를 증명해 주고 있다.[75] 내사성과 문하성은

---

73) (恭愍王) 十一年罷尙書省 復置三司(『고려사』 권76, 백관1 상서성).

74) 『高麗史』 권3, 세가 성종 2년 정월.; 『고려사절요』 권2, 성종 2년 정월.; 『高麗史』 권93, 열전 최승로.

75) 以侍中朴良柔爲上軍使 內史侍郎徐熙爲中軍使 門下侍郎崔亮爲下軍使 軍于北界 以禦契丹(『고려

‘내사문하성’의 단일기구가 아니라 분리된 기구임이 분명한 것이다.

그런데 平章事는 中書省과 門下省의 구별을 초월하여 같은 中書門下省의 宰臣으로 함께 國事를 논의하였던 것이라고 하여 ‘中書門下省’을 단일기구로 본 견해가 있다.[76] 그리고 또한 門下府條의 관부는 內史門下省(성종 원년) → 中書門下省(문종 15년) → 僉議府(충렬왕 원년)의 연혁을 지닌 것으로 보고, 문종 15년(1061)에 이르러 관부의 명칭이 中書門下省으로 바뀜에 따라 門下侍郎平章事는 변함이 없으나 內史侍郎平章事는 中書侍郎平章事로 호칭을 고친 것이라고 하여 역시 ‘내사문하성’(중서문하성)을 단일 기구로 보는 견해가 있다.[77] 이에 대해서 平章事는 현종 때까지 내사시랑이나 문하시랑과 자동적으로 결합된 것이 아니라 분리되어 있었다고 하는 주장도 있었다.[78] 이에 대한 비판으로, 일시적이나마 두 칭호가 분리된 상태로 在任한 것이 사실이라면 이것은 예외적인 경우라고 보아야 한다는 주장도 있었다.[79]

논란이 되고 있는 이러한 문제에 대해, 해결의 중요한 실마리는 문하부 평장사조에 “文宗定 … 又於中書門下各置平章事”라고 한 기록의 해석이다. 이 기록에서는 ‘中書門下’에 각각 평장사를 두었다고 기록하고 있어 그것이 단일기구인 것같이 오해하기 쉽다. 그러한 것이 아니라 중서성과 문하성에 각각 평장사를 둔 것으로 일단은 해석해야 할 것이다. 이렇게 볼 경우에 문종

사』 권3, 세가 성종 12년 10월. ; 『고려사절요』 권2, 성종 12년 10월).

76) 邊太燮, 「高麗宰相考 - 3省의 權力關係를 중심으로 - 」, 『歷史學報』 35 · 36합, 1967. ; 『高麗政治制度史硏究』, 一潮閣, 1971, 66쪽.

77) 朴龍雲, 「고려시대의 平章事」, 『고려시대 中書門下省宰臣 연구』, 일지사, 2000, 124~128쪽.

78) 박재우, 「고려전기 재추의 운영원리와 권력구조」, 『역사와 현실』 26, 1997, 127쪽에서 평장사는 현종 때까지 門下侍郎이나 內史侍郎과 자동적으로 결합한 것이 아니라 유리된 관직으로 보았다.

79) 박용운, 『고려시대 中書門下省宰臣 연구』, 일지사, 2000, 127쪽에서 성종 때 內史侍郎 · 門下侍郎과 평장사의 두 호칭을 같이 쓰거나 또는 어느 한쪽만을 써도 그 직위를 나타내는 것으로 보았고, 만약 일시적이나마 두 칭호가 분리된 상태로 在任한 것이 사실이라면 이 것은 예외적인 경우라고 보아야 한다고 하였다.

때(문종 15년) 中書侍郎平章事 · 門下侍郎平章事 외에 中書平章事와 門下平章事를 더 설치하여 4平章事를 둔 것으로 해석할 수 있다.[80] 그러나 백관지 찬성사조의 이 기록은 올바른 기록이라고 볼 수 없다. 內史省을 中書省으로 고친 성종 원년(982)과 문종 15년(1061) 사이 79년간에 門下侍郎 · 內史侍郎 · 內史侍郎平章事 · 門下侍郎平章事 · 門下平章事 · 內史侍郎同內史門下平章事 · 門下侍郎同內史門下平章事 · 平章事 등에 임명된 예는 129사례가 나타나고 있다.[81] 이것은 문종 15년 이전에 內史侍郎平章事 · 門下侍郎平章事 · 內史平章事 · 門下平章事의 4平章事가 이미 실재하고 있었다는 것을 말해 준다. 그러므로 문종 15년에 이르러 중서평장사 · 문하평장사가 더 설치된 것처럼 기록한 백관지 찬성사조의 기록은 그대로 믿을 수가 없다. 찬자의 오류인 것이다. 그 이전부터 있었던 내사평장사와 문하평장사를 문종 15년에 처음으로 더 설치한 것으로 『고려사』 찬자가 오인하였거나, 아니면 정비된 결과를 그렇게 정리하고 있는 것이다. 문종 15년 이전에 문하시랑평장사 · 내사시랑평장사 · 문하평장사 · 내사평장사의 4平章事가 이미 있었다.

예를 들어 성종 12년 10월에 門下侍郎에 재임한 崔亮은 얼마 후 內史侍郎兼民官御事同內史門下平章事監修國史로 遷拜되었다가[82] 성종 14년(995) 4월 그가 卒할 때 平章事라고 칭하였다.[83] 崔亮의 경우 성종 12년 10월의 門下侍郎과 그 후에 승진한 內史侍郎은 각각 門下侍郎平章事와 內史侍郎平章事를 의미하는 것이고, 內史侍郎平章事로서 民官御事 및 同內史門下平章事와 監修國

80) 文宗定門下侍郎平章事 · 中書侍郎平章事各一人 又於中書門下各置平章事 並秩正二品(『고려사』 권76, 백관1 문하부 찬성사).

81) 박용운, 『고려시대 中書門下省宰臣 연구』, 일지사, 2000, 156~163쪽 〈表1〉에 의거하면 성종 원년(982)에서 문종 15년(1061) 사이 79년간에 平章事에 임명된 예는 129事例가 있다.

82) 乃命復職 未幾 拜門下侍郎 遷內史侍郎兼民官御事同內史門下平章事監修國史 十四年卒(『고려사』 권93, 열전 최량).

83) (成宗 14年) 夏四月 平章事崔亮卒 慶州人(『고려사절요』 권2, 성종 14년 4월).

史를 겸하였는데, 同內史門下平章事는 內史侍郎平章事로서 內史平章事와 門下平章事를 겸한 것이다. 이러한 崔亮이 卒할 때는 '平章事'라고만 표기되고 있다. 崔亮의 경우 門下侍郎平章事를 역임한 이후 內史侍郎平章事로서 同內史門下平章事를 겸하였으므로 문하시랑평장사 · 내사시랑평장사 · 내사평장사 · 문하평장사 등 4平章事를 역임한 實例가 되는 셈이다. 그러므로 문종 때(문종 15년) 정해진 "又於中書門下各置平章事 並秩正二品"이라고 한 백관지 찬성사조의 기록은, 이 당시에 중서평장사와 문하평장사를 처음으로 더 설치한 것이 아니라, 문종 15년에 내사성이 문하성으로 개편됨에 따라 중서평장사와 문하평장사의 정원과 품계 등 직제가 정비된 내용을 정리해서 반영해 놓은 것으로 보아야 할 것이다.

특히 평장사의 겸직에는 內史侍郎同內史門下平章事와 門下侍郎同內史門下平章事에 대한 15事例가 있는데,[84] 이것은 각각 內史侍郎平章事로서 內史平章事와 門下平章事를 겸직한 것이고, 門下侍郎平章事로서 內史平章事와 門下平章事를 겸직하고 있는 것으로 4平章事가 실재하고 있었음을 보여줄 뿐만 아니라, 이러한 평장사의 겸직은 내사성(중서성)과 문하성이 별개의 분리된 기구였기 때문에 겸직이 이루어질 수 있었던 것이다.

이렇게 분리되어 있었던 중서성과 문하성을 합하여 충렬왕 원년(1275)에 僉議府로 개편하였다. 忠烈王 元年(1275)에 中書省, 門下省, 尙書省을 합쳐 僉議府가 되면서 平章事도 贊成事라는 명칭으로 바뀌었다. 중서성과 문하성은 통합이 되고, 상서성의 員吏들은 모두 혁파되었다가[85] 뒤에 다시 복구되었다. 이에 따라 門下省과 中書省의 侍郎平章事는 僉議侍郎贊成事로, 平章事는 僉議贊成事로 개편되었다. 이것은 문하성과 중서성의 평장사가 찬성사로 통

84) 박용운, 『고려시대 中書門下省宰臣 연구』, 일지사, 2000, 156~163쪽 〈表1〉.
85) 尙書省 … 忠烈王元年 併于中書門下爲僉議府 并罷員吏(『고려사』 권76, 백관1 상서성).

합된 것을 반영하고 있는 것이다. 공민왕 5년(1356)에 文宗舊制로 환원되면서 중서성, 문하성, 상서성이 함께 복구되었다. 이후 공민왕 11년(1362)에 상서성이 혁파됨에 따라 중서성과 문하성을 합쳐 다시 都僉議府로 되면서 僉議贊成事로 단일화되었다. 동왕 18년(1369)에는 문하성의 이름을 계승하여 門下府로 개편되면서 僉議贊成事를 門下贊成事로 고쳤던 것이다.[86)]

參知政事에 대해, 백관지에는 穆宗 때 처음 설치된 것으로 나타나 있다. 그러나 이에 앞서 참지정사에 취임한 최초의 인물은 성종 때 崔亮이다. 실제 임명 사례와 백관지 문하부조의 기록이 서로 맞지 않는다. 崔亮은 성종 때 左散騎常侍·參知政事·兼司衛卿을 역임하여 參知政事에 취임한 최초의 인물이다.[87)] 전기의 참지정사는 충렬왕 원년에 僉議參理로 개편된 이후 두 차례의 개편을 거쳐 공민왕 5년에 참지정사로 다시 복구되었다. 공민왕 5년 11월 이후에 參知門下政事와 參知中書政事로 구분하여 임명된 사례가 보인다.[88)]

공민왕 5년 11월에 慶千興은 參知門下政事, 李千善은 參知中書政事를 역임한 적이 있고,[89)] 공민왕 7년 2월에 李千善은 參知門下政事로 승진하고, 安祐

---

86) 『고려사』 권76, 백관1 문하부 찬성사.

87) 崔亮 … 成宗在潛邸 引爲師友 及卽位遂加擢用 甚愜人望 累授左散騎常侍參知政事兼司衛卿 以疾解官(『고려사』 권93, 열전 최량).

88) 공민왕 5년 11월에 慶千興은 參知門下政事, 李千善은 參知中書政事를(①) 역임한 적이 있고, 공민왕 7년 2월에 李千善은 參知門下政事로 승진하고, 安祐가 參知中書政事로 되었다(②). 공민왕 초에 李仁復은 參知中書政事를(③), 慶復興은 參知門下政事와 參知中書省事를(④), 黃裳은 參知門下政事를 각각 역임한 바가 있어(⑤), 중서성과 문하성이 분리된 기구임을 확인시켜 주는 것이다.

① 慶千興參知門下政事 李千善參知中書政事(『고려사』 권39, 세가 공민왕 5년 11월).

② 李千善參知門下政事 安祐參知中書政事 鄭世雲知門下事(『高麗史』 권39, 세가 공민왕 7년 2월).

③ 李仁復 … (恭愍初) 轉參知中書政事 歷判開城府事僉議評理(『고려사』 권112, 열전25 이인복).

④ 慶復興 … (恭愍初) 拜軍簿判書 歷判樞密院事參知門下政事 陞知政事商議 … 改參知中書省事(『고려사』 권111, 열전24 경복흥).

⑤ 黃裳 … (恭愍初) 拜參知門下政事(『고려사』 권114, 열전27 황상).

가 參知中書政事로 되었다.[90] 공민왕 초에 李仁復은 參知中書政事를,[91] 慶復興은 參知門下政事와 參知中書省事를,[92] 黃裳은 參知門下政事를 각각 역임한 바 있다.[93] 이러한 사실은 공민왕 5년에 文宗舊制로 복구될 당시에 중서성과 문하성이 같이 복구되었음을 알 수 있고, 또한 그것은 중서성과 문하성이 단일기구가 아니라 분리된 기구라는 것을 확인시켜 주는 것이다. 그런데 참지정사의 경우는 충렬왕 원년(1275)에 僉議府로 개편되기 이전 고려전기의 사례에서는 참지문하정사와 참지중서정사로 구분하지 않고 참지정사로 나타나고 있다. 그것은 고려전기의 참지정사가 문하성과 중서성의 兩省에 관한 政事에 모두 參政한 것으로 여겨지기 때문에 그렇게 나타나는 것이라 여겨진다. 이것은 참지정사를 비롯한 고려전기 재신직의 운영방법과 관계된 것으로 여겨진다. 앞서 성종 때 崔亮은 左散騎常侍 · 參知政事 · 兼司衛卿을 역임하여, 참지정사의 재신으로서 좌산기상시를 실직으로 지니고 있었다. 이와 같이 참지정사는 좌산기상시뿐만 아니라 僕射 · 6部尙書 등의 실직을 지니고 참지정사의 宰臣이 되어 6부의 判事를 겸직하는 예가 많았다. 재신직의 운영방법이 이와 같았다면 고려전기에 참지정사는 문하성과 중서성을 구분하여 임명할 필요가 없어진다. 또한 문하성과 중서성뿐만 아니라 그의 실직으로 보아 상서성과 尙書 6部에 관한 政事까지도 관여할 수 있게 되어 있었다. 그러나 후기에 첨의부로 개편된 이후부터는 고려전기에서와 같이 僕射나 6部尙書의

89) 以李齊賢爲門下侍中 廉悌臣守門下侍中 慶千興參知門下政事 李千善參知中書政事 李仁復爲政黨文學兼御史大夫 安祐知門下省事(『고려사』 권39, 세가 공민왕 5년 11월).

90) 以廉悌臣爲門下侍中 黃石奇爲門下侍郎同中書門下平章事 金鏞爲中書侍郎門下平章事 全普門爲門下平章事 金逸逢爲中書平章事 慶千興知門下政事 李千善參知門下政事 安祐參知中書政事 鄭世雲知門下事(『高麗史』 권39, 세가 공민왕 7년 2월).

91) 李仁復 … (恭愍初) 轉參知中書政事 歷判開城府事僉議評理(『고려사』 권112, 열전25 이인복).

92) 慶復興 … (恭愍初) 拜軍簿判書 歷判樞密院事參知門下政事 陞知政事商議 … 改參知中書省事(『고려사』 권111, 열전24 경복흥).

93) 黃裳 … (恭愍初) 拜參知門下政事(『고려사』 권114, 열전27 황상).

실직을 지니는 제도는 사라지고, 宰臣職 운영에 새로운 변화가 일어나게 되었다.[94] 공민왕 5년에 문종 때의 구제로 복구되면서 參知門下政事와 參知中書省事로 구분하여 임명되는 사례는 당시에 일시적으로 나타나는 현상이다. 이와 같은 재신직의 운영방법의 변화는 참지정사뿐만 아니라, 다음에서 논급할 정당문학과 지문하성사에서도 그러한 변화가 일어나게 된다.

政堂文學은 唐·宋制에 없는 宰臣으로, 이에 임명된 최초의 인물은 현종 즉위년(1009)의 崔沆이다.[95] 백관지에는 政堂文學이 문종 때 처음 정해진 것으로 되어 있어 사례와는 조금 다르게 나타나는데, 백관지의 기록이 의심스럽다. 政堂文學은 충렬왕 원년에 參文學士로 개편되었다가 충렬왕 16년에 다시 정당문학이 된 후, 고려말 공양왕 4년 7월 정당문학 李元紘에[96] 이르기까지 정당문학으로 나타나고 있다. 政堂文學은 고려전기의 중서성과 문하성 가운데 어디에 소속되었는지 분명하지 않은 宰臣職이다. 그것은 참지정사의 예와 같이 고려전기에는 僕射나 6部書 등의 실직을 지니고 宰臣이 되어 6部의 判事를 겸직할 수 있게 운영이 되었기 때문에 그렇게 구분할 필요가 없었을 것으로 여겨진다.[97] 宰府에서 문학을 주로 하는 재신으로 문하성이나 중서성은 물론 그의 실직으로 보아 상서성과 尙書 6部 등의 정사에도 관여하였을 것이다. 고려후기에 첨의부로 통합된 이후 16년간 참문학사라 칭하다가 이후 문하부 단일체제하에서도 줄곧 정당문학이라 하였다.

---

94) 崔貞煥, 「高麗後期 宰·樞臣의 祿俸規定과 그 運營實態」, 『韓國史硏究』 69, 1990. ; 『高麗·朝鮮時代 祿俸制 硏究』, 경북대학교출판부, 1991, 179~194쪽.
崔貞煥, 「高麗 中書門下省 中書令職의 運營實態와 祿俸」, 『고려 정치제도와 녹봉제』, 신서원, 2002,

95) 『고려사』 권93, 열전 최항. ; 『고려사절요』 권2, 목종 12년(현종 즉위년) 7월.

96) 『고려사』 권46, 세가 공양왕 4년 7월.

97) 崔貞煥, 「『高麗史』 百官志의 硏究」, 『譯註 『高麗史』 百官志』, 경인문화사, 2006, 76~84쪽.

知門下省事는 唐制에는 있으나 宋制에 없는 재신으로, 백관지의 기록에 의하면 문종 때 처음 설치된 것으로 기술되어 있다. 그러나 文宗朝나 그 이전에 知門下省事에 임명된 사람은 한 명도 보이지 않는다. 이후 宣宗 9년(1092) 8월에 權知門下省事에 임명된 李子威가 처음으로 나타난다.[98] 충렬왕 원년에 知僉議府事로 개편되었고, 공민왕 5년에 일시 지문하성사로 복구되고, 공민왕 18년에 知門下府事로 개편된 이후 고려 말 공양왕 4년 4월까지 지문하부사로 나타나고 있다.[99] 知門下省事는 前期의 中書省과 門下省 가운데 門下省에 所屬된 宰臣으로, 參知政事 政堂文學과 같이 前期에는 實職을 지니고 宰臣이 되어 宰臣으로서 兼職할 수 있는 判事職을 兼하였던 것이다. 後期에 역시 實職을 지니는 制度는 사라지고, 僉議府와 門下府의 單一體制下에서는 知僉議府事·知門下府事라 칭하였다.

Ⅳ. 省郎의 構成과 變遷

고려시대 中書省과 門下省에는 2品 이상의 宰臣이 소속한 宰府와 3品 이하의 省郎(諫官)이 소속한 郎舍의 이중구조로 편제되어 있었다.[100] 省郎들은 전

---

98) 以李子威爲尙書右僕射權知門下省事兼西京留守使(『고려사』 권10, 세가 선종 9년 8월).

99) 李豆蘭 知門下府事(『고려사』 권46, 세가 공양왕 4년 4월).

100) 고려 때의 中書省과 門下省을 단일기구로 보아 '중서문하성'은 從2品 이상의 宰臣이 소속한 宰府와 正3品 이하의 省郎(諫官)이 소속한 郎舍의 이중구조로 편제되어 있었다는 견해가 있다.

① 邊太燮, 「高麗의 中書門下省에 대하여」, 『歷史教育』 10, 1967. ; 『高麗政治制度史研究』, 一潮閣, 1971, 38~39쪽.

② 朴龍雲, 「高麗朝의 臺諫制度」, 『歷史學報』 52, 1971. ; 『高麗時代 臺諫制度 研究』, 一志社, 1980, 66~67쪽 및 77쪽.

③ 朴龍雲, 「高麗時代의 臺諫과 宰樞文武兩班」, 『誠信女大論文集』 12, 1979. ; 『高麗時代 臺諫制度 研究』, 一志社, 1980, 231~234쪽.

기에 정비된 문종관제하에서는 宋制에 "左屬門下 右屬中書"라고[101] 한 바와 같이 고려에서도 左職은 문하성, 右職은 중서성으로 확연히 구분되어 있었다. 그러나 고려후기에는 충렬왕 원년(1275)에 중서성, 문하성이 僉議府로 개편되면서 省郞들은 첨의부 안에서 左·右職으로 편제되었다.『고려사』찬자는 이러한 사실에 대해서 정확한 기록을 남기지 않고, 충렬왕 원년에 이루어진 省郞들의 개편에 대한 기사 가운데 4職을 단순히 "後改"라고 기록하였으며, 다른 8職에 대해서는 아무런 언급이 없다.

『고려사』백관지 문하부조에서는 중서성·문하성·상서성의 3省이 충렬왕 원년(1275)에 僉議府로 개편되면서 다음의 4省郞들에 대한 개편의 기록은 모두 "後改"라고 기록되어 있다. 이것은『고려사』찬자가 충렬왕 원년(1275)에 僉議府로 개편되면서 左·右散騎常侍는 左·右常侍로, 左·右諫議大夫는 左·右司議大夫로, 給事中은 中事로, 左·右補闕은 左·右補諫으로 바뀐 사실을 모르고 모두 "後改"라고 기록하였다. "後改"라고 한 그 시기는 충렬왕 원년이었음이 분명하다.[102] 이러한 백관지 문하부조의 기록을 다음과 같이 '忠烈王 元年'으로 보완해 볼 수 있다.

㉯ ① 常侍 … 穆宗時有左右散騎常侍 … (忠烈王元年) 後改左右常侍 忠烈王二十年忠宣復改左右散騎常侍

② 司議大夫 … 穆宗時有左右諫議大夫 … (忠烈王元年) 後改左右司議大夫 忠烈王

---

101) 右散騎常侍 右諫議大夫 右司諫 右正言 輿門下省同 但左屬門下 右屬中書(『宋史』권161, 職官1 中書省).

102) 그런데 이러한 사실에 대해서 생각을 달리하는 견해도 있다. "後改右·左常侍"에서 常侍로 명칭을 바꾸었다는 "後"의 시기는 명확치가 않다. 사례들을 보면 散騎常侍만이 사용된 듯 기술되어 있는 成宗이나 顯宗朝에도 常侍가 가끔 눈에 띄며, 이 같은 양상은 그 후에도 계속되고 있기 때문이다. 그래서 사례에 대한 좀더 정밀한 검토가 필요할 것 같다고 하였다. (朴龍雲,「臺諫制度의 成立」,『韓國史論叢』1, 1976. ;『高麗時代 臺諫制度 研究』, 一志社, 1980, 73쪽.)

二十四年忠宣復改左右諫議大夫

③ 給事中 … 文宗定一人 秩從四品 … (忠烈王元年) 後改稱中事 忠烈王二十四年忠宣復改給事中

④ 獻納 … 穆宗時有左右補闕 … (忠烈王元年) 後改左右補諫 忠烈王二十四年忠宣復改左右司諫

文宗官制下에서 좌 · 우산기상시는 충렬왕 원년에 좌 · 우상시, 충렬왕 24년에 좌 · 우산기상시로 개편되었고, 좌 · 우간의대부(문종)는 좌 · 우사의대부(後改, 충렬왕 원년) → 좌 · 우간의대부(충렬왕 24년)로, 급사중(문종)은 中事(後改, 충렬왕 원년) → 급사중(충렬왕 24년)으로, 좌 · 우보궐(목종)은 좌 · 우사간(예종) → 좌 · 우보간(後改, 충렬왕 원년) → 좌 · 우사간(충렬왕 24년)으로 개편되어 간 것이다. 이렇게 보완해 보면 충렬왕 원년에 첨의부로 개편되면서 郎舍들에 대한 개편의 내용을 더욱 명료하게 이해할 수 있게 된다. 그렇지만 충렬왕 원년에 관제를 개편한 이후의 郎舍職에 대한 편제 방식은 전기와는 전혀 달랐다.

충렬왕 원년에 僉議府로 개편되기 이전에는 문하성과 중서성은 분리되어 있었으므로 左職이 門下省이고 右職이 中書省이었다. 그러나 충렬왕 원년에 첨의부로 개편된 이후로부터 문하부(공민왕 18년)로 개편된 1府 체제하에서는 동일한 官府 내에서 左 · 右職으로 구별되었던 것이다.

이러한 사실들을 『고려사』 찬자들은 올바로 이해하지 못하고 백관지를 기록하였다. 문하부 내에 좌 · 우직으로 구별되어 있는 후대의 사실을 전기에까지 소급 적용하여 '내사문하성'을 단일기구로 보아 그 안에 좌 · 우직의 구별이 있었던 것같이 백관지를 정리해 놓았던 것이다. 이러한 찬자의 오류가 고려사 연구자들에게 그동안 많은 혼란과 논란을 야기해 왔고, 아직도 그러한 혼란 속에서 고려사 연구자들이 헤어나지 못하고 있는 실정이다.

충렬왕 원년에 첨의부로 개편되면서 위의 4郎舍들은 "後改"라고 기록하였지만, 다른 8職(郎舍)에 대해서는 아무런 언급이 없다. 충렬왕 원년에 8職(郎舍)에 대해서도 어떤 개편이 이루어졌을 것으로 예상은 되나, 『고려사』 백관지 門下府條에서는 이에 대해 아무런 기록을 남기지 않았다.

> ㉰ ① 直門下 文宗定一人 秩從三品 … 忠烈王二十四年忠宣罷 恭愍王元年置直都僉議 五年復改直門下 十一年復改直都僉議 後復改直門下
>
> ② 舍人 … 文宗改中書舍人 定一人 秩從四品 忠烈王二十四年忠宣改都僉議舍人 陞正四品 恭愍王五年 復改中書舍人 降從四品 十一年改內書舍人 十八年改門下舍人
>
> ③ 起居注 文宗定一人 秩從五品 … 恭愍王五年 陞正五品
>
> ④ 起居郎 文宗定一人 秩從五品 恭愍王五年 陞正五品
>
> ⑤ 起居舍人 文宗定一人 秩從五品 恭愍王五年陞正五品
>
> ⑥ 正言 … 睿宗十一年改左右正言 各一人 秩從六品 忠烈王三十四年忠宣改思補陞正六品 恭愍王五年復改左右正言
>
> ⑦ 錄事 … 穆宗時有門下錄事 文宗定一人 秩從七品 忠烈王二十四年改都僉議錄事 陞正七品 恭愍王五年 復改門下錄事 十一年復改僉議錄事 爲階梯正七品 十八年復改門下錄事
>
> ⑧ 注書 … 文宗改中書注書 定一人 秩從七品 忠烈王二十四年改都僉議注書 陞正七品 恭愍王五年復改門下注書 十一年復改僉議注書 十八年復改門下注書

㉰ ① 直門下는 전기 문종 때의 直門下가 충렬왕 원년(1275)에 僉議府로 개편될 당시에 어떤 변화가 이루어졌는지에 대한 아무런 기록이 없이 다만 충렬왕 24년(1298)에 忠宣王이 혁파한 것으로만 나타나 있다. 충렬왕 원년

에 관제를 개편할 당시에 종전대로 直門下라고 하였는지 아니면 '直僉議' 혹은 '直都僉議'라 하였는지 분명치 않다. 僉議府가 충렬왕 19년(1293)에 都僉議使司로 바뀌고 난 이후 충렬왕 24년(1298)에 이를 일시 혁파하였다가 공민왕 원년에 直都僉議를 설치하고, 공민왕 5년에 文宗舊制로 복구할 당시에 直門下라 하였다. 이후 공민왕 11년에 都僉議府로 개편될 당시에는 다시 고쳐 直都僉議라고 하였다. 이러한 선후관계를 통해서 유추해 보면, 충렬왕 원년에 僉議府로 개편될 당시에는 直門下라고 하기보다 '直僉議'라 하였을 가능성을 생각해 볼 수 있다. 충렬왕 원년에 僉議府로 개편될 당시에는 중서성과 문하성이 통합되었으므로 直門下라고는 하지 않았을 것이다. 충렬왕 원년에 관제를 개편할 당시에 문하시중을 僉議左右中贊, 평장사를 僉議贊成事, 참지정사를 僉議參理, 지문하성사를 知僉議府事라 한 것으로 보아 직문하도 '直僉議'라고 하였을 가능성이 많은 것이다. 이러한 사실들을 『고려사』 찬자는 인식하지 못하고 백관지의 기록을 누락한 것이 아닌지 의문이 가는 것이다.

㉰ ② 中書舍人 역시 충렬왕 원년(1275)에 僉議府로 개편될 당시에 어떤 변화가 이루어졌는지에 대한 아무런 기록이 없이 충렬왕 24년(1298)에 忠宣王이 都僉議舍人으로 개편한 것으로 나타나 있다. 충렬왕 원년 당시에는 중서성과 문하성이 통합되어 중서성이 없었으므로 中書舍人이라고는 하지 않았을 것이고, '僉議舍人'이라 하였을 것이다. 『고려사』 백관지에 이러한 사실에 대한 기록이 누락된 것이 아닐까 의문이 가는 것이다.

㉰ ③ 起居注, ④ 起居郞, ⑤ 起居舍人은 다 같이 문종 때 제정된 종5품에서 공민왕 5년(1356)에 정5품으로 품계가 올라간 사실만 나타나 있고, 충렬왕 원년에 관제를 개편할 당시 이들에 대한 개편의 기록은 전혀 보이지 않는다. 이들 3省郞은 충렬왕 원년의 관제 개편으로부터 고려 말에 이르기까지 본래

의 명칭을 그대로 사용한 사례가 보이고 있어[103] 그들은 종전대로 아무런 변화가 없었던 것 같다. 다만 공민왕 5년에 품계상의 변화가 일어난 것만 기록되어 있다.

㉰ ⑥ 正言은 충렬왕 원년에 3省이 첨의부로 개편되면서 전기 예종 11년의 좌·우정언이 이때에 어떤 개편이 이루어졌을 것으로 생각이 되나 이에 대해서 백관지에는 아무런 언급이 없고, 충렬왕 34년(1308)에 思補로 개편된 기록만 남아 있다. 이것은 백관지에 충렬왕 원년 당시의 사실에 대한 기록이 누락되었던가 아니면 종전대로 正言이라 하였을는지도 모른다. 충렬왕 원년에 '左·右正言'을 종전의 명칭 그대로 사용하였기 때문에 아무런 기록이 없었는지도 모른다. 이후 都僉議使司(충렬왕 19년) 體制하에서 左正言에 보임된 사례가 있는 것으로 보아[104] 충렬왕 원년에 僉議府로 개편할 당시에도 '左·右正言'이라고 하였던 것이 분명하리라 여겨진다. 이러한 '左·右正言'을 忠烈王 34년(1308)에 당시 실권을 장악하고 있던 忠宣王이 思補로 고쳤다가 이후 공민왕 5년에는 예종 때의 舊制로 복구하여 다시 좌·우정언으로 고쳤던 것이다. 그러나 충렬왕 원년에는 중서성과 문하성이 통합되었기 때문에 '左·右正言'은 전기와 같이 분리된 기구가 아니라 僉議府 안에서 좌·우직으로 단일화된 것으로 보아야 할 것이다.[105]

㉰ ⑦ 門下錄事와 ⑧ 中書注書(內史注書)는 충렬왕 원년에 3省이 첨의부로

103) 以起居郞金𥓉 偕往慶尙全羅道 斂民箭羽鏃鐵(『고려사』 권28, 세가 충렬왕 원년 11월).
戊申 王置知印房 … 起居注李湛(『고려사』 권36, 세가 충혜왕 즉위년 2월).
起居舍人徐彦 知淳昌郡事(『고려사』 권45, 세가 공양왕 2년 윤4월).

104) 左獻納鄭思度 … 左正言尹安之(『고려사』 권37, 세가 충목왕 즉위년 6월).

105) 이에 대해서 박용운은 忠烈王 34년(1308) 당시 실권을 장악하고 있던 忠宣이 正言을 思補로 고친 이후 그것이 공민왕 5년까지 사용된 듯 서술되어 있으나, 기록을 보면 이 기간 중에는 두 용어가 모두 쓰이고 있어서 百官志의 설명과 다른 면을 나타내고 있다고 하였다. (朴龍雲, 「高麗朝의 臺諫制度」, 『歷史學報』 52, 1971. ; 『高麗時代 臺諫制度 硏究』, 一志社, 1980, 76쪽.)

개편되면서 전기의 門下錄事와 中書注書에 대해서도 어떤 개편이 이루어졌을 것으로 생각이 되나 이에 대해서는 아무런 언급이 없고, 다만 충렬왕 24년(1298)에 都僉議錄事와 都僉議注書로 개편된 것으로 나타나 있다. 충렬왕 원년에는 중서성과 문하성이 통합되었기 때문에 門下錄事나 中書注書라고는 하지는 않았을 것이다. 그렇다면 그것은 僉議錄事와 僉議注書라고 하였을 것으로 추측해 볼 수밖에 없다. 그렇게 생각되는 이유는 이후 공민왕 11년에 都僉議府로 개편될 당시에 僉議錄事와 僉議注書라고 한 예가 있기 때문이다. 이 부분에 대해서는 『고려사』 찬자가 기록을 누락한 것이 아닐까 한다. 충렬왕 원년의 僉議錄事 · 僉議注書를 이후 충렬왕 24년에 都僉議錄事 · 都僉議注書로 고친 것으로 보면 논리가 맞아진다. 3省은 충렬왕 원년에 僉議府로, 충렬왕 19년에 都僉議使司로, 공민왕 11년에 都僉議府로 공민왕 18년에 門下府로 개편되어 갔다. 충렬왕 19년에 都僉議使司로 개편된 이후 5년이 지난 충렬왕 24년에 와서 都僉議錄事와 都僉議注書로 함께 개편이 되고 있는데, 이러한 사실은 都僉議使司 體制하에서 중서성과 문하성이 통합된 사실을 반영하고 있는 것이다.

고려전기 중서성의 ② 中書舍人(내사사인)은 都僉議舍人(충렬왕 24년)으로 개편되고, 공민왕 5년에 중서사인으로 복구되었다가 공민왕 18년의 문하부 체제에서는 문하사인으로 되었다. 전기 중서성의 中書注書(내사주서)는 都僉議注書(충렬왕 24년)로 개편되었다가 공민왕 5년에 文宗舊制로 복구될 당시 중서주서가 아닌 문하주서로 복구되고 있어 주목이 되며, 이어 공민왕 18년에는 문하부의 문하주서로 되었다. 이러한 사실은 중서성이 문하부에 통합된 것을 의미하는 것이다.

V. 맺음말

본래의 연구목적은 『고려사』 백관지에 나타나 있는 관직체계의 내용분석을 통해서, 그동안 학계에서 정설로 통용되고 있던 기존 학설의 오류와 백관지에 내포되어 있는 撰者의 오류를 밝히는 것이었다. 기존 학설에서 가장 문제가 되는 것은 中書門下省을 단일기구로 보아 고려의 중앙관제는 3省 6部가 아니라 2省 6部라고 하여 이것이 정설로 통용되고 있는 것이다. 3省을 2省으로 오인하게 된 가장 큰 원인은 『고려사』 撰者들이 門下府條에 중서성과 문하성의 연혁을 잘못 기록하였기 때문이다. 『고려사』 撰者는 중서문하성을 단일기구로 취급하였다. 그러나 중서성과 문하성은 단일기구가 아니라 분리된 기구였다. 이를 입증하기 위해서 『신당서』 백관지와 『宋史』 직관지를 비교하고, 『고려사』 백관지, 식화지, 여복지, 선거지, 『고려도경』과 『역옹패설』 등 관계기록과 임명 사례 등을 다각적으로 분석하여 그 성립과 정비 및 변천과정을 세밀히 검토해 본 결과, 중서성과 문하성이 단일기구가 아니었음을 입증할 수 있는 확실한 논거를 찾을 수 있었다.

『고려사』 백관지 문하부조의 기록은 최후로 개편된 관부와 관직의 칭호를 기준으로 判門下(중서령)로부터 門下錄事·門下注書에 이르기까지 품계의 순서에 따라 관직을 나열해 놓았다. 국초의 내의성을 성종 원년에 '내사문하성'으로 개편한 이후 여러 차례 개편을 거쳐 최후로 개편된 門下府를 기준하여 각 관직의 품계 순서에 따라 중서성과 문하성을 단일기구로 보아 일괄적으로 정리해 놓았다. 이것은 撰者의 잘못이었다. 宋制에 "左屬門下 右屬中書"라고 한 바와 같이 고려에서도 左職은 문하성, 右職은 중서성으로 구별하여 문하성과 중서성이 분리된 기구임을 분명히 알 수 있다. 『고려사』 찬자는 성종 원년에 '내사문하성'이 설치될 당시에 내사성과 문하성이 분리된 기구라는 사실을 고려하지 않고 門下府條에서 일괄적으로 정리해 놓았던 것이다. 후대에 최종적으로 통합된 문하부를 기준으로 전기의 사실을 반영하다 보니 그렇게 정리할 수밖에 없었던 것으로 여겨진다.

국초의 內議省을 성종 원년에 '내사문하성'으로 개편할 당시부터 내사성과 문하성은 분리된 기구였다. 백관지 문하부조에 "국초의 內議省을 성종 원년에 '내사문하성'으로 개편하였다."라고 한 것도 撰者의 오류였다. 국초의 내의성을 '내사문하성'으로 개편한 것이 아니라 성종 원년에 제도를 개편할 당시에 국초의 내의성과 諸軍事 및 左·右執政 內史令의 기능까지 포괄해서 이를 계승할 수 있는 唐制의 내사성과 문하성을 수용하여 개편한 것이다. 그리고 경종 원년(976)과 성종 원년(982) 사이의 과도기 체제에서, 左·右執政兼內史令(荀質·申質)과 左執政·內史令(崔知夢)의 사례에서 나타나는 '執政'은 국초의 광평시중의 기능을 이어 唐制를 수용하여 개편한 문하시중으로 제도화된 것이며, 내의성은 혁파되었으나 그 기능은 內史省으로 계승된 것으로 여겨졌다.

성종 원년에 唐制를 수용하여 발족한 내사성과 문하성은 문종 15년에 내사성을 중서성으로 고쳐 중서성, 문하성, 상서성의 3省制가 정비되었다. 문종 15년에 정비된 고려의 3省制는 唐制의 바탕 위에 宋制를 참작하고 고려의 독자적인 요소가 가미되어 정비된 것으로 여겨졌다. 문종 15년 정비된 문하성의 관원구성은 중서성에 없는 지문하성사(종2품)와 직문하(종5품)를 더 두었고, 또한 중서성에 없는 급사중, 기거랑, 기거주를 두어 문하시중으로부터 문하녹사에 이르기까지 左職을 중심으로 설정하였다. 그에 비하여 중서성은 문하성에 없는 중서사인과 기거사인을 두고, 중서령에서 중서주서에 이르기까지 右職을 중심으로 설정하여, 문하성과 중서성을 확연히 구별하였다.

중서성과 문하성 및 상서성의 3省이 처음으로 통합된 것은 충렬왕 원년이었다. 충렬왕 원년(1275)에 3省을 병합하여 僉議府로 개편되기 전까지 중서성과 문하성은 분리된 기구로써 각각 독자적인 관원구성을 이루고 있었다. 그러나 첨의부로 개편한 이후부터는 1府體制라는 단일기구 안에서 좌·우직의 구분이 이루어졌다. 충렬왕 원년의 첨의부는 충렬왕 19년에 都僉議使司로 개편되고, 이후 공민왕 5년(1356)에 文宗舊制로 환원하여 일시 3省이 복구된 적이 있었다. 공민왕 11년(1362)에 상서성을 완전히 혁파하고, 다시 중서성과 문하성을 통합하여 都僉議府로 개편하였다. 이러한 과정을 정리하면, 고려전기의 3省은 후기에 僉議府(충렬왕 원년) → 都僉議使司(충렬왕 19년) → 3省6部(공민왕 5년) → 都僉議府(공민왕 11년) → 門下府(공민왕 18년)로 개편되어 간 것이다. 고려후기에는 공민왕 5년에 3省制의 복구를 제외하면 모두가 1府體制였다.

고려시대 中書省과 門下省에서는 2品 이상의 宰臣이 소속한 宰府와 3品 이하의 省郎(諫官·郎舍)으로 이중구조를 이루고 있었다. 省郎은 전기에 중서성과 문하성으로 구분이 되었으나, 충렬왕 원년(1275)에 僉議府로 개편된 이후부터는 단일기구 안에서 左·右職으로 구분되었다. 『고려사』 찬자는 이러한 사실에 대해서 정확한 기록을 남기지 않고, 단순히 충렬왕 원년에 4省郎職은 "後改"라 하고 다른 8省郎職에 대해서는 아무런 개편의 기록을 남기지 않았다. "後改"라고 한 4職(상시·사의대부·급사중·헌납)의 개편 시기를 '충렬왕 원년'으로 보완해 보면 그 개편의 내용을 더욱 명료하게 이해할 수 있게 된다. 기록을 남기지 않은 8職 가운데 직문하를 '直僉議'로, 중서사인은 '僉議舍人'으로, 문하녹사와 중서주서는 '僉議錄事'와 '僉議注書'로 보완해 보면 논리가 정연해진다. 그리고 공민왕 18년에 문하부로 개편되면서 나타나는 기록에서 전기의 중서사인과 중서주서를 門下舍人과 門下注書로 개편한 기록 역시, 전기의 중서성과 문하성이 단일기구가 아니라 분리된 기구였음을 반영해 주는 것이다.

본래 연구의 목적은 『고려사』 백관지 문하부의 체제와 구성 및 내용을 상서성과 비교하여 고려의 중앙관제가 3省 6部制였음을 밝히고자 하는 것이었다. 그러나 상서성 연구에 더 추가해야 할 문제가 남아 있어, 이를 보완하기 위해 분리하여 발표하기로 하였다. 고려시대의 중앙정치제도와 행정체계를 새로운 시각으로 연구하는 데 조그마한 보탬이라도 되었으면 하는 마음에서 이 글을 쓰게 되었다. 고려사 전공자 여러분들의 많은 叱正을 바란다.

제6장 | 都兵馬使와 中書省 및 政事堂에 대한 새로운 考察

Ⅰ. 머리말

都兵馬使는 兵馬使 및 行營兵馬使와 더불어 北邊 兩界의 兵馬와 밀접한 관련을 가진 기구였다. 도병마사는 변방의 군사문제나 國家重事를 판관 이상이 협의하여 왕에게 上奏하여 制可를 얻거나 兩府에 보고하는 변방과 군사문제에 대한 자문기구였다. 都兵馬使는 兵馬使 및 行營兵馬使와 그 기능과 지휘계통이 달랐다. 이러한 도병마사에 대하여 종래의 학설은 도병마사가 양계병마사를 중앙에서 統領하기 위하여 설치되었고 변방의 군사문제를 회의하는 회의기관이었다고 하여 이것이 정설로 되어 있다.[1] 이 학설은 고려 중앙 정치제도의 운영과 연구에서 반드시 재검토되어야 할 문제이다.

都兵馬使에는 두 종류가 있다. 중앙의 도병마사와 양계 및 각 도에 파견되는 도병마사가 있었다. 오늘날 우리 학계에서는 이러한 구분을 고려하지 않은 채 도병마사에 대한 연구가 진행되어 왔다. 이와 더불어 도병마사의 기원을 외직인 양계의 兵馬判事制나 行營兵馬使制에 연관을 가진 것으로 파악한 연

1) 李丙燾, 『韓國史』 中世篇, 을유문화사, 1961.
末宋保和, 「高麗兵馬使考」, 『東洋學報』 39-1, 1956. ; 『青丘史草』 1, 笠井出版社, 1965.
邊太燮, 「高麗 都堂考」, 『역사교육』 11 · 12, 역사교육연구회, 1969. ; 『高麗政治制度史研究』, 일조각, 1971.

구가 있고, 도병마사의 기원은 양계의 兵馬判事制에서 기원하였다는 것이 정설로 되어 있다.[2] 이것 역시 재검토되어야 할 문제이다.

都兵馬使는 기구로서의 도병마사와 구성원으로서의 도병마사를 구분하여 파악하여야 한다. 그동안 우리 학계에서는 도병마사에 대한 연구가 많이 진척되어 왔다. 하지만 이에 대한 구분을 분명하게 하지 않아 적지 않은 혼란을 빚어 왔다. 이에 대한 구분도 분명히 할 필요가 있다.

문종 때 정비된 도병마사 제도는 재신이 判事가 되고 추신이 使가 되는 것을 원칙으로 하여 判事와 使 이하 副使, 判官, 錄事, 吏屬에 이르기까지 그 제도가 정비되었다. 宰樞가 都兵馬使의 判事 및 使가 되어 국방과 군사 문제를 의논하는 기구였다면, 일반 재추와 중서성 및 정사당의 역할과 기능은 무엇인가에 대한 해명이 또한 필요하다.

고려전기 國政의 중심기관은 중서성이었으나, 충렬왕 원년(1275)에 3省이 僉議府로 개편된 이후 첨의부가 국정의 중심기관이 되었고, 도병마사는 충렬왕 5년에 都評議使司로 개편됨으로써 고려후기 국정운영에 새로운 변화가 일어났다. 고려전기의 도병마사가 都評議使司로 개편되기 이전에는 宰樞들로 구성되는 합좌회의 기구가 아니었다. 이에 대한 해명도 필요하다.

제6장에서는 이상에서 지적한 문제들을 해명하기 위하여 都兵馬使와 中書省 및 政事堂을 비교 검토하여 살펴보고자 하였다. 이 연구가 고려전기 도병마사의 실체를 바르게 밝혀 國政의 운영 실태를 올바로 이해하는 데 조그마한 보탬이 되었으면 한다.

---

2) 李丙燾, 위의 책, 130쪽에서 都兵馬使는 양계 兵馬使의 判事職에서 발전된 것이라 하였다. 邊太燮, 위의 책, 86쪽에서 성종 8년의 兵馬判事制가 뒤의 都兵馬使의 母體가 되었다고 하였다. 金甲童, 「高麗時代의 都兵馬使」, 『歷史學報』 141, 역사학회, 1994, 64쪽에서 都兵馬使職의 기원은 성종 8년의 兵馬判事制에 있다고 할 수 있으나 그 직접적인 계기는 현종 원년의 行營兵馬使制였다고 하였다. 그리고 96쪽 결론에서 도병마사는 기구나 관부가 아니고 관직이었다고 하였다.

Ⅱ. 都兵馬使의 設置와 整備

1. 都兵馬使의 설치

都兵馬使의 설치와 정비 및 변천에 대해『고려사』백관지에서는 국초에 도병마사라 칭하였고, 문종 때 관제가 정비되었으며, 忠烈王 5년에 도병마사를 도평의사사로 개편한 것으로 나타나 있다.

> ㉮ 국초에 도병마사라 칭하였다. 문종이 관제를 정하여 판사(判事)는 시중·평장사·참지정사·정당문학·지문하성사로써 이를 삼고 使는 6樞密 및 職事 3품 이상으로써 이를 삼고 부사는 6인으로 하되 정3품 이상의 卿·監·侍郎으로 이를 삼고 판관은 6인으로 하되 소경 이하로 이를 삼았고 錄事는 8인으로 하되 갑과권무로 하였다. … 충렬왕 5년에 도병마사를 고쳐 도평의사사라 하여 무릇 큰일이 있으면 使 이상이 회의하였으므로 合坐의 이름이 생겼다(『고려사』 권77, 백관2 제사도감각색 도평의사사).

도병마사의 설치에 대해서는 명확한 기록이 없고, 다만 "국초"라고 한다. 도병마사에 관해서 처음 기록이 나타나는 것은 현종 2년이다. 현종 2년 정월에 通事舍人(정7품) 宋均彦이 도병마녹사에 임명된 사례가 있다.[3] 그 이전부터 도병마사제가 있었을 것으로 여겨지나 자세히 알 수가 없다. 현종 6년 7월에 도병마사가 契丹과의 싸움에서 邊功이 있는 장군과 군사들에 賞을 줄 것을 上奏하여 왕이 이에 따른 바 있다.[4] 이로 보아 적어도 현종 초에는 都兵馬

3) 通事舍人宋均彦 … 均彦爲都兵馬綠事(『고려사절요』 권3, 현종 2년 정월 경인).
4) 都兵馬使奏 將軍鄭神勇·林英含及軍士一萬二千五百餘人 皆有邊功 請增級以賞 從之(『고려사』 권4, 세가 현종 6년 7월).

錄事와 도병마사 등 都兵馬使制가 존재했음을 알 수 있다. 도병마사의 관원구성과 정원이 정비된 것은 문종 때였다. 도병마사가 충렬왕 5년에 도평의사사로 개편된 이후부터는 재신(僉議)과 추신(密直)의 使 이상이 회의하는 합좌회의 기구로 변하였다.

이러한 도병마사의 기원을 성종 8년에 설치된 동서북면병마사의 判事制에서 찾으려는 견해가 있다. 학계에서는 都兵馬使의 기원이 성종 8년의 兵馬判事制가 그 모체가 되었다고 생각하고 있다.[5] 병마사는 외직조에 편성되어 있고 도병마사는 동반의 경직으로 諸司都監各色條에 나타나 있다. 기왕의 견해에 따르면 외직의 병마사가 동반 경직의 都兵馬使制로 제도화되었다는 모순에 빠지게 된다. 그러므로 이 견해는 재검토되어야 할 문제로 남게 된다. 외직인 병마사의 성립과 정비 및 변천과정은 동반의 경직에 속한 도병마사의 성립과 정비 및 변천과정과 서로 달랐고 그 기능도 전혀 달랐으므로 도병마사의 기원이나 모체를 兵馬使에서 찾을 수는 없는 것이다.[6]

병마사와 관련하여 또 하나 지적되어야 할 문제는, 백관지 外職條의 병마사에 관한 다음 기록에 대한 해석상의 문제이다.

㉯ 兵馬使. ① 성종 8년에 동서북면에 兵馬使 1인을 두어 3품으로 하였다. … ② 知兵馬事 1인 역시 3품으로 하고, 兵馬副使는 2인으로 4품, 兵馬判官은 3인으로 5·6품, 兵馬錄事는 4인으로 하였다. ③ 또한 門下侍中 中書令 尙書令을 判事로 삼아 京城에 머물면서 멀리서 이를 통제케 하였다.(『고려사』

5) 李丙燾, 앞의 책, 130쪽에서 都兵馬使는 양계 兵馬使의 判事職에서 발전된 것이라 하고, 邊太燮, 앞의 책, 86쪽에서 성종 8년의 兵馬判事制가 뒤의 都兵馬使의 母體가 되었다고 하였다. 金甲童, 앞의 논문, 64쪽에서 都兵馬使職의 기원은 성종 8년의 兵馬判事制에 있다고 할 수 있으나 그 직접적인 계기는 현종 원년의 行營兵馬使制였다고 하였다.

6) 崔貞煥, 「高麗史 百官志의 構成과 문제점」, 『譯註 高麗史 百官志』, 景仁文化社, 2006, 92~93쪽.

권77, 외직 병마사).

백관지 외직조의 병마사에 관한 이 기록을, 지금 학계에서는 모두 성종 8년 당시에 일어난 사실로 해석하고 있다.[7] 그런데 현종 원년(1010) 10월에 강조의 정변을 구실로 삼아 거란이 2차로 침입했을 때 좌군병마사, 우군병마사, 중군병마사로 3인의 병마사를 임명한 예가 있고[8] 현종 10년에 병마판관과 병마사를 역임한 예가 있으며[9], 현종 20년에 柳韶가 判兵馬事에[10] 임명되었고, 문종 27년(1073)에 知兵馬使를 역임한 예도 있다.[11] 이로 보아 ㉯ ②, ③의 기록은 성종 8년 이후 현종 대를 거치면서 시행되어 온 兵馬制가 문종 대에 제도화된 것을 반영하는 것으로 보아야 할 것 같다. ㉯ ③의 門下侍中, 中書令, 尙書令을 兵馬判事로 삼은 예는 없지만 그러한 용어가 등장할 수 있는 시기는 문종 대로 보아야 한다. 성종 8년 당시에 내사령, 문하시중은 있어도 中書令(내사령), 尙書令에 보임된 예는 없다. 내사령을 중서령으로 고친 것은 문종 15년이다. 中書令과 尙書令을 兵馬判事로 삼은 사례는 없었지만,[12] 이러한 용어가 등장할 수 있는 시기는 문종 15년 이후 보아야 한다. 따라서 위의

7) 末宋保和, 「高麗兵馬使考」에서 都兵馬使의 判事를 구성하는 中書令 · 尙書令의 이름은 성종 8년 당시에 없었던 것으로 보았다. 邊太燮, 앞의 책, 86쪽에서 성종 8년의 兵馬判事制에서 判事가 門下侍中, 中書令, 尙書令의 3省장관으로 구성되었다고 하지만, 이 때 실제로 있었던 것은 문하시중뿐이었다고 하였다.

8) 以吏部尙書參知政事康兆爲行營都統使 … 小府監崔賢敏爲左軍兵馬使 刑部侍郎李昉爲右軍兵馬使禮賓卿朴忠淑爲中軍兵馬使 刑部尙書崔士威爲統軍使率兵三 十萬軍于通州 以備契丹(『고려사절요』 권3, 현종 원년 10월).

9) (현종 10년 정월) 姜邯贊以丹兵逼京 兵馬判官金宗鉉 領兵一萬倍道入衛京城 東北面兵馬使 亦遣兵三千入援(『고려사절요』 권3, 현종 10년 정월).

10) 命西北面判兵馬事柳韶赴鎭 以備興遼(『고려사』 권5, 세가 현종 20년 12월).

11) 丙申 兵馬使奏 … 賜知兵馬事祕書監李成美(『고려사』 권9, 세가 문종 27년 6월).

12) 朴龍雲, 「고려시기 兵馬使와 都兵馬使 機構에 대한 몇 가지 문제」, 『韓國史硏究』 141, 2008, 105~109쪽에서 判兵馬事로 門下侍中 · 中書令 · 尙書令을 임명하였다고 전하는 것은 신빙하기 어렵다 하고, 실제로 주로 平章事 · 參知政事 · 僕射 · 樞密로 보임되었다고 하였다.

㉯ ②, ③의 기록을 兵馬使及軍官拜坐儀를[13] 통해 보완해서 정리해 보면, 문종대에 정비된 兵馬制는 判兵馬事, 兵馬使(보완), 知兵馬使, 兵馬副使, 兵馬判官, 兵馬錄事 등으로 제도화되어 간 것임을 확인해 볼 수 있다. 이상에서 검토한 내용을 바탕으로, 양계 병마사의 구성을 〈表6-1〉과 같이 정리할 수 있다. 요컨대 병마사는 후술할 도병마사 구성원의 조직과 그 품계가 각각 다르므로 도병마사의 기원을 兵馬判事制에서 찾을 수는 없는 것이다.

〈表6-1〉 兩界 兵馬使의 整備(文宗朝)

직 명	품 계	구 성 원
判兵馬事		門下侍中 · 中書令 · 尙書書(실제로 임명된 사례가 없음)
兵馬使	3품	1인
知兵馬事	3품	1인
兵馬副使	4품	2인
兵馬判官	5 · 6품	3인
兵馬錄事		4인

한편 도병마사의 기원을 현종 원년의 行營兵馬使制에서 찾으려는 견해가 있다.[14] 행영병마사에 대해서는 문종 원년 7월에 왕이 명령하기를 "옛 제도에 변방에 처리할 일이 있으면 곧 兩府 宰臣에게 명하여 가서 군사 일을 도맡게 하여 이를 大番兵馬라고 하였는데 이름이 맞지 않아 고쳐 행영병마사라고 하였다."[15]라는 기록이 있다. 이 行營兵馬使도 역시 양계 병마사와 마찬가지로 양계 지역에 임시로 파견되는 외직으로 중앙의 도병마사와는 구별하여 파악

13) 使若上將軍判事則南向 知兵馬事東壁 副使西壁俱設床坐 判官 · 錄事 · 南行業師及內廂都領 · 指論北壁 皆設席坐(『고려사』 권68, 예지 가례 兵馬使及軍官拜坐儀).

14) 金甲童, 앞의 논문, 64쪽.

15) 行營兵馬使 文宗元年七月 制曰 舊制邊陲有處置 則命兩府宰臣 往專軍事 號大番兵馬 名義未稱 改爲行營兵馬使(『고려사』 권77, 백관2 외직 행영병마사).

하여야 한다.[16] 따라서 도병마사의 기원을 행영병마사의 외직에서 찾을 수는 없는 것이다.

2. 都兵馬使의 정비

문종 때 정비된 도병마사는 判事와 使, 副使, 判官, 錄事, 吏屬으로 구성되어 있다. 이를 〈表6-2〉와 같이 정리해 볼 수 있다.

〈表6-2〉 都兵馬使의 整備(文宗朝)

직 명	구성원과 품계	정 원
判都兵馬事	侍中 · 平章事 · 參知政事 · 政堂文學 · 知門下省事	
都兵馬使	6樞密 및 職事 3품 이상	
都兵馬副使	정3품 이상 卿 · 監 · 侍郎	6인
都兵馬判官	少卿 이하	6인
都兵馬錄事	甲科權務	8인
吏屬	記事 12인, 記官 8인, 書者 4인, 算士 1인	25인

判都兵馬事와 都兵馬使로부터 吏屬에 이르기까지 都兵馬使의 관원 구성조직이 이루어져 있는 〈表6-2〉는 기구로서의 도병마사를 말하는 것이다. 기구

16) 朴龍雲, 「고려시기 兵馬使와 都兵馬使 機構에 대한 몇 가지 문제」, 108쪽에서 兵馬에 대한 담당기구로 兵馬使와 都兵馬使 · 行營都兵馬使 등이 있는 것으로 보고, 都兵馬使(중앙)가 출정 시에 行營都兵馬使로써 기능하기도 했던 것으로 보았다. 그리고 「고려시기 行營兵馬使에 대한 고찰」, 『한국중세사연구』 25, 2008, 298쪽에서 고려 때는 兵馬 관련의 조직체로 양계에는 兵馬使가, 그리고 중앙에는 都兵馬使가 있었고, 이와 유사한 조직체로 行營兵馬使가 있었던 것으로 보았다. 兵馬使는 상설의 지방행정조직 가운데 하나였고, 行營兵馬使는 병마의 지휘 통솔을 위해 그때그때 설치하여 일단 유사시에 병마권을 관할한다는 점에서 동일한 직무를 수행하였던 것이라 하였다. 하지만 중앙의 都兵馬使는 기구조직이고, 행영도병마사는 임시로 파견되는 외직이므로 동일한 것으로 볼 수는 없는 것이다. 도병마사의 구성원으로서의 使도 중앙의 도병마사와 행영도병마사와는 구별하여 보아야 할 것이다.

로서의 都兵馬使는 判事를 侍中·平章事·參知政事·政堂文學·知門下省事로 하고, 使는 6樞密 및 職事 3품 이상, 副使는 정3품 이상 卿·監·侍郎 6인, 判官은 종4품 少卿 이하 6인, 錄事는 甲科權務 8인, 吏屬은 25인으로 구성하였다. 모두 다른 현직에 있는 사람을 이에 임명하여 도병마사의 구성원으로 삼았다. 〈表6-2〉는 도병마사 구성원이 될 수 있는 자격의 범위와 그 정원을 명시한 것으로, 일괄적으로 동시에 임명된 것은 아니라 여겨진다.

기구로서의 도병마사와 그 구성원의 하나인 도병마사는 서로 구별이 되어야 한다. 오늘날 우리 학계에서는 이 점을 분명히 구별하지 않아, 도병마사의 실체를 파악하는 데 많은 혼란을 빚어 왔다. 앞서 지적한 도병마녹사 宋均彦은 도병마사라는 기구조직의 구성원이고, 현종 6년 7월에 도병마사가 上奏한 것은 도병마사라는 기구를 말한다.

현종 때 과거에 급제한 王寵之가 정종 때 우승선 급사중으로 도병마부사 朴成傑 등과 함께 왕에게 아뢰고, 그가 문종 초에 中樞使로서 서북면 중군사 겸행영병마사가 되었다가 얼마 후 이부상서로서 도병마사가 되어 上奏하였다.[17] 이러한 도병마사는 기구명이 아니라 관직명인 것이다. 도병마부사 朴成傑 역시 도병마사의 부사였다. 중추사였던 왕총지는 이부상서로서 都兵馬使가 된 후 內史侍郎을 거쳐 門下侍郎平章事로 전임한 후 (都)兵馬使를 사임할 것을 上章하였으나 왕이 허락하지 않았다.[18] 이와 같이 어떤 현직을 지니고 副使나 使에 임명된 경우의 도병마사는 그 구성원을 뜻한다.

---

17) 王寵之顯宗朝登第累遷起居舍人靖宗朝爲右承宣給事中與都兵馬副使朴成傑等奏　東路靜邊鎭蕃賊窺覘之處百姓不得安居請俟農隙築設城池　從之　轉知奏事禮賓卿十年　與東北路兵馬使參知政事金令器城長定二州及元興鎭　文宗初以中樞使爲西北面中軍使兼行營兵馬使加守司空上柱國未幾以吏部尙書爲都兵馬使奏　傳曰　安不忘危(『고려사』 권95, 열전 왕총지).

18) 以吏部尙書爲都兵馬使奏 … 尋拜內史侍郎轉門下侍郎平章事上章　辭兵馬使不允(『고려사』 권95, 열전 왕총지).
"辭兵馬使不允"의 병마사는 都자가 빠진 都兵馬使로 보아야 할 것 같다.

徐訥은 덕종 초에 문하시중으로 승진하였는데 靖宗 때 판도병마사가 되었다고 하고,[19] 崔沖도 문종이 즉위하자 문하시중이 된 후 문종 4년에 도병마사가 되었으며,[20] 王國髦는 헌종 때 우복야·참지정사·판병부사가 된 이후 헌종 1년에 판도병마사가 되었다.[21] 이들은 문하시중과 참지정사가 되어 자동으로 판도병마사와 도병마사로 된 것이 아니라 얼마 후에 임명되었다. 이들은 모두 재신들로서 도병마사의 구성원인 判事와 使가 된 사례이다. 재신이면 자동적으로 이에 임명되는 것이 아니라 재신들 가운데 특정한 사람이 判事와 使가 된 것이다.

도병마사의 判事와 使에 임명된 전형적인 사례로, 의종 2년에 참지정사 李仁實이 권판도병마사가 되고, 지추밀원사 林光이 도병마사에 임명되었다.[22] 재신이 도병마사의 판사가 되고 추신이 使가 된 전형적인 사례라 할 수 있는데, 宰·樞職이 자동적으로 도병마사직에 임명되는 것이 아니라 재추직과 도병마사직은 분리되어 있었던 것 같다. 앞서 崔沖은 문하시중이 되었는데 후에 도병마사가 되었고, 참지정사 李仁實은 權職으로 판도병마사가 되었으며, 추밀원의 서열 3위인 지추밀원사 임광이 도병마사에 임명되었다. 이것은 재추 가운데 특정한 사람이 도병마사에 임명된 사례이다. 일반적으로는 백관지의 기록대로 재신이 판사가 되고 추신이 使가 되는 것이 원칙이었다고 할 수 있겠다. 백관지의 都評議使司조의 기록도 그러하지만 李齊賢의 『櫟翁稗說』에서도 국가에서 도병마사를 설치하여 시중·평장사·참지정사·정당문학·지문하성사로서 판사를 삼고, 판추밀 이하로 使를 삼았다고 하는 것 역시

19) 『고려사』 권94, 열전 서희, 서눌.

20) 文宗卽位拜門下侍中 … (文宗 4年) 沖以侍中爲都兵馬使奏(『고려사』 권95, 열전 최충).

21) 王國髦 … 陞右僕射參知政事判兵部事柱國 尋判都兵馬事 病不視事 而威振朝廷(『고려사』 권95, 열전 왕국모).

王國髦 判都兵馬事(『고려사』 권10, 세가 헌종 1년 9월).

22) 以參知政事李仁實權判都兵馬事知樞密院事 林光爲都兵馬使(『고려사』 권17, 세가 의종 2년 정월).

그러한 원칙을 말하는 것이다. 요컨대 문종 때 정비된 도병마사 제도는 재신이 判事가 되고 추신이 使가 되는 것을 원칙으로 하여 判事와 使 이하 副使, 判官, 錄事, 吏屬에 이르기까지 그 제도가 정비되었다.

Ⅲ. 都兵馬使와 兩界의 都兵馬使

1. 都兵馬使

도병마사는 충렬왕 5년에 도평의사사로 개편된 이후 "凡有大事 使以上會議"라 하여 使 이상이 회의하는 합좌회의 기구로 변화되었다고 한다. 그런데 고려전기에 도병마사가 합좌회의를 한 기록은 거의 찾아볼 수 없고, 국방과 군사 및 賑恤 등에 관해 上奏한 기록이 대부분이다. 고려전기의 도병마사는 회의기구가 아니었던 것 같다. 도병마사 자체에서 회의를 통해 어떤 결정을 내리기보다는 도병마사에서 上奏하여 왕이 "從之"하는 형태의 기록이 대부분이다. 이 경우 도병마사는 도병마사라는 기관에서 상주한 것인지 구성원인 使로서 上奏한 것인지 분명하지 않다. 반란 지역이나 북변의 전장에 출정하여 파견된 도병마사는 구성원인 使로 보아야 할 것이다. 이와 비슷한 경우에 중앙 도병마사의 使가 아니면서 동북면과 서북면에 임시로 파견된 도병마사의 사례가 나타난다. 이러한 경우는 중앙 도병마사의 使와 구별하여 보아야 할 것이다. 그리고 '吏部尙書 · 都兵馬使' 왕총지나 '侍中 · 都兵馬使' 崔沖과 같이 관직명이 구체적으로 병기되어 나타나는 경우는 그 구성원인 使로 보아야 할 것이다. 그렇지 않고 막연히 "都兵馬使奏"라고 나타나는 경우에는 이것이 관직인지 기구인지 분간하기 어렵다. 일일이 그 사례를 비교 검토하여 그들의 역할과 기능을 살펴볼 수밖에 없다.

정종 5년 9월에 도병마부사였던 朴成傑은[23] 문종 원년에 호부상서로서 서북면 행영병마사가 되었다.[24] 그는 문종 4년 정월에 동북면 도병마사가 되어 鎭溟浦 해적을 소탕한 유공자에 표상할 것을 上奏하니 왕은 이 문제를 도병마사에 회부하라고 하였다.[25] 박성걸의 사례에서 동북면 도병마사와 중앙의 도병마사와는 서로 구별이 되고 있다. 왕이 도병마사에 회부하라고 한 것은 구성원으로서의 使가 아니라 기구를 뜻하는 것이라 여겨진다. 중앙의 도병마사는 양계 지역의 군사와 국방문제를 통괄하였던 것 같다.

2. 兩界 및 각 道의 都兵馬使

앞서 박성걸이 된 행영병마사와 동북면 도병마사는 유사시에 임시로 파견되는 도병마사라 여겨진다. 박성걸이 동북면 도병마사가 된 것은 중앙의 도병마사의 使와는 구별이 되어야 한다. 문종 대에 정비된 양계 兵馬制는 判兵馬事, 兵馬使, 知兵馬使, 兵馬副使, 兵馬判官, 兵馬錄事 등으로 제도화되었다. 그 가운데 양계 지역에 파견되는 도병마사라는 관직은 없다. 이 경우의 도병마사는 중앙에서 파견된 중앙의 도병마사라고 이해하기 쉽다. 동북면 도병마사 박성걸은 임시로 동북면에 파견된 특수한 도병마사라 할 수 있다.

이러한 특수한 도병마사는 도병마사가 충렬왕 5년에 도평의사사로 개편된 후에도 도병마사라는 이름을 그대로 지닌 채 나타나고 있다. 고려전기부터

23) 都兵馬副使朴成傑奏 東路靜邊鎭 蕃賊窺覘之地 請城之 從之(『고려사절요』 권4, 정종 5년 9월).
24) 以戶部尙書朴成傑爲西北面行營兵馬使(『고려사』 권7, 세가 문종 원년 12월).
25) 北面都兵馬使朴成傑奏 上年十月 海賊奪鎭溟兵船二艘而去兵馬錄事文揚烈卽率兵船與元興都部署判官宋齊罕追至賊穴焚蕩廬舍斬馘二十級而還其功可賞 制 付都兵馬使(『고려사』 권7, 세가 문종 4년 정월).

고려후기에 이르기까지 존속하면서 나타나는 양계와 諸道의 도병마사는 고려 전기 중앙 경직의 도병마사와는 그 성격이 다른 것이다. 예를 들면 공민왕 10년에 왜가 양광도 平澤, 牙州, 新平 등 현에 침략하여 龍城 등 10여 현을 불태우니 경성에 계엄령을 내리고, 전 평장사 柳濯으로 경기병마도통사를 삼고 판추밀원사 李春富로 동강도병마사를 삼았다.[26] 참지정사 安祐를 上元帥로, 정당문학 金得培를 도병마사로, 동지추밀원사 鄭暉을 동북면도지휘사로 삼았다.[27] 공민왕 10년 5월에 추밀원직학사 韓方信로 동북면 도병마사를 삼고, 전 도첨의평리 姜仲祥으로 경상도 도순문진변사를 삼았다.[28] 공민왕 10년 10월에 홍두적이 泥城에 침입하자 참지정사 安祐를 상원수로, 정당문학 金得培를 도병마사로, 동지추밀원사 鄭暉를 동북면 도지휘사로 임명하였다.[29] 공민왕 11년 6월에 동지밀직사사 安遇慶으로 서북면 도병마사를 삼았다.[30] 동년 8월에 좌정승 柳濯으로 서북면 紅賊防禦諸軍都統使로 삼고, 밀직사 李珣으로 도병마사로 삼고, 金漢貴로 동경도병마사로, 許綱을 안동도병마사로 삼았다.[31] 공민왕 13년 1월에 崔濡가 원나라의 군사 일만 명으로 德興君을 받들어 압록강을 건너 의주를 포위하거늘 도지휘사 安遇慶이 일곱 번 싸워 이를 물리치고, 다시 나가 싸우다가 도병마사 洪瑄이 사로잡히고, 도체찰사 李珣, 도병마사 禹磾 朴椿이 군사를 이끌고 와서 회합하니 아군이 다시 떨쳤다.[32] 공민왕 13년 2월 서북면 도병마사 丁贇을 하옥하니 분하여 죽었다. 동북면도지휘사 韓方信, 도병마사 金貴가 개선하고 돌아왔다.[33] 공민왕 23년 7월에 제주를

---

26) 倭寇楊廣道平澤 · 牙州 · 新平等縣 又焚龍城等十餘縣 京城戒嚴 以前平章事柳濯爲京畿兵馬都統使 判樞密院事李春富爲東江都兵馬使(『고려사』 권39, 세가 공민왕 9년 5월).
27) 『고려사』 권39, 세가 공민왕 10년 10월.
28) 『고려사』 권39, 세가 공민왕 10년 5월.
29) 『고려사』 권39, 세가 공민왕 10년 10월.
30) 『고려사』 권39, 세가 공민왕 11년 6월.
31) 『고려사』 권39, 세가 공민왕 11년 8월.
32) 『고려사』 권40, 세가 공민왕 13년 1월.

정벌할 때 문하찬성사 최영을 양광, 전라, 경상도 도통사로, 밀직제학 염흥방을 도병마사로 삼았다.[34] 고려왕을 폐위하고 德興君을 세울 음모를 꾸미자 왕은 慶復興을 서북면 도원수로 임명하여 안주에 주둔시키고, 李珣을 도체찰사로 임명하여 泥城에 주둔시키고, 禹磾와 朴椿을 도병마사로 임명하여 서북면 도원수 경복흥의 지휘를 받게 하였다.[35] 신우 3년 2월에 趙希古로 전라도 도병마사를 각 도의 요충지에 방호를 두어서 유민을 막고 바닷가 州郡에 산성을 쌓게 하였다.[36] 왜가 또 林州·韓州 두 주에 침입하여, 京城을 수축하고 밀직부사 조희고로 漢陽道 助戰都兵馬使를 삼았다.[37]

이와 같이 동북면과 서북면, 양광·경상·전라도 도병마사와 한양도 助戰都兵馬使 등 각 도에 임시로 파견되는 도병마사가 있었다. 이들은 도통사나 상원수 혹은 도원수의 지휘를 받아 유사시에 임시로 파견되는 도병마사로서 중앙 경직의 도병마사와는 그 성격이 다르고 지휘계통도 달랐다. 중앙의 도병마사는 충렬왕 5년에 도평의사사로 개편되었다. 그러나 동북면과 서북면 및 각 도의 도병마사는 전기에서 후기에 걸쳐 도병마사로 나타나고 있다. 공민왕 5년과 10년 사이에 3省을 문종 때의 舊制로 복구할 당시에 도평의사사는 도병마사로 복구되지 않고 그대로 도평의사사라 하였다.[38] 이로 보아 동·서북

33) 西北面都兵馬使丁贊 獄憂憤而卒 … 壬子 東北面都指揮使韓方信 都兵馬使金貴凱還(『고려사』 권40, 세가 공민왕 13년 2월).

34) 『고려사』 권44, 세가 공민왕 23년 7월.

35) 『고려사』 권111, 열전 경복흥.

36) 『고려사』 권133, 열전 신우 3년 2월.

37) 密直副使趙希古爲漢陽道助戰都兵馬使(『고려사』 권133, 열전 신우 4년 3월).

38) 공민왕 6년과 7년에 다음과 같은 도평의사사의 사례가 나타나는 것은 공민왕 5년과 10년 사이에 문종 때의 구제로 복구할 당시에 도평의사사가 구제인 도병마사로 복구되지 않았음을 알 수 있다.

癸未 教曰 人命至重 絶不復續 聞獄官多不詳刑 以致寃死 自今有枉刑者 都評議使司·御史臺 申聞糾理(『고려사』 권39, 세가 공민왕 6년 12월).

(공민왕) 七年五月 都評議使司啓 近因倭寇 漕運不通 百官祿俸不給 請諸封伯 已行侍中者 從宰樞科 其餘伯 依異姓諸君科 從之(『高麗史』 권80, 식화 녹봉).

면 및 각 도의 도병마사는 중앙의 도병마사와는 전혀 그 성격이 다른 것이 분명한 것이다.

이상에서 중앙 京職의 도병마사와 동·서북면 및 각 도에 파견된 도병마사는 서로 구별이 됨을 살펴보았다. 그러므로 양계 지역 및 각 도에 파견되는 도병마사를 제외하고, 중앙 경직의 도병마사와 그 구성원들의 사례를 〈表6-3〉과 같이 예시해 볼 수 있다.

〈表6-3〉 **都兵馬使와 그 구성원의 역할**

번호	왕, 연, 월	도병마사 및 구성원	역 할	典據	구분
1	국초	都兵馬使	국초에 都兵馬使라 칭하였다.	史77	都堂
2	현종 2, 1	都兵馬錄事	通事舍人 宋均彦을 都兵馬綠事로 삼았다.	要3	錄事
3	현종 6, 7	都兵馬使奏	장군 정신용 등 변방 유공자 증급.	史4	都堂
4	현종 7, 7	都兵馬使奏	고적여 등 통주 전공자 증직1급.	史4	都堂
5	현종 9, 2	都兵馬使奏	興化鎭은 寇賊의 亂을 겪어 소가 없으니 官牛를 빌려 농경을 도울 것	史79	都堂
6	현종 10, 7	都兵馬使奏	거란의 침입을 방어한 유공자 9,472인에게 품계와 직위를 더할 것을 上奏.	史81	都堂
7	현종 13, 7	都兵馬使奏	여진의 약탈로 도망 온 우산국 백성에게 양식을 지급.	史4	都堂
8	현종 15, 1	都兵馬使奏	西京畿內의 100호를 징발하여 嘉州의 남쪽에 옮겨서 屯田을 경작하게 할 것.	史82	都堂
9	정종 5, 9	都兵馬副使 朴成傑奏	東路 靜邊鎭에 城을 쌓기를 청함.	史82 要4	副使
10	정종 8, 6	都兵馬使奏	東路 전사자에게 관직과 상을 추가.	史6	都堂
11	정종대	判都兵馬事	거란이 압록강 동편에 성보 수축, 판도병마사 徐訥이 화친 요구를 거부할 것을 上奏함.	史94	判事
12	문종 1, 2	都兵馬使奏	투화한 東蕃 추장 붙잡아 와서 심문.	史7	都堂
13	문종 4, 1	都兵馬使	동북면도병마사 박성걸이 鎭溟 등의 해적을 참수한 유공자에게 표상을 上奏하자 왕이 도병마사에 회부케 함.	史7	都堂
14	문종 4, 10	都兵馬使 王寵之奏	평안할 때 위태로움을 잊지 말아야 한다.	史81 要4	使

15	문종 初	王寵之吏部尙書·都兵馬使奏	평안할 때에 위태로움을 잊지 말아야 한다.	史95	使
16	문종 4, 11	都兵馬使奏	최충이 侍中으로 都兵馬使가 되어 서북 州·鎭에 城池를 수축하는 외의 공사를 일체 금지하기를 청함.	史95 要4	使
17	문종 9, 7	都兵馬使奏	거란이 경계선을 넘어오니 國書를 보내어 그 불가함을 전하게 함.	史7	都堂
18	문종 12, 2	都兵馬使奏	흥왕사를 창건하는 데 필요한 철의 용도를 제한하여 민폐를 끼치지 않도록 上奏함.	史8	都堂
19	문종 15, 9	都兵馬使奏	변경 침입을 물리친 유공자에 대한 표상.	史8	都堂
20	문종 18, 6	都兵馬使奏	변방을 잘 지키지 못한 자에 대한 단죄.	史8	都堂
21	문종 30	都兵馬錄事	권무관록 13석 5두.	史80	錄事
22	문종 32, 9	都兵馬使奏	東路 해적의 침범을 막기 위해 城을 옮길 것.	史9	都堂
23	문종대	都兵馬判官	도병마사의 구성원으로 판관 6을 정함.	史77	判官
24	선종 8, 6	都兵馬使奏	蕃賊을 방어한 유공자에게 관직과 상을 더할 것.	史10	都堂
25	선종 10, 8	都兵馬使奏	大盈庫의 疋木을 동북 양계에 보내 급한 일에 입도록 허락하소서.	要6	都堂
26	헌종 1, 9	判都兵馬事	왕국모는 右僕射·參知政事·判兵部事에 임명된 후 판도병마사가 되었다.	史95 史10	判事
27	숙종 6, 6	都兵馬使奏	東京 管內 가뭄이 심하니 백성에게 곡식을 빌려줄 것.	史80	都堂
28	숙종 6, 8	都兵馬使奏	遼가 글을 보내어 정주 관내의 군영을 파하도록 청하니 청종할 것.	史11	都堂
29	숙종 6, 11	都兵馬使奏	東京 관내 흉년이 들어 長生庫 곡식을 방출하여 풍년이 들면 수납하소서.	要6	都堂
30	예종 1, 1	都兵馬使奏	東蕃의 役에 軍令을 엄히 할 것.	史85	都堂
31	예종 1, 2	都兵馬使奏	來朝한 북쪽 오랑캐 高守를 잘 지키게 할 것.	史12	都堂
32	예종 1, 3	都兵馬使奏	北朝의 奚家의 軍인 乃哥가 蕃賊 通好를 원함.	史12	都堂
33	예종 1, 7	都兵馬使奏	東蕃과의 싸움에서 軍令을 위반하는 자를 엄격히 처벌할 것.	要7	都堂
34	예종 4, 7	都兵馬判官	도병마판관 이상에게 9城 환부의 가부를 물었다.	史13	判官
35	예종 6, 5	都兵馬使	화살이 都兵馬使 및 金剛庫의 지붕에 부딪쳐서 기와를 뚫었다.	史13	都堂

36	예종 10, 8	都兵馬判官	遼가 여진을 정벌하려고 請兵을 하자 재추, 侍臣, 도병마판관, 諸衛대장군, 이상을 불러 회의하게 하였다.	要8 史14	判官
37	예종 11, 3	都兵馬錄事	왕이 遼의 來遠·抱州 2城이 여진의 공격을 받아 식량이 없음을 듣고 도병마녹사 邵億을 보내어 쌀을 보냄.	史14	錄事
38	예종 12, 3	都兵馬判官	遼의 來遠城에서 통첩하여 식량 借用을 요청하자 왕은 兩府, 臺省, 侍臣, 知制誥, 문무 3품, 도병마판관 이상에게 명하여 中書省에서 회의하게 하였다.	史14	判官
39	인종 9, 3	都兵馬使	文官常參 이상 및 翰林·式目·都兵馬使·迎送都監 등과 武官 4品 이상은 봉사를 올릴 것.	史16	都堂
40	인종 대	都兵馬使	김정순은 西京 반란에 都兵馬使로써 金富軾을 따라가서 이를 평정하였다.	史98	使
41	의종 2, 1	權判都兵馬事	參知政事·權判都兵馬事(李仁實).	史17	權判事
42	의종 2, 1	都兵馬使	知樞密院使·都兵馬使(林光)로 임명.	使17	使
43	의종 5, 7	都兵馬使	都兵馬使와 宰樞는 구휼방법을 의논하라.	史17	都堂
44	의종 대	都兵馬錄事	崔允儀가 李文鐸을 도병마녹사로 삼았다.	墓[39]	錄事
45	고종 42, 4	都兵馬使	경성으로 도망 오는 백성에게 都兵馬使는 쌀을 나눠 구제하였다.	史24	都堂
46	고종 대	都兵馬使	안찰사 송언상이 도병마사에 보고하려 한 송길유의 탄핵서가 이미 도당에 도착.	史122	都堂
47	고종 45, 1	都兵馬	송길유 추자도 유배, 탄핵서 도병마에 보고.	要17	都堂
48	고종 45, 7	都兵馬宰樞所	崔竩를 주살한 유경·김인준 등을 예우하고 관작과 전토를 사급할 것.	要17	都堂
49	고종 대	都兵馬使	김방경이 제주의 삼별초를 진압하고 돌아오자 왕이 都兵馬使와 省臺에 글을 내려 공을 치하함.	史104	都堂
50	원종 1, 2	都兵馬錄事	도병마녹사 陸子襄이 몽고에 투항.	史25	錄事
51	원종 9, 3	都兵馬錄事	金俊이 원 사신을 주살할 것을 결심하고 도병마녹사 嚴守安을 시켜 兩府에 보고하게 함.	要18	錄事
52	원종 9, 10	都兵馬錄事	都兵馬錄事 禹天錫을 보내어 흑산도를 시찰하게 함.	史26	錄事
53	원종 11	都兵馬錄事	康之紹가 삼별초의 난을 피하여 橋浦로 나옴.	史130	錄事
54	원종 12, 2	都兵馬使奏	京畿 8현에 祿科田을 지급할 것.	史27	都堂
55	원종 12, 2	都兵馬使奏	京畿 8현에 祿科田을 지급할 것.	史78	都堂

39) 『高麗墓誌銘集成史』 李文鐸墓誌銘에 "崔相允儀當國 該明理者□都兵馬錄事 問諸左右 時省閣諸公 俱以公爲言 崔相喜謂□公曰 吾亦嘗聞其爲人矣 遂引爲錄事"라고 한바 최윤의가 이문탁을 都兵馬錄事로 삼았음을 알 수 있다. 이문탁은 명종 6년 8월에 예부상서로서 知貢擧가 된

56	원종 14, 6	都兵馬使	왕이 도병마사와 省臺에 詔旨를 내려 中軍元帥 김방경과 兵馬使에게 제주를 평정한 공에 대한 포상을 아뢰도록 함.	史27	都堂
57	원종대(?)	都兵馬錄事	閔宗儒 도병마녹사에 보임.	史108	錄事
58	원종대(?)	都兵馬使	都兵馬使 兪千遇가 錄事 민종유를 사위로 삼음.	史108	使
59	충렬왕 1, 12	都兵馬使	納粟補官 제도를 제정.	史80	都堂
60	충렬왕 초	都兵馬使	羅州의 郵吏가 都兵馬使에 急報하기를 錦城大王이 온다 하니 使가 놀라 괴이하게 여겼다.	史106	使
61	충렬왕 2, 7	都兵馬使言	禿魯花 자제로 원에 청탁을 해서 돌아온 자의 관직을 파면하고 國贐을 追徵하소서.	史28	都堂
62	충렬왕 2, 8	都兵馬使奏	역적들의 고을 상주, 진도 등 降格을 요청.	史28	都堂
63	충렬왕 3, 2	都兵馬使言	乙亥(충렬왕 원년) 判과 같이 科等에 따라 銀國贐都監에 은을 납입한 후 관직을 제수할 것.	史80	都堂
64	충렬왕 4, 3	都兵馬使 判	원에서 술을 금단하게 하니 마땅히 행해야 한다.	史85	都堂
65	충렬왕 5	都兵馬使	都兵馬使를 都評議使司로 고쳤다.	史77	都堂

위의 〈表6-3〉은 국초 도병마사의 설치로부터 충렬왕 5년에 도평의사사로 개편되기까지의 사례 65가지를 예시한 것이다. 그 가운데 24사례는 도병마사의 구성원에 관한 것이고, 41사례는 기구로서의 도병마사(都堂)에 해당하는 것이다. 이를 통해서 도병마사와 그 구성원의 역할과 기능을 살펴보고자 한다.

Ⅳ. 都兵馬使와 그 구성원의 역할

1. 都兵馬使 구성원의 역할

병마사의 구성원으로 判事가 3명(11, 26, 41번), 使 7명(14, 15, 16, 40, 42, 58, 60번), 副使 1명(9번), 判官 4명 (23, 34, 36, 38번), 錄事 9명(2,

---

바가 있다(『高麗史』 권73, 선거 과목 選場). 하지만 최윤의 열전에는 그가 毅宗 16년에 卒하였다고 하므로 이문탁이 都兵馬錄事가 된 것은 의종 때로 보아야 할 것이다.

21, 37, 44, 50, 51, 52, 53, 57번) 모두 24사례가 나타난다. 이러한 적은 숫자는 정확한 것이라 할 수 없지만, 유사시에 임시로 임명한 것으로 상설기구가 아니었음을 의미한다. "凡有大事 使以上會議"라 하여 使 이상이 참여하는 회의기구로 개편된 것은 충렬왕 5년 이후의 사실을 반영하는 것이라 여겨진다.

도병마사 구성원으로서 그들이 수행한 역할을 보면, 정종 때 도병마부사 朴成傑(9번)은 우승선 급사중 왕총지와 더불어 東路의 靜邊鎭에 城池를 설치하고자 上奏하니 왕이 이에 좇았다.[40] 왕총지(14, 15번)는 문종 때 이부상서로서 도병마사가 되어 편안할 때에 위태로움을 잊지 말 것을 강조하고 어사대, 병부, 6위에 군사 훈련(教閱)을 맡게 할 것을 上奏하니 이에 따랐다.[41]

徐訥(11번)은 靖宗 때에 판도병마사가 되어 거란이 압록강 동편에 성보를 더 구축하고 화친을 요청함에 이를 파하기를 요청하니 왕이 이에 따랐다.[42] 최충(16번)은 문종 4년에 문하시중으로서 도병마사가 되어, 서북의 州 鎭에 흉작으로 곡식이 올라오지 않아 백성들이 궁핍하여 남자는 요역에 시달리고 여자들은 徵糴에 시달리니, 城池를 수축하는 외의 공역은 일체 금단할 것을 청하여 왕이 이에 따랐다.[43]

王國髦(26번)는 헌종 때 우복야·참지정사·판병부사가 된 이후 헌종 1년에 판도병마사가 되어 병으로 일을 보지 못하였으나 위엄이 조정에 떨쳤다[44]

40) 王寵之 … 靖宗朝爲右承宣給事中 與都兵馬副使朴成傑等奏 東路靜邊鎭蕃賊窺覘之處 百姓不得安居 請俟農隙築設城池 從之(『고려사』 권95, 열전 왕총지).

41) 王寵之 … (文宗初) 以吏部尙書爲都兵馬使奏 傳曰 安不忘危 又曰 … 仍令御史臺兵部六衛 掌其教閱, 從之(『고려사』 권95, 열전 왕총지).

42) 『고려사』 권94, 열전 서희, 서눌.

43) 都兵馬使·門下侍中崔冲等上言 西北州鎭 因去歲禾穀不登 百姓貧乏 男困徭役 女困徵糴 將何以堪 請修繕城池外 一切工役悉令禁斷 從之(『고려사절요』 권4, 문종 4년 11월).

44) 王國髦 … 陞右僕射參知政事判兵部事柱國 尋判都兵馬事 病不視事 而威振朝廷(『고려사』 권95, 열전 왕국모).

王國髦判都兵馬事(『고려사』 권10, 세가 헌종 1년 9월).

하니 그의 역할이 컸을 것 같다. 예종 4년에 宰樞 및 臺省·諸司·知制誥·侍臣·都兵馬判官(34번) 이상과 문무 3품 이상을 宣政殿에 모아 9성의 반환에 대한 가부를 물으니, 모두 돌려주는 것이 옳다고 上奏하였다.[45] 도병마판관 이상이 참여하였다면 판관 이상의 도병마사 구성원 모두가 참여한 것으로 이해된다. 그런데 그들이 모인 장소가 도병마사가 아닌 선정전이었다. 도병마사의 判事와 使는 宰樞들로 구성되는 것이 일반적이다. 당시에 宰樞, 臺省 등 여러 사람과 판관 이상이 참여한 것으로 보면, 재추들 가운데 특정한 사람만이 판사나 使가 되어 다른 재추들과 함께 선정전에서 모인 것으로 짐작된다.

인종 때 金正純(40번)은 서경에서 반란이 일어나자 도병마사로서 김부식을 따라가 이를 평정하였다고 한다.[46] 서경에서 발생한 묘청의 난(인종 13년, 1135) 진압에 도병마사가 출정하여 평정에 가담하고 있다. 원종 9년에 金俊이 원 사신을 주살할 것을 결심하고 도병마녹사 嚴守安(51번)을 시켜 兩府에 보고하게 하였다.[47] 원종 9년에 도병마녹사 禹天錫(52번)을 보내어 흑산도를 시찰하게 하였다.[48]

이들은 모두 도병마사의 구성원으로서 判事와 使 및 부사, 판관, 녹사가 되어 동·서북의 변방에 城池 수축, 안보와 군사 훈련, 거란과의 화친 거부, 공역 금지 등 다방면에 걸쳐 왕에게 上奏하여 制可를 얻고 있다. 또한 9성 반환, 서경 반란의 진압, 흑산도 시찰에도 가담하고 있다. 이상은 도병마사 구성원들의 역할과 기능에 대한 사례를 살펴본 것인데, 주로 변방의 국방 군사문제에 관해 上奏하는 것이 주종을 이루고 있다.

---

45) 會宰樞及臺省·諸司·知制誥·侍臣·都兵馬判官以上·文武三品以上于宣政殿 宣問還九城可否 皆奏曰可(『고려사』 권13, 세가 예종 4년 7월).
46) 金正純 … 仁宗朝 西京反 以都兵馬使 從金富軾 討平之(『고려사』 권98, 열전 김정순).
47) 『고려사절요』 권18, 원종 9년 3월.
48) 遣郞將朴臣甫·都兵馬錄事禹天錫 從國昌·劉傑等 往視黑山島(『高麗史』 권26, 세가 원종 9년 10월).

2. 都兵馬使(都堂)의 역할

중앙의 도병마사는 앞서 본 바와 같이 판사와 使 이하 副使, 判官, 錄事, 吏屬에 이르기까지 그 구성 조직을 갖추고 있었다. 예종 6년 5월에 화살이 도병마사(35번) 및 金剛庫 지붕에 박혀 그 활촉이 기와를 뚫었다고 한다.[49] 이것은 도병마사의 건물이 별도로 있었음을 말해 준다. 의종 5년에 여러 달 동안 비가 내리지 않아 禾穀이 올라오지 않으니, 인민이 飢困에 이르게 될 것을 염려하여 도병마사(43번)와 宰樞는 구휼할 방법을 숙의하여 굶주림에 대비하도록 하였다.[50] 이때의 도병마사는 기구를 뜻하는 것이라 여겨진다. 도병마사의 판사는 재신으로, 使는 추신으로 구성하였다. 그런데 재추와 함께 구휼의 대책을 수립하도록 詔書를 내린 것은 도병마사라는 기구에 내린 것이라 여겨진다. 문종 4년 정월에 박성걸이(13번) 동북면 도병마사가 되어 진명포 해적을 소탕한 유공자에 표상할 것을 上奏하니 왕은 이 문제를 도병마사에 회부하라고 하였다.[51] 이와 같은 도병마사는 기구로 보아야 할 것 같다.

고종 때(46번) 宋吉儒는 성품이 탐혹하고 간사하며, 아첨으로 崔沆을 섬겨 상장군으로 경상도 水路防護別監이 되어 남의 전토와 재물을 빼앗기를 거리낌 없이 하였다. 이에 안찰사 宋彦庠이 탄핵서를 도병마사에 보고하려 하였다. 안찰사의 탄핵서가 이미 都堂에 이르렀다 하니 그 당의 金俊, 柳暾 등이 사사로이 최의에게 부탁하기를 堂吏에게 은밀히 말하여 그 일을 왕에게 보고하지 못하도록 하였으나, 최의가 이를 알고 노하여 송길유를 추자도에 유배시켰

49) 是月 有箭著于都兵馬使及金剛庫屋上 其鏃穿瓦(『고려사』 권13, 세가 예종 6년 5월).

50) 庚子 詔 今年累月不雨 禾穀不登 內外人民 將至飢困 大可憂也 … 都兵馬使與宰樞 其熟議救恤之方 使吾赤子 毋或飢餓(『고려사』 권17, 세가 의종 5년 7월).

51) 東北面都兵馬使朴成傑奏 上年十月 海賊奪鎭溟兵船二艘而去 兵馬錄事文揚烈卽率兵船 與元興都部署判官宋齊罕 追至賊穴 焚蕩廬舍 斬馘二十級而還 其功可賞 制 付都兵馬使(『고려사』 권7, 세가 문종 4년 정월).

다.[52] 송길유가 추자도에 유배 간 것은 고종 45년 정월이었다(47번). 여기서 안찰사가 송길유의 탐학에 대한 탄핵서를 보내려고 한 도병마사를 都堂이라 하고 있다. 도병마사는 곧 도당으로 관청을 의미한다. 도당에 소속되어 있는 堂吏에게 은밀히 말하여 그 일을 왕에게 보고하지 못하도록 음모하다가 탄로가 난 것이다. 요컨대 도병마사를 도당이라 한 것은 관청을 의미하는 것이며, 그 도당에는 堂吏가 소속되어 있었다.

都兵馬使를 都兵馬로 표기하기도 하였다.[53] 앞서 고종 45년 정월에 송길유의 탄핵서가 도병마에 보고되었다고 한 바 있다. 도병마에는 看守軍으로 雜職將校가 2명이 있었다.[54] 인종 9년 3월에 文武常參 이상과 拭目, 都兵馬, 迎送都監, 行營錄事 등 문무 4품관 이상에게 封事를 올리게 하였다.[55] 충렬왕 2년에 通文館을 처음으로 설치하고 도병마를 禁內 9官 가운데 하나로 꼽았다.[56] 이러한 都兵馬를 기관 내지 관부로 보아 도병마사를 그것의 장관으로 보고, 도병마사를 도병마라 해야 한다는 견해가 있다.[57] 이에 대해 도병마는 도병마사의 略稱으로 그 자체가 하나의 관부를 의미하지는 않았다는 지적도 있었다.[58] 후자의 略稱이라는 말에 공감은 가지만 기구로서의 도병마사를 도병마

---

52) 宋吉儒 性貪酷便佞 起於卒伍 高宗時 諂事崔沆 爲夜別抄指諭 … 加大將軍爲慶尙道水路防護別監 … 又奪人土田財物 … 按察使宋彦庠 劾報都兵馬使 其黨金俊等 私謂大司成柳璥待制柳能曰 吉儒吾所善 聞按察劾書已至都堂 若遽發勢難營救 吾將乘閒白令公 庶可免 願圖之 令公指崔竩也 璥等 以俊兄弟昵於誼竩 不得已陰戒堂吏 停稟 … 竩怒 流吉儒于楸子島(『고려사』 권122, 열전 송길유).

53) "(高宗 45년 정월) 流大將軍宋吉儒于楸子島 … 按察使宋彦庠 劾報都兵馬"(『고려사절요』 권17, 고종 45년 정월)라 하여 『고려사절요』에는 고종 45년에 송길유의 탄핵서를 안찰사 송언상이 都兵馬에 보낸 것으로 되어 있고, 앞서 『고려사』에는 都兵馬使에 보고한 것으로 나타나 있다. 都兵馬와 都兵馬使는 다 같이 관청을 의미하는 것이라 여겨진다.

54) 看守軍 … 都兵馬 雜職將校二(『고려사』 권83, 병지 간수군).

55) (仁宗 9年 3月) 制 文武常參以上及翰林 · 史館 · 國學 · 寶文閣 · 拭目 · 都兵馬 · 迎送都監 · 行營錄事 · 軍候員 · 文武四品官以上 各上封事 言軍國利害(『고려사절요』 권9).

56) 通文館 忠烈王二年 始置之 令禁內學官等參外 年未四十者 習漢語【禁內學官 祕書 · 史館 · 翰林 · 寶文閣 · 御書 · 同文院也 幷式目 · 都兵馬 · 迎送 謂之禁內九官】(『고려사』 권76, 백관1 통문관).

57) 김갑동, 앞의 논문, 64쪽.

로 표기하여 흔히 사용되기도 한 것으로 보는 것이 옳을 것 같다. 上奏할 경우에는 都兵馬라는 말은 보이지 않고, 대부분 "都兵馬使奏"로 나타나고 있다. 이러한 도병마사는 기구임이 분명한 것이다.

고종 45년 3월에 柳璥 金俊 등이 崔竩를 주살한[59] 이후 고종 45년 7월에 都兵馬宰樞所(42번)가 아뢰어 공신 유경·金仁俊 등은 충의로 거사하여 王家를 다시 창조하고 삼한을 바로잡았으니 三韓壁上功臣의 예에 의하여 마땅히 그 아들에게 6품의 벼슬과 토지 1백 결을 지급하게 하고, 이어서 崔忠獻은 죄악이 盈稔하였고, 崔怡는 專權을 오로지하였으니 마땅히 圖畫를 삭거할 것이며 묘정의 배향도 파할 것을 上奏하니 왕이 이에 따랐다.[60] 여기서 都兵馬宰樞所라 한 것은 도당을 의미하는 것으로, 도당에서 재추들이 정사를 의논하였기 때문에 도병마재추소라 하였을 것으로 짐작이 된다.

『고려사』 반역 崔竩열전에는 兩府 및 유경, 김인준이 便殿에 들어가 알현(入謁)하여 정권을 왕께 돌리고, 宰樞가 上奏하여 최충헌은 죄악이 가득히 쌓였고 崔怡는 권세를 오로지하고 명령을 천단하였으니 마땅히 圖形을 제거하고 묘정에 배향한 것을 파하기를 주청한 것으로 되어 있다.[61] 최의를 축출하고 왕정을 복고시킨 동일한 사건에 대해 최의 열전에는 宰樞가 上奏한 것으로 되어 있는 데 비하여 앞서 세가에는 都兵馬宰樞所에서 上奏한 것으로 나타나 약간의 차이가 있다. 宰樞로 구성되는 도병마사에서 上奏하였기 때문에 열전에는 "宰樞奏"로 표현한 것이라 짐작이 된다. 당시에 재추로 구성된 도병마재추소는 上奏를 하였고, 결과적으로 兩府와 유경, 김인준이 便殿에 들어가 왕정을 복고시켰다. 그 결정권은 兩府와 權臣들이 가지고 있었다. 그 당시

58) 朴龍雲, 「고려시기 兵馬使와 都兵馬使 機構에 대한 몇 가지 문제」, 101~103쪽.

59) (高宗) 四十五年 三月 柳璥·金俊等 誅崔竩(『고려사』 권87, 연표2 무오).

60) 『고려사』 권24, 세가 고종 45년 7월 및 『고려사절요』 권17, 고종 45년 7월.

61) (고종 45년) 兩府及璥·仁俊入謁便殿 復政于王 … 宰樞奏 崔忠獻罪盈惡積 崔怡專權擅命 宜削去圖形 罷廟庭配享 從之(『高麗史』 권129, 열전 반역 최충헌, 최의).

도병마재추소는 兩府와 구별이 되고 있음을 알 수 있다.[62]

國政에 관한 중대한 문제는 도병마사에서 兩府에 보고하였다. 원종 9년에 원나라에서 사신을 보내어 權臣 金俊의 부자를 元京에 불러들이게 하자 김준이 원나라 사신을 살해할 것을 결심하고, 도병마녹사 엄수안을 시켜 兩府에 고하니 양부가 모두 낯빛이 변하여 감히 말을 하지 못했다고 한다.[63] 양부는 재신과 추신으로 구성되는 宰樞兩府를 지칭한 것이다.

국가의 중대한 문제는 宰樞나 兩府에 묻거나 회의하여 결정하였다. 예종 즉위년(1105) 12월에 宰樞들을 乾明殿에 불러 동계의 변방 일에 대해 문의하였고,[64] 예종 4년 5월에는 文德殿에 나아가 宰樞를 불러 변방 일을 의논하였다.[65] 예종 6년 10월에 兩府가 변방의 일을 회의하였다.[66] 예종 12년 2월에 兩府宰樞에게 명하여 中書(중서성)에 모여 北邊의 일을 宣問하게 하였다.[67] 인종 9년 8월에는 兩府宰臣을 便殿에 불러 軍國에 관한 일을 문의하였다.[68] 고종 말기에 왕이 강화에 있으면서 풍수업을 하는 白勝賢의 말을 듣고 基業을 연장할 궁궐을 三郎城에 지어서 그 영험을 시험하여 보도록 兩府 합좌회의를 열게 하고, 백승현과 景瑜와 판사천사 安邦悅로 하여금 그 설의 옳고 그름을 논쟁하게 하였다고 한다.[69]

---

62) 金光哲, 「高麗後期 都評議使司 研究」, 『한국중세사연구』 5, 1998, 155~157쪽에서 도병마사와 재추소는 분리되어 있다가 하나의 기구로 통합됨으로써 도병마사라 칭하기도 하고 도당이라 부르기도 했다고 하여, 두 기구가 통합된 것으로 보았다.

63) (金)俊深然之 遂決謀殺(元)使 乃令都兵馬綠事嚴守安告兩府 兩府皆變色莫敢言(『고려사절요』 권18, 원종 9년 3월).

64) 召宰樞于乾明殿 問東界邊事(『고려사』 권12, 세가 예종 즉위년 12월).

65) 御文德殿 召宰樞議邊事(『고려사』 권13, 세가 예종 4년 5월).

66) 兩府會議邊事(『고려사』 권13, 세가 예종 6년 10월).

67) 命兩府宰樞會中書 宣問北邊事宜(『고려사』 권14, 세가 예종 12년 2월).

68) 召兩府宰臣于便殿 問軍國事(『고려사절요』 권9, 인종 9년 8월).

69) 白勝賢業風水 高宗末補郎將 王在江都 嘗問延基之地 勝賢曰 願幸穴口寺 談揚法華經 又刱闕于三郎城 以試其驗 王命兩府合坐 令勝賢與景瑜·判司天事安邦悅等 論難利害(『고려사』 권123, 열전 백승현).

이와 같이 변방에 관한 일이나 軍國의 중사는 재추와 兩府에 문의하고 의논하였으며, 도병마사에서 논의하여 결정한 기록은 거의 보이지 않는다. 도병마사는 왕에게 上奏하거나 兩府에 보고하여 왕이 制可하거나 從之하는 것이 일반적이었다. 이로 보면 도평의사사로 개편되기 전 고려전기의 도병마사는 회의기구가 아니라 上奏하여 국왕이나 정사에 관한 자문기구의 역할을 담당하였던 것 같다.

도병마사에 대한 41사례 가운데 '都兵馬使奏'로 나타나는 대부분의 기록에서는 동·서북면, 양계, 東路, 東蕃, 9성 등 변방의 성지 수축, 유공자 표창, 안보 및 외교에 관한 것이 19건으로 가장 많고, 진휼 6건, 삼별초 진압 3건, 녹과전 2건, 납속보관 2건, 봉사문 上書 1건, 둔전 1건, 민폐 1건, 탄핵 2건, 崔竩를 주살한 유공자 예우 1건, 기타 일반 3건으로 모두 41사례가 나타난다. 기타 일반 3건은 국초에 도병마사라 칭하던 것을(1번) 충렬왕 5년에 도평의사사(65번)로 개편한 것과 예종 6년 5월에 화살이 都兵馬使 및 金剛庫의(35번) 지붕에 부딪쳐서 기와를 뚫었다는 기록이다. 이 기록은 기구로서의 도병마사(都堂)의 설치와 개편에 대한 변화를 말해 주는 것이다.

Ⅴ. 都兵馬使와 中書省 및 政事堂

도병마사에서는 왕에게 上奏하거나 兩府에 보고하여 재추양부 회의에서 국정을 의논하고 왕이 制可하거나 從之하는 것이 일반적이었다. 도병마사 자체에서 의논하여 결정한 사례는 거의 찾아볼 수 없었음을 앞서 살펴본 바가 있었다. 국정의 중요한 문제는 乾明殿, 文德殿, 宣政殿 등 궁전 및 便殿이나 중서성에서 논의하여 결정하였다. 예종 4년에 宰樞 및 臺省·諸司·知制誥

· 侍臣 · 都兵馬判官, 문무 3품 이상을 宣政殿에 모아 9성의 반환에 대한 가부를 물은 적이 있다.[70] 도병마판관과 문무 3품 이상이 모였다면 도병마사의 구성원은 모두가 참여하였을 것이다. 그들은 宰樞와 더불어 宣政殿에 모여 9성을 돌려주기로 결정하여 上奏하였다. 도병마판관 이상과 宰樞들이 모인 장소가 도병마사가 아닌 선정전이었음이 주목된다. 도병마판관 이상과 재추 및 兩府宰臣들이 乾明殿, 文德殿, 宣政殿 등 궁전과 便殿에 모이기도 하였지만, 북변에 관한 일과 국정의 중대사는 주로 중서성에서 이루어졌다.

예종 7년에 承宣 韓皦如를 중서성에 보내어 北邊 방어책을 의논한 바 있고,[71] 예종 12년 2월에 북쪽 변방의 일을 宣問할 때 兩府宰樞 회의를 中書(중서성)에서 개최하였다.[72] 예종 12년 3월에 遼의 침략에 대비하여 왕이 兩府 · 臺省 · 侍臣 · 知制誥 · 문무 3품 · 도병마판관 이상에게 명하여 중서성에서 회의를 개최한 바 있다.[73] 북변 방어에 관한 문제를 承宣, 兩府宰樞, 臺省 · 侍臣 · 知制誥 · 문무 3품 · 도병마판관 이상이 중서성에 모여 회의를 개최하였다. 중서성에서는 이와 같은 북변 문제뿐만 아니라 國政의 전반을 다루었다.

인종 초에 중서령 李資謙이 中書省에 앉아 宰樞 文武常參 이상은 階上에서, 7품 이하는 階下에서 줄을 이어 陳賀하였다고 한다.[74] 여기서 중서성은 政事를 처리하는 곳임을 알 수 있다. 중서령 이자겸뿐만 아니라 명종 때 문하시중 鄭仲夫가[75] 冢宰로서 중서성에 있었다고 하고,[76] 명종 9년에 참지정사

70) 會宰樞及臺省 · 諸司 · 知制誥 · 侍臣 · 都兵馬判官以上 · 文武三品以上于宣政殿 宣問還九城可否 皆奏曰可(『고려사』 권13, 세가 예종 4년 7월).

71) 己卯 遣承宣韓皦如于中書省 問禦邊之策(『고려사』 권13, 세가 예종 7년 11월).

72) 命兩府宰樞會中書 宣問北邊事宜(『고려사』 권14, 세가 예종 12년 2월).

73) 王 命兩府 · 臺省 · 侍臣 · 知制誥 · 文武三品 · 都兵馬判官以上 會議中書省(『고려사』 권14, 세가 예종 12년 3월).

74) 資謙 釋服上官 坐中書省 宰樞文武常參以上階上 七品以下階下 綴行陳賀(『고려사』 권127, 열전 반역 이자겸).

75) 壬午 以鄭仲夫爲門下侍中 陳俊參知政事 慶珍知門下省事 奇卓成知樞密院事 宋有仁 爲樞密院副使兵部尙書 李光挺爲樞密院副使御史大夫(『고려사』 권19, 세가 명종 4년 12월).

李光挺이 京市署令 王寵夫를 中書省에 오게 하여 크게 꾸짖었다고 한다.[77)]명종 21년경에 首相(判吏部事)인 杜景升과 亞相(同中書門下平章事 · 判兵部事)인 李義旼이[78)] 中書에 同坐하여 서로 勇力을 자랑한 바 있다.[79)] 神宗 4년에 문하시랑동중서문하평장사 奇洪壽와 참지정사 車若宋이[80)] 중서성에 앉아 주고받은 말 가운데 宰相의 職은 "論道經邦"이라 하였다.[81)] 이와 같이 중서령, 문하시중, 평장사, 참지정사 등 宰臣들이 중서성에서 政事를 처리하였다.

중서성에는 宰臣들만 同坐한 것이 아니라 省郞도 참여하였다. 인종 14년에 문하성의 起居注 崔諴과 起居郎 鄭知常이[82)] 中書에 同列해 있었다[83)] 하고, 李侃은 中書에 들어가 正言 · 司諫 · 起居舍人 및 起居郞이 되어 항상 制誥를 관장하였다.[84)] 神宗 2년에 舊制에는 비록 학사직을 띠었으나 臺諫이나 知制誥가 아니면 시종에 참여할 수 없었으나, 이에 이르러 中書에 上奏하여 학사직을 띤 자는 모두 侍臣의 반열에 참여함을 허가하도록 고쳤다.[85)] 예종 원년에 『海東祕錄』의 正本을 御府에 소장하고 副本을 중서성에 보내어 보관하게 하였다.[86)] 중서성에서는 공해전을 받고 있었고,[87)] 國印을 중서성에서 갖고 있었다.[88)]

---

76) 初 仲夫爲冢宰 在中書省 有仁以親嫌 未登相位 在樞密累年 潛托內人 拜守司空尙書僕射 及仲夫致仕 乃拜門下侍郞平章事(『고려사』 권128, 열전 반역 정중부).

77) (明宗) 九年 光挺參知政事 嘗以事 囑京市署令王寵夫 寵夫不聽 光挺遣電吏 誘至中書省 呵叱之(『고려사』 권128, 열전 반역 정중부, 이광정).

78) 甲辰 以杜景升判吏部事修國史 李義旼判兵部事 李奕蕤爲中書侍郞平章事 權節平參知政事判戶部事 趙永仁參知政事政堂文學翰林學士承旨(『고려사』 권20, 세가 명종 21년 12월).

79) 義旼與杜景升 同坐中書(『고려사』 권128, 열전 반역 이의민).

80) 奇洪壽爲門下侍郞同中書門下平章事 … 金晙爲中書侍郞平章事 車若松守司空參知政事 崔忠獻爲樞密院使吏兵部尙書御史大夫(『고려사』 권21, 세가 신종 4년 12월).

81) 奇洪壽 · 車若宋 坐中書省 … 宰相之職 在於論道經邦(『고려사절요』 권14, 신종 4년 춘정월).

82) 甲戌 起居郞鄭知常奏(『高麗史』 권16, 세가 인종 11년 11월).

83) (仁宗) 十四年 加起居注吏部郞中 … 公之在中書同列有鄭知常者(『朝鮮金石總覽』 (上) 崔諴墓誌).

84) 入中書爲正言 · 司諫 · 起居舍人及郞 常掌制誥(『朝鮮金石總覽』 (上) 李侃墓誌).

85) 神宗二年 凡帶學士職者 並許參侍臣之列 舊制雖帶學士 非臺諫 · 知制誥 則不得與侍從 至是中書奏改之(『고려사』 권76, 백관1 諸館殿學士).

86) 刪定陰陽地理諸家書 編爲一冊以進 賜名海東祕錄 正本藏於御府 副本賜中書省 · 司天臺 · 太史局(『고려사』 권12, 세가 예종 원년 3월).

중서성에서는 양부재추와 省郞들뿐만 아니라 승선들, 그리고 臺省·知制誥·문무 3품·도병마판관도 참여하여 北邊 문제를 논의한 바 있고, 아울러 "論道經邦"하고, 侍臣의 반열 참여 문제와 制誥를 관장하고, 圖書를 보관하였으며, 무엇보다 중요한 것은 國印을 소장하고 있었다. 이상에서 보면 國政의 중심이 되는 기관은 중서성이었고, 도병마사에서는 북변 문제에 관하여 왕에게 上奏하거나 兩府에 보고하여 왕의 制可를 얻는 것이 일반적이었다. 이러한 사실은 고려전기의 도병마사가 宰樞로 구성되는 회의기구가 아니었음을 의미한다.

고려전기 國政의 중심이 된 기관은 중서성이었다.[89] 중서성에서 정사를 처리한 기원은 內史房에서 찾을 수 있다. 성종 원년(982)에 左執政·守內史令 제수받은 최지몽이 성종 3년에 이미 78세의 고령으로 여러 차례 致仕를 청하였지만 왕은 朝參을 제외시켜 주면서까지 內史房에서 視事토록 조처하였다.[90] 최지몽이 視事한 내사방은 政事를 돌보는 곳으로, 성종 초에는 內史房에서 政事를 보고 있음을 알 수 있다. 내사성은 문종 15년에 중서성으로 개편되었다. 중서성 회의에는 兩府宰樞·臺省·侍臣·知制誥·문무 3품·承宣·도병마판관 이상과 省郞들도 참여하였음을 앞서 지적한 바 있다. 그러나 政事堂은 그와는 다른 점이 있다.

정사당은 仁宗 때 李之氐를 金紫光祿大夫·政堂文學·兼太子少保에 임명하면서 내린 制誥에 "中書政事之堂"이라 하여, 中書를 政事堂이라 하였다.[91] 중서성이 곧 정사당이라 하여 동일 기관인 것같이 보인다. 그러나 중서성과

---

87) 樞密副使曺元正 奪中書省公廨田租(『고려사절요』 권13, 명종 17년 7월).
88) 宮闕災 … 又至 中書省出國印(『고려사절요』 권12, 명종 원년 10월).
89) 崔貞煥, 「高麗宰相制度와 政事堂」, 『한국중세사연구』 25, 2008, 328~335쪽.
90) 『고려사』 권92, 열전 최지몽. ; 『고려사절요』 권2, 성종 6년 3월.
91) 太子天下之本 非保傅無以成元良 中書政事之堂 惟文學所以明道揆 兼是兩者 得非重歟(『東文選』 권25, 制誥 除任元厚門下平章崔湊中書平章李之氐政堂文學).

정사당이 분리되어 있었던 것 같은 기록도 보이고 있다. 인종 원년(1123) 즉 宣和 5년에 徐兢이 쓴 『고려도경』에, 宮殿 王府의 內府에 별도로 '議政之堂'이 있었다고 한다.[92] 상서성 서편, 春宮의 남쪽에 3廳事가 있는데 가운데가 中書省이고, 좌편에 門下省, 우편에 樞密院이 있으며, 國相 · 平章 · 知院이 治事하던 곳이라고 하였다.[93] 國相(문하시중)과 平章(4平章事)이 治事하는 곳은 문하성과 중서성을 지칭한 것이라 여겨지며, 知院은 知樞密院事를 비롯한 樞密院의 樞臣들이 治事하던 곳이라 여겨진다. 『고려도경』에 의하면 중서성과 문하성은 청사가 별개로 분리되어 있었고, 그 王府에 大臣들이 5일에 한 번씩 일을 보는 '議政之堂'이 별도로 있었다. 여기서 '議政之堂'은 政事堂을 의미한다. 政事堂이 별도로 설치되어 있었음은 다음의 기사를 통해서 확인해 볼 수 있다.

인종 9년(1131) 2월에 元子의 이름을 昌이라 하고, 使者를 보내 예물을 하사하면서 임시로 東宮의 位를 中書門下 廳事에 설치하여 조서를 받게 하니, 왕은 政事堂 동편의 帳殿에 거동하여 예식을 관람하고, 宰樞 · 臺諫과 향연을 하였다[94]고 한다. 여기서는 중서문하 청사와 정사당이 구별되어 있다. '中書門下' 청사라 한 것은 그것이 중서문하성이라는 단일기구의 청사를 뜻하는 것인지 중서성과 문하성의 분리된 기구를 의미하는 것인지 분명하지 않다. 『고려도경』에 의하면 중서성과 문하성은 분리된 기구로 되어 있다. 그것이 단일기구이든 분리된 기구이든 간에 정사당과는 구별되어 별도로 설치되어 있었음을 알 수 있다.[95] 정사당은 御所가 있는 帳殿 가까이 서편에 있었다. 문종

---

92) 大臣五日一見 別有議政之堂(『高麗圖經』 卷5, 宮殿 王府).

93) 自尙書省之西 春宮之南 前開一門 中爲中書省 左曰門下省 右曰樞密院 卽國相 · 平章 · 知院治事之所(『高麗圖經』 卷16, 官府 臺省).

94) 己卯 賜元子名昌 遣使賜禮物 權設東宮位於中書門下廳事受詔 王御政事堂東帳殿觀禮 仍宴宰樞 · 臺諫(『고려사』 권16, 세가 인종 9년 12월).

95) 崔貞煥, 「高麗宰相制度와 政事堂」, 317~318쪽 각주 40)에서 중서문하성은 중서성과 문하

9년에 까닭 없이 御所가 있는 帳殿 앞에까지 들어온 檢校衛尉少卿 崔成節을 처벌하기를 門下省에서 봉박했으나 왕이 不納하였다고 한다.[96] 이것은 문하성과 중서성이 구별되어 있음을 말해 주고, 이를 통해서 유추하면 御所가 있는 帳殿의 서편에 정사당이 있었음을 알 수 있다.

중서성도 御所가 있는 政事堂과 가까이에 인접해 있었다. 명종 26년 4월에 壽昌宮 中書省門이 저절로 무너졌다[97] 하고, 충렬왕 즉위년에 堤上宮 中書省을 史館으로 삼았다[98]고 한 것으로 보아, 중서성은 먼저 수창궁에 있다가 堤上宮으로 옮겨간 것 같다. 최소한 명종 26년 이후 고종 19년(1232)에 江華로 천도하기 이전 어느 시기에는 중서성이 제상궁에 있었던 것 같다. 이와 같이 중서성과 정사당은 구별되어 있었다.

도병마사에 대해서는 예종 6년 5월에 화살이 도병마사(35번) 및 金剛庫 지붕에 박혀 그 활촉이 기와를 뚫었다고 한다.[99] 금강고 부근에 도병마사 청사가 있었음을 알 수 있다. 그러나 그 위치를 자세히 알 수가 없다.[100] 강도에서 최의를 주살하고, 고종 45년 7월에 兩府와 유경 김인준이 便殿에 들어가 왕정을 복고시킬 당시에는 도병마재추소에서 上奏하여 유경과 김인준의 공로를 치하하였다. 이로 보아 강도 피난기 당시에는 도병마사 안에 宰樞所가

성의 합성어로 그것이 단일기구가 아니며, 중서성과 문하성의 청사가 별개로 분리되어 있었다는 『高麗圖經』의 지적이 옳았다고 하였다.

96) 乙丑 幸東池, 檢校衛尉少卿崔成節 無故入至帳殿前 王驚命下獄 法司奏 闌入御所者斬 王曰 雖律有正條 以此加刑 是爲苛政 又文筆有用 可原之 門下省駁奏 不納(『고려사』 권7, 세가 문종 9년 11월).

97) (明宗) 二十六年四月甲寅 壽昌宮中書省門 自頹(『고려사』 권54, 오행2).

98) 以堤上宮中書省爲史館 還都以來 未營史館 奉實錄假藏本闕佛堂庫(『고려사』 권28, 세가 충렬왕 즉위년 9월).

99) 是月 有箭著于都兵馬使及金剛庫屋上其鏃穿瓦(『고려사』 권13, 세가 예종 6년 5월).

100) 원종 11년에 개경 환도 명령을 내리자 삼별초 군대들이 금강고의 병기를 군졸에게 나누어 주고 성에 의거하여 굳게 지켰다고 한다. 이로 보아 원래 개경에 있었던 금강고를 강화 천도기에 강화도로 옮겨간 것 같다. (『고려사』 권130, 열전 반역 배중손)

있었던 것 같다. 國事의 중대한 결정이 중서성이나 정사당에서 이루어진 것이 아니라 宰樞兩府와 유경, 김준 등 權臣들이 내리고 있었다. 당시까지만 하더라도 도병마재추소는 결정권이 없고 上奏하는 역할을 하였다. 하지만 도병마사 안에 宰樞所를 두어 그 기능이 강화된 것은 부정할 수 없다. 최의를 주살하고 왕정을 복고시킨 유경과 김인준의 공로를 도병마재추소에서 上奏한 것은 중대한 國政에 깊숙이 간여한 사실을 반영하는 것이다. 이전에는 주로 국방 문제에 간여하다가 후기로 오면서 왕정복고와 녹관전 지급(53, 54번) 및 원나라에 청탁한 자들의 관직을 파면할 것을 언급(60번)하는 등, 國政의 전반에 걸쳐 도병마사의 기능이 확대 강화되어 간 것은 부정할 수 없는 사실이다. 도당의 기능이 확대 강화되어 가는 과정을 반영하는 것이다. 그러한 반면에 정사당의 기능은 유명무실해져 갔다.

고종 때 任景肅은 '政堂'으로 나아가 정당문학으로서 國事를 논의하고, 選部(吏部)에서 인재를 가려내고, 判工部事로서 工部(冬官)의 일을 처리한 바 있었다.[101] 崔甫淳은 고종 11년에 문하시랑동중서문하평장사였다.[102] 고종 15년에 문하시랑동중서문하평장사의 재신으로서 판이부사를 겸직한 崔甫淳이 여름에 '中書'에서 밤에 숙직을 하다가 병을 얻었고,[103] 그 해 12월 겨울에 政事堂에 들어가 관리를 임명하고[104] 다음 해에 졸하였다.[105] 崔甫淳에 관한 이 기록은 밤에 직숙했던 '中書'와 정사를 처리하는 정사당을 구별하고 있다.

---

101) 進寵政堂 議事竚憑學問之精 選部甄人 亦倚銓平之妙 翊扶春禁 剖判冬官(『東文選』 권26, 除宰臣朴文成李子晟宋恂任景肅 麻制).

102) 甲申(高宗 11년) 冬 爲守大尉 門下侍郎同中書門下平章事 加守大傅修國史柱國(『朝鮮金石總覽』(上) 崔甫淳墓誌).

103) 戊子(高宗 15년) 冬 爲三韓壁上 … (判)吏部事 … 是年夏初 夜直中書 忽然感疾(『朝鮮金石總覽』(上) 崔甫淳墓誌).

104) (高宗 15年) 冬末 入政事堂 除吏(『朝鮮金石總覽』 (上) 崔甫淳墓誌).

105) 崔甫淳加守太師判吏部事(『고려사』 권22, 세가 고종 15년 12월)
高宗朝 累官至守太師門下侍郎平章事判吏部事卒(『고려사』 권99, 열전 崔均, 崔甫淳).

또한 그것은 재신이 중서성에서도 근무하고 정사당에서 정사를 처리하고 있음을 보여 주는 것이다. 재신들이 정사당에서 政事를 처리한 것은 사실이지만, 앞서 본 바와 같이 고려전기 國政의 중심이 된 것은 중서성이었다. 李穀의 禁內廳事重興記에 원종 11년(庚午 1270) 개경 還都 이후에 文翰職을 세울 겨를이 없어 이에 옛 議政之堂을 복구해 주었다고 한다.[106] 이것은 강도 피난기에 정사당의 기능이 제대로 발휘될 수 없었음을 말해 준다. 원종 11년에 議政之堂을 복구하였다는 기록을 마지막으로, 宰樞들로 구성되는 都堂의 기능이 강화됨과 더불어 정사당에 관한 기록은 보이지 않는다.

고려전기 3省體制하에서 중서성의 관원과 문하성의 관원들은 중서성에서 정사를 보았다. 중서성과 문하성 소속의 宰臣(중서시랑평장사, 문하시랑평장사, 문하시중 등)과 이에 속하지 않은 참지정사, 정당문학, 재신을 포함한 5宰들이 정사당에서 政事를 처리하였다. 宰樞兩府나 도병마사판관 이상은 중서성 회의에 참여할 수 있었으나, 중서성과 문하성의 省郎과 중추원의 樞臣 그리고 상서성의 관원들은 정사당에 참여할 수 없었다.

고려에서도 唐制에서와 같이 중서성을 鳳閣, 문하성을 鸞臺라 하였다.[107] 『동문선』 除任元厚門下平章事條에 任元厚가 門下侍郎同中書門下平章事에 제수된 것에 대하여 鳳閣과 鸞臺의 兩省을 겸하였다[108] 하고, 文公元 墓誌에도 鸞臺와 鳳閣을 구별하고 있으며,[109] 명종 때 文克謙의 경우 "兼中書門下兩省判兵部事"라[110] 하여 중서성과 문하성을 兩省으로 구별하였다.

---

106) 國初設官 置六局禁中爲文翰職 … 庚午復都之後 未遑營構 以文翰官不可一日無其所 乃賜舊議政之堂(『東文選』 卷70, 禁內廳事中興記).
大臣五日一見 別有議政之堂(『高麗圖經』 卷5, 宮殿 王府).

107) 垂拱元年 改門下省曰鸞臺 … 光宅元年改 中書省曰 鳳閣(『신당서』 권47, 백관2 문하성 및 중서성).

108) 是用金印紫綬 領太尉而贊萬機 鳳閣 · 鸞臺兼兩省長百辟 以鎭譚譚之府 以增赫赫之瞻 可特授守太尉門下侍郎同中書門下平章事(『東文選』 卷25, 制誥).

109) 凡歷官 皆不出鸞臺 · 鳳閣(『朝鮮金石總覽』(上) 文公元墓誌).

李奎報가 고종 때 樞密院副使 · 右散騎常侍에서 知門下省事로 入相하자[111] 鴻樞(樞密院)에서 鳳閣(中書省)에 超參하였다고[112] 하는 鳳閣은 중서성을 의미한다. 또한 그것은 추밀원의 樞臣이 鳳閣에 들어갈 수 없음을 말해 준다. 鄭克溫도 鳳閣에 올라 知門下省事가 되었다[113] 하고, 崔甫淳도 參知政事가 되자 鴻樞에서 鳳閣에 擢登되었다[114] 하고, 또한 최보순은 鳳池에 들어가 左右正言 · 司諫 · 起居舍人의 3職을 역임하였다 한다.[115] 左正言은 문하성, 우정언은 중서성, 起居舍人은 중서성의 소속이다. 여기에 나타나는 鳳閣과 鳳池는 중서성을 지칭하고 있는 것이다. 鳳閣은 중서성을 지칭하는 것으로 여기에 지문하성사, 참지정사 등의 재신과 이하 중서성과 문하성의 省郞들도 모두 政事에 참여하였다. 宰樞와 省郞이 중서성 즉 鳳池에 참여한 예는 있으나 정사당에 참여한 예는 보이지 않는다.

이미 지적한 바와 같이 도병마사에서는 왕에게 上奏하거나 兩府에 보고하였고, 도병마판관 이상으로 구성되는 判事와 使의 구성원들도 중서성 회의에 참여하여, 政事의 중심이 된 것은 중서성이었다. 그러나 고려후기 충렬왕 원년에 3省을 통합 혁파하여 僉議府로 개편되면서부터 國政의 運營에 새로운 변화가 일어났다. 충렬왕 원년에 3省이 첨의부로 개편되면서 중서성은 혁파되고, 그와 더불어 고려후기 충렬왕 5년에 도병마사는 도평의사사로 개편되었다. 兩府宰樞로 구성되는 都堂의 기능이 강화되면서부터 정사당에 관한

110) (明宗) 十五年 判禮部事 … 明年 兼中書門下兩省判兵部事 尋權判尙書吏部事(『고려사』 권99, 열전 문극겸).

111) 特授樞密副使右散騎常侍進知門下省事戶郞尙書集賢殿大學士 陞政堂文學守太尉參知政事(『고려사』 권102, 열전 이규보).

112) 方佩銀章光 拜鴻樞之寵 遽腰金印 超參鳳閣之遊(『東國李相國集』 31, 謝金紫光祿大夫知門下省事 戶部尙書集賢殿大學士表).

113) 登鳳閣知門下省事 於鳳閣 遷資爲參知政事兼判禮部(『東國李相國集』 35, 鄭克溫墓誌).

114) 直越鴻樞 擢登鳳閣(『東國李相國集』 33, 崔甫淳 讓金紫光祿大夫參知政事集賢殿大學士同修國史判禮部事 不允敎書).

115) 始入鳳池 歷登左右正言 · 司諫至起居舍人 皆兼三字(『朝鮮金石總覽』 (上) 崔甫淳墓誌).

기록은 보이지 않는다.

Ⅵ. 都兵馬使의 改編과 國政運營의 變化

도병마사의 개편에 대해서는 『고려사』 백관지에 "충렬왕 5년에 도병마사를 고쳐 도평의사사라 하고, 무릇 큰일이 있으면 使 이상이 회의하여 合坐의 이름이 생겼다"라고 한다. 元을 섬긴 이래 일이 많고 다급하여 僉議와 密直이 매양 合坐하였다고 하여[116] 使 이상의 僉議와 密直이 合坐회의를 하게 된 것은 원나라를 섬긴 이래라 하였다. 또한 그것은 도평의사사로 개편되기 이전에 전기의 도병마사는 使 이상의 宰樞로 구성되는 합좌회의 기구가 아니었다는 논리로 해석이 된다. 使 이상이라면 宰臣(僉議)이 判事되고 樞臣(密直)이 使가 되어 宰樞 즉 僉議와 密直 이상이 합좌하여 회의하는 기구라는 뜻이다. 僉議와 密直이 합좌회의하게 된 것은 원나라를 섬긴 이래라고 하는 것은 백관지 서문에도 그렇게 나타나 있고,[117] 우왕 14년(창왕 즉위년) 8월에 대사헌 조준이 時務를 진술한 말에서도 宰臣과 樞密이 合坐한 것은 事元之初에 시작되었다고 하였다.[118] 공양왕 원년 12월 문하부 郎舍 具成祐 등의 상소에도 事元之後부터 省樞들의 合坐가 시작되었다고 하였다.[119]

이상의 여러 곳에서 도당이 宰樞들의 합좌기구로 된 것은 事元以來라 하고

116) 『고려사』 권77, 백관2 제사도감각색 도평의사사.

117) 自事元以來 事多倉卒 僉議·密直每於都評議司會議 而商議之名又起 與國政者 至六七十人(『高麗史』 권76, 백관1 서문).

118) (辛禑 14年 8月) 大司憲趙浚陣時務曰 … 宰臣樞密之合坐 始於事元之初 至于近代 坐都堂與國政者 至六七十人 官爵之濫 古未有也(『고려사절요』 권33, 신우 14년 8월).

119) 恭讓王元年十二月 門下府郎舍具成祐等 上疏曰 … 自事元之後 省樞之合坐 始而添設倍多(『고려사』 권75, 선거 전주).

있다. 僉議와 密直이 도당에서 合坐한 시기가 事元以來라고 한 그 시기는, 충렬왕 원년의 관제개편으로 僉議와 密直이 등장하고 도병마사가 도평의사사로 개편되는 충렬왕 5년 이후의 시기로 보는 것이 옳겠다. 재추들이 도당에서 合坐한 기록은 고종 말부터 나타나지만 그 시기를 事元以來라고 보기에는 마땅하지 않다. 예를 들면 고종 45년에 7월에 재추들이 모인 都兵馬宰樞所에서 유경과 김인준을 공신으로 예우하고 崔竩를 묘정에 배향하는 것을 파하기를 上奏하였고, 兩府와 유경, 김인준은 便殿에 들어가 왕정을 복고시켰다. 왕정복고의 결정권은 兩府와 權臣들이 가지고 있었다. 당시의 都兵馬宰樞所는 결정권에 한계가 있었다. 당시의 사정으로 보아 僉議와 密直이 매양 合坐會議하는 이후 도평의사사의 기능과는 약간의 차이가 있다. 고종 말기부터 도당의 기능이 강화되어 가는 하나의 과정으로 보는 것이 타당하리라 여겨진다. 실제로 고려전기의 도병마사는 변방 문제나 國政에 관한 중대사를 국왕에게 上奏하고 兩府에 보고하는 등 政事에 자문 역할을 담당하였고, 도병마사 자체에서 논의하여 결정한 사례는 없었다. 고려전기 국정의 중심기관은 앞서 지적한 바와 같이 역시 중서성이었다.

충렬왕 원년(1275)에 원의 간섭으로 3省을 병합하여 僉議府로 되고, 충렬왕 5년에 도병마사를 도평의사사로 개편함으로써 관직운영에 새로운 변화가 일어났다. 중서성, 문하성, 상서성은 통합 혁파되어 없어지고, 첨의부가 국정의 중심기관이 되었다.[120] 고려후기에 宰·樞臣이 모두 祿官으로 되면서 宰·樞臣의 관직운영에도 새로운 변화가 일어났다. 고려후기 宰·樞臣은 실직을 지니지 않는 것이 일반적인 현상이었고, 충렬왕 원년의 관제 개편 이후에 宰·樞臣이 간혹 실직을 지닌 사례가 나타나는 것은 忠烈王·忠宣王·忠肅王

120) 金昌賢, 「高麗後期 都評議使司 體制의 성립과 발전」, 『史學研究』 54, 1997, 17쪽에서 충렬왕 대 도평의사사는 일원적인 최고기구로서의 역할을 다하지 못하고, 지방과의 관계나 외교관계에서 중앙정부를 대표하는 역할은 僉議府가 수행하였다고 하였다.

代에 일시적으로 나타나는 특수한 사례였다.[121] 전기에 일부 재신은 僕射나 6部尙書 등의 실직을 지냈거나 지니고 재신이 되어 재신으로 겸할 수 있는 판사직을 겸직하였다. 樞臣들도 僕射나 6部尙書 등의 실직을 지냈거나 지니고 추신이 되었다. 그러나 충렬왕 원년 이후부터 宰·樞臣이 상서 등 실무직을 지니는 예는 점점 사라지고 최종적으로 문하부로 개편되어 갔다.

후기에 宰樞로 구성되는 도당의 구성원 변화와 그 기능이 확대 강화되면서 정사당에 관한 기록은 보이지 않았다. 정사당과 도당과의 관계를 해명하는 문제는 국정 운영과 그 변화 과정을 이해하는 데 간과할 수 없는 중요한 문제이다. 재신과 추신이 도당에서 상설적으로 합좌회의하게 되면 재신들로만 구성되는 정사당은 필요 없게 된다. 고려전기 국정의 중심기관은 중서성이었으나 충렬왕 원년의 관제 개편으로 국정의 중심기관이 僉議府로 변천되어 갔다. 도병마사는 고종 말부터 도당의 기능이 강화되는 과정을 거쳐 충렬왕 5년에 도평의사사로 개편되었다. 도평의사사의 기본적인 성격은 僉議와 密直으로 구성되는 합좌회의 기관이었다. 그러나 공민왕 대 이후부터는 정치적 변화와 더불어 그 성격이 바뀌어 갔다.

Ⅶ. 맺음말

지금까지 살펴본 바를 요약하여 맺음말을 대신하고자 한다. 都兵馬使에

121) 崔貞煥, 「高麗後期 宰·樞臣의 祿科規定과 그 運營實態」, 『韓國史硏究』 69, 1990. ; 『高麗·朝鮮時代 祿俸制硏究』, 181~187쪽. ; 「高麗史 百官志의 構成과 문제점」, 『譯註 高麗史 百官志』, 81~82쪽 각주 134)에서 고려후기에 樞臣이 祿官으로 되면서 判書 등 실직을 겸하지 않는 것이 일반적인 현상이었다고 하였다. 그리고 후기에 樞臣이 判書, 常侍 등의 실직을 겸한 사례가 나타나는 것은 충렬왕 24년(1298)과 忠宣王 복위년 (1308) 사이에 宰·樞臣職이 특수하게 운영된 예외적인 것으로 보았다.

관한 기록이 처음으로 나타나는 것은 현종 2년이었다. 그 이전의 사정은 자세히 알 수가 없다. 도병마사의 관원 구성과 정원이 정비된 것은 문종 때였다. 문종 때 정비된 도병마사 제도는 재신이 判事가 되고 추신이 使가 되는 것을 원칙으로 하여 判事와 使 이하 副使, 判官, 錄事, 吏屬에 이르기까지 그 제도가 정비되었다.

이러한 도병마사의 기원을 외직인 양계의 兵馬判事制나 行營兵馬使制에 연관을 가진 것으로 파악한 견해가 있으나 그렇게는 볼 수가 없다. 각각 그 구성원의 조직과 기능이 다르므로 도병마사의 기원을 양계의 병마사나 행영병마사에서 찾을 수는 없는 것이다. 兵馬使는 양계에 상주하는 외직이고, 행영병마사는 양계 변방에 유사시 임시로 파견되는 외직이다. 그러므로 중앙 京職의 도병마사의 기원을 그러한 외직에서는 찾을 수가 없는 것이다.

도병마사는 양계 병마사를 중앙에서 統領하기 위하여 설치한 기구로 변방의 군사문제를 회의하는 회의기관이었다는 학설이 지금까지 학계의 정설로 되어 왔다. 都兵馬使는 兵馬使 및 行營兵馬使와 더불어 북변 양계의 兵馬와 밀접한 관련을 가지고 있는 것은 사실이지만 각각 그 기능과 지휘계통이 달랐다. 도병마사는 변방의 군사 문제나 國家重事를 판관 이상이 협의하여 왕에게 上奏하여 制可를 얻기도 하고 양부에 보고하는 자문 역할을 담당하였다. 따라서 도병마사는 양계 병마사를 중앙에서 統領하기 위하여 설치되었고, 변방의 군사문제를 회의하는 회의기관이었다는 종래의 설은 재검토되어야 한다. 도병마사는 양계 병마사를 통령하는 상급 지휘계통이 아니었고, 또한 회의기관도 아니었다.

都兵馬使에는 중앙의 도병마사와 양계 및 각 도에 파견되는 도병마사로 구별되는 두 종류가 있었다. 오늘날 우리 학계에서는 이러한 구분을 고려하지 않은 채 도병마사에 대한 연구가 진행되어 왔다. 중앙 도병마사는 충렬왕

5년에 도평의사사로 개편된 이후 僉議·密直의 使 이상이 회의하는 합좌회의 기구로 변화되었다. 그에 비하여 양계 및 각 도에 파견되는 도병마사와 행영 도병마사는 전기로부터 충렬왕 5년 이후 후대에 이르기까지 이름을 그대로 지닌 채 나타나고 있다. 이러한 도병마사는 외직으로, 중앙의 도병마사와는 그 성격이 다른 것이다.

중앙의 都兵馬使는 기구로서의 도병마사와 구성원으로서의 도병마사를 구분하여 파악하여야 한다. 문종 때 정비된 도병마사 조직은 判事와 使, 副使, 判官, 錄事, 吏屬으로 구성되었다. 都兵馬使라는 기구 안에 6樞密 및 職事 3품 이상으로 임명되는 都兵馬使라는 구성원이 있다. 이에 대해서 기구로서의 도병마사와 구성원으로서의 도병마사를 혼동하여 우리 학계에서 작지 않은 혼란을 빚어 왔다. 이러한 혼란 때문에 기구로서의 도병마사를 都兵馬라 해야 하고, 都兵馬使는 그것의 장관으로 보아야 한다는 견해가 피력되었다. 이에 대해 都兵馬는 都兵馬使의 略稱으로 그 자체가 하나의 관부를 의미하지는 않았다는 지적도 있었다. 그러나 그것이 略稱일 수도 있지만, 도병마사를 도병마로 표기하여 흔히 사용되기도 하였다. 도병마사와 도병마는 하나의 기구임이 분명한 것이다.

구성원으로서의 都兵馬使의 사례는 관직과 성명이 병기되어 나타나고, 기구로서의 都兵馬使의 사례는 대부분 '都兵馬使奏'로 나타난다. 구성원인 判官 이상 副使, 使, 判事 등의 역할은 동·서북면 양계의 국방 군사 등에 관해서 왕에게 독자적으로 上奏하여 制可를 얻는 것이었다. 그러한 점에서는 都兵馬使 기구에서 上奏한 것과 비슷한 점이 있었다. 그러나 도병마사 기구의 활동 범위는 그보다 더 광범위하였다. 도병마사 기구에서 上奏한 내용은 동·서북면, 양계, 東路, 東蕃, 9성 등 변방의 성지 수축, 유공자 표창, 국방 및 외교에 관한 것이 가장 많고, 진휼, 삼별초 진압, 녹과전, 납속보관, 봉사문 上書,

둔전, 민폐, 탄핵, 功臣 책봉 등 정치, 경제, 사회, 외교 등 다방면에 걸쳐 있다.

문종 때 정비된 도병마사 제도는 재신이 判事가 되고 추신이 使가 되는 것을 원칙으로 하여 判事와 使 이하 副使, 判官, 錄事, 吏屬에 이르기까지 그 제도가 정비되었다. 이들은 모두 현직에 있는 사람들을 임명하여 국방군사 문제와 國家重事를 국왕에게 上奏하거나 兩府에 보고하는 역할을 담당하였다. 도병마사의 判事와 使는 宰樞들 가운데 특정한 사람이 임명되어 일반적인 재추와는 구별되었다. 회의에는 도병마판관 이상 구성원 전원이 兩府宰樞와 더불어 臺省 · 侍臣 · 知制誥 · 문무 3품 이상이 함께 중서성에 모여 회의하였다. 북변에 관한 국가 중대사는 乾明殿, 文德殿, 宣政殿 등 궁전과 便殿에 모여 논의하기도 하였지만, 주로 중서성에서 회의하여 중서성이 政事의 중심기관이 되어 있었다.

중서성 회의에서는 兩府宰樞와 省郎들뿐만 아니라 승선들, 그리고 臺省 · 知制誥 · 문무 3품 · 도병마판관도 참여하여 北邊 문제와 일반 政事를 처리하였다. 중서성은 國印을 소장하여 고려전기 國政의 중심이 되어 있었다. 樞臣은 양부재추와 더불어 중서성에 참여할 수 있었으나 政事堂에는 들어갈 수 없었다. 정사당에서는 尙書 6部의 判事職을 겸직한 宰臣들만 참여하여 政事를 처리하였다. 그에 비하여 도병마사는 북변 문제에 관하여 판관 이상이 협의한 내용을 왕에게 上奏하여 制可를 얻어 내기도 하고 兩府에 보고하는 등 국정의 자문기구 역할을 하였다. 宰樞로 구성되는 판사와 使 이상이 회의하는 회의기구로 기능이 강화된 것은 고종 말기부터 나타나기 시작한다. 고종 45년 3월에 都兵馬宰樞所에서 上奏한 내용은 그러한 사실을 반영하는 것이다.

충렬왕 원년(1275)에 원의 간섭으로 3省을 병합하여 僉議府가 되고, 충렬왕 5년에 도병마사를 도평의사사로 개편함으로써, 宰樞臣職을 비롯한 관직

운영에 새로운 변화가 일어났다. 중서성과 문하성은 僉議府로 통합되고, 상서성은 혁파되어 없어지고, 첨의부가 국정의 중심기관이 되었다. 고려전기의 도병마사는 宰樞들로 구성되는 합좌회의 기구가 아니었다. 충렬왕 5년에 도병마사가 都評議使司使로 개편됨으로써 僉議와 密直이 合坐會議하는 기구로 변천되었다. 공민왕 이후 고려 말에는 최고 정무기관으로 그 성격이 바뀌어 갔다.

고려후기 僉議府로 개편된 이후의 첨의부와 도평의사사와 관계, 도평의사사의 기능의 변화, 후기 宰·樞臣의 관직운영과 國政 운영의 변화 등에 관해서 기왕의 연구가 없는 바는 아니지만, 더 검토해 보아야 할 많은 문제들이 남아 있다. 이에 대한 연구가 더 필요한 것이다. 이 연구가, 都兵馬使와 중서성 및 정사당과의 관계를 새로운 시각에서 이해하고, 나아가 고려전기 국정 운영의 실태를 밝히는 데 조그마한 보탬이 되었으면 한다.

찾아보기

[ㅇ]